大學館

呂俊甫／著

洪蘭・梁若瑜／譯

華人性格研究

遠流出版公司

Understanding the Chinese Personality

Copyright © 1998 by William J. F. Lew

Chinese translation copyright © 2014, 2001 by Yuan-Liou Publishing Co., Ltd.

All rights reserved

大學館 UR063

華人性格研究

作　　者──呂俊甫

譯　　者──洪蘭・梁若瑜

責任編輯──黃崴雯

發 行 人──王榮文

出版發行──遠流出版事業股份有限公司

　　　　　100 臺北市南昌路二段 81 號 6 樓

　　　　　郵撥／0189456-1

　　　　　電話／（02）2392-6899　傳真／（02）2392-6658

法律顧問──董安丹律師

著作權顧問──蕭雄淋律師

2014 年 9 月 1 日　二版一刷

行政院新聞局局版臺業字第 1295 號

售價新台幣 550 元（缺頁或破損的書，請寄回更換）

有著作權・侵害必究　Printed in Taiwan

ISBN 978-957-32-7476-6

Yib─遠流博識網

http://www.ylib.com　　　E-mail:ylib @ ylib.com

〈出版緣起〉

「讀教育，就是要影響別人！」

—— 出版老師的《華人性格研究》，回憶老師說過的話

□大學時代，呂老師影響我們什麼？

在我年少輕狂的時代，呂俊甫是真正激發我認同政大教育系的老師。上他的課可以充分感受他的愛國情操，可以充分體會青壯自由派知識份子改革社會捨我其誰的熱情，最難得的是，他沒有違背政大教育系專任教授的本分，他對教育力量有超乎常人的信仰，這一點對大學生充滿了感染力。他常說：「讀教育就是要影響別人！」「你們要隨時培養可以影響別人的知識和力量！」他還說：「完成一件大事，不必然成其在我。」……呂老師課堂上舉手投足、慷慨激昂的鮮明身影，留給我難以忘懷的印象。

□他重視什麼？相信什麼？害怕什麼？研究什麼？

他重視社會上的菁英（elite），他以文會友，尋訪各領域的秀異人才，與他們共同呼吸、相互論辯。因為他相信知識份子必須有「以天下為己任」的承擔。對秀異菁英的教育、培養、發掘和舉薦，正是他一生奉獻的目標。他關心學生，對於青出於藍的菁英學生，他的喜愛常溢於言表。他的確不怕他的學生比他強、比他更有成就，他害怕的是比他強的學生沒有更大更好的舞台可以演出。有一段時間，吳靜吉、曾志朗常在他舉薦的名單上，他怕

他們沒有機會擔負更大的責任。

　　這種氣度心胸不僅是對學生，余光中在他之後接下政大西語系系主任的位子就是他敦請來的，因為他認為大詩人比他更合適。他立志當政大教育系系主任而未可得，曾經是我大學生涯最大的缺憾，現在回想起來也許事出有因，可以用他自己的書《華人性格研究》來分析吧?!

　　三十年前，在「發展心理學」課堂上，我就知道他有寫一本能影響全世界的英文書計畫。三十年來他奔波於中、港、台、美各地，透過問卷調查和深度訪談，試圖解開影響華人性格的各層面之謎。他一以貫之的實證研究，留下無數的「資料金礦」，縱然由於性格研究牽涉的學門領域既多且廣，容易有見仁見智的討論，但呂老師勇於開拓、終身以赴的精神，仍然是我們學習的典範。

　　在他逝世三週年的前夕，我們這些敬愛他也被他欣賞的學生們通力合作，幫他完成可以影響西方世界的《華人性格研究》一書的華文版，讓她的影響力回到原鄉——大中華舞台。我想這是我們可以替老師做的最美好的事。這本書如果能夠影響更多大中華圈的人，就是教育行動家呂俊甫最大的安慰了。

于 2001 年 5 月

〈吳序〉 　　　　　　　　　　　　　　　　　　吳靜吉

他的讚美成為我激勵自己的目標

　　大二時我選修呂老師的「英文教育名著選讀」，他在分析解釋教育觀念及其英文表達的字彙、句型、文法等各方面均有其獨到之處，最特別的是他會興奮地表達自己的看法：相同之處予以延伸加強，相異之處也會批判挑戰。

　　呂老師是道道地地的終身學習典範，他廣讀理論、關懷實務。大三那年，我又去旁聽他的「英文教育名著選讀」，果然讓我應驗了「溫故知新」的學習。他每學期一定增加新知，也一定扣緊台灣教育，總不會忘記評論知識份子的人格與言行，原來這麼早他已經在醞釀這本書的架構了。

　　他時時刻刻深度關懷台灣的教育，除了經常在報章雜誌提出他對台灣教育的觀察、分析、評論以外，總也會提出他所認為比較可行的方案，這是許多評論文章少有的建設性取向。每次見面，他一定問：「你最近有沒有看過我在 XX 報紙所寫的 XX 文章？」然後精神奕奕地重述一遍，並且要我表達意見。我每次都笑說：「呂老師，您不是要我表達意見，您是要我同意您的看法。」對我這樣的反應，他總是笑的很開心：「你可以表達不同的看法啊！」我從小就怕權威，羞怯不敢多問，我之所以會提出不同的看法，其實是因為呂老師學者的風範感染了我。

　　呂老師真的是一位學者，他樂此不疲地投入教育的理論研究與實務工作，希望和別人分享辯論，因而最後能夠對教育有實質的貢獻。

　　雖然呂老師的教育理想沒有完全實現，但是他教育家的典範長存我心。在明尼蘇達大學面見教育心理系的系主任時，他說：「有一位教授在推薦信中給你最高的評價，預測你將來會……」他指的是呂老師的推薦信，因為呂老師在信中讚美我上他的「英文教育名著選讀」課程的英文能力──害我在系主任面前從頭到尾不敢開口說英文。這就是呂老師的教育家風範，他的讚美成為我激勵自己的目標。

　　這樣的風範在他擔任政大西語系系主任時，我也親眼見證到。我常想，如果那時候他能擔任教育系的系主任，他就有機會親手實現培養教育學者、教師和教育行政人才的理想。不過，如果他知道他最得意的學生正在教育部長崗位上實現他未竟的理想時，他一定會加倍的高興，因為他最懂薪傳、百年樹人的教育意義。

〈曾序〉 曾志朗

以瞭解做為改造的起步

　　多年前，我還在美國教書的時候，有一天突然接到呂老師由
洛杉磯機場打來的電話，時間是半夜二點鐘，我剛由學校實驗室
回到家裡。出乎意料的訪客，驚喜之餘馬上衝出家門，飛車來回
三個小時，把呂老師在清晨五點前接回家休息。一路上，老師精
神奕奕，談鋒甚健，更有趣的是，老師的問題像是有備而來。到
了我家，他說已完成對我的訪談研究。這些資料，經過整理之後
便成了這本書中的部份內容。

　　幾年之後我回台灣任教，呂老師很高興我做了這樣的選擇。
他到嘉義的中正大學來看我，並帶來剛完成的《華人性格研究》
一書初稿。我「透」夜拜讀老師的大作，感受到他的用心之苦，
也對其洞視華人性格的諸多見解，感佩不已。這應該是瞭解華人
知識份子心理結構的一本重要著作。呂老師以當代海內外學人為
對象，以現代發展心理學為主軸，更用質量並重的研究方法分析
他們學業成長的歷程。他的詮釋有傳統華人文化的含蓄，又有西
方科學論證的「不留餘地」。做為他的學生，很容易在字裡行
間，重溫呂老師畢生為國家的進步費心，也為推動教育改革盡力
的一番癡情。

　　呂老師始終堅持教育改革的信念，數十年如一日，就是要找

出在我們這個社會推動教育改革為什麼如此困難的原因。書中提到當年自學方案實施的種種困難，印證到目前推動教育改革的各項難處，著實是真知灼見；最重要的，呂老師以這本書來提醒我：再怎麼困難，都必須要繼續向前。改革會遇到各種阻力與來自舊思維和保守勢力的反彈，唯有以智慧和勇氣穩住教改的旗艦，在大風大浪中向前行，方能走出我們自己的路來。

Pye 序

　　大部份的人都認為華人有一些很獨特人格特質。一部份原因是，華人是世界上最古老文明的產物；另一個原因是，這些人的典型其實是那些從未見過華人的人以訛傳訛捏造出來的。例如，美國人長久以來對華人就有兩種完全不同的印象：一個是陳查理（Charlie Chan）這種好的、聰明的中國人，另一個是傅滿洲（Fu Manchu）這種壞的、奸詐的中國人。在任何一個時期，美國人對華人們印象好壞完全取決於國務院的中國政策。所以在第二次世界大戰時，美國人對中國人的印象是非常正面的，中國是抵抗日本鬼子的英雄。但是到冷戰開始時，紅色中國就變成不共戴天的仇人，等到尼克森總統打開中國大門之後，美國人又立刻把中國人的印象反轉過來，當然這個好印象在天安門事件時受到嚴重傷害。

　　在這個不斷轉換的印象中，有一個不變的支柱，那就是基於儒家孔孟之學的中國文化傳統。這個優良的傳統一直持續到毛澤東發動文化大革命，中國以鐵幕自絕於世界其他各國。媒體上紅衛兵拿著毛語錄瘋狂吶喊的鏡頭，以及一大群衣衫襤褸的人民呆板的重複著口號，官員狂熱的執行共產主義，政治瀰漫在小市民的生活中，無孔不入，這些畫面都讓外國人覺得中國人已經轉變

為另一種新的、不同於以往的中國人了。當門戶開放以後,外國的代表團蜂擁而入,那些去逛了一圈的代表們回來報告說,中國人還是原來的中國人,只是多了一些新的把戲而已。全世界的人都對中國人感到又好奇又困惑,究竟什麼是中國人?他們的真相究竟是什麼?

華人自己對這問題一點力也使不上,因為華人不習慣去分析自己或是去作族群的反思。當華人寫自己時,他們筆下的人物其實跟美國人所以為的沒有很大的不同。例如,林語堂所描寫的華人是善良、聰明有智慧的,但是魯迅筆下的華人卻都是負面的人格。柏楊在他的《醜陋的中國人》一書中,對華人性格所持的觀點也是和魯迅相同。看起來好像是,如果華人不能認同他的文化和這個文化下的行為,他就會把自己貶得一文不值。外國人無法從這些極端的文詞中去了解華人的本性,華人真正的性格。我們缺乏一個可信賴的研究、可靠的數據來幫助我們瞭解華人。

呂俊甫教授的書出版的正是時候,他蒐集了很多海內外華人的資料,包括美國、台灣、香港和中國大陸華人,然後加以嚴謹的分析。

呂教授曾在這四個地方任教過,做過研究,他根據 21 個研究來作他的華人性格分析,包括問卷、訪談、同時兼顧到質和量的研究。這種研究法使他可以從更廣的層面、不同的角度去作華人性格的切片,所以他可以看到華人的性格特質、基本的價值觀。他的研究探討華人的社會化經驗,特別是家庭組織型態和就學經驗。雖然住在不同地區的華人反應有一點點不同。但是整個來說,它提供了堅固的基礎來作中國研究的類化根據。很有趣的一個發現是,雖然台灣政府努力保存中國傳統,而大陸的共產黨

拚命破壞中國文化，但是中國大陸的華人在權威的看法竟然比台灣的華人對權威的看法更為傳統。四個地方代溝的顯著性大於地理上的差異，表示現代化在華人性格的塑造上是有影響力的。

呂教授的研究發現華人性格最顯著的一點是，對權力的服從。中國人非常重視權力，從權力中尋求支持與指引。「順者昌，逆者亡」的觀念仍然根深蒂固。呂教授非常擔憂台灣民主的持久性，因為華人有這個權力中心的性格。華人的第二個主要性格是，華人有很高的成就動機。的確，在許多研究中，我們都一再看到華人爭第一的表現，不論在學術上或商業上都想拚過別人的這個特性。

前面兩個發現多少是我們意料中的，最令人吃驚的是，呂教授發現「自戀」是華人一項顯著的性格特徵。他們的社會化經驗，不但使他們要爭第一，同時還使他們誇大自己的長處美德，所以時時覺得自己應該被誇獎，應該被鼓勵，如果沒有，便覺得懷才不遇。家庭和學校的巨大壓力造成了華人這種既追求權力又自戀的性格，所以對於別人的批評不能虛心接受，會覺得沒面子，並很快地把責任轉嫁到別人身上，推諉過失。的確，中國傳統的嚴父慈母造成這兩種性格特質的混合。呂教授同時還發現，父親和母親管教的鬆緊不一會有其他複雜的行為型態出現，不過一般來說，這樣教養出來的華人都很有規矩，很有自信。

其他較不重要但很顯著的特徵為：有毅力、依賴、強勢、情緒化、有攻擊性、雙面個性和勢利眼。他同時也發現中國人崇尚權力（權力帶來地位、特權、威嚴、財富和勢力），然後才是安全感、順應、慈善及尊重傳統。雖然呂教授在研究中是嚴守中立、保持超然的立場，他卻毫不遲疑地作批評。整個來說，他很

11

尊敬華人，但是他毫不保留地批判他所發現的許多特質。他特別批評中國的教育制度，太注重考試，忽略了全人教育。可能有人會反對他的批評，但是他們無法忽略他的證據。

這本書的份量不在於實徵上的數據或他的個人意見及批評，而是在許多不同研究最後所得出的相同結果，所謂「殊途同歸」。讀者可以自己檢驗這些結果，得出更多的結論。以這一點來說，這本書幾乎可以說是一本參考書。這種研究法可以引導出問題，檢驗受試者在不同的情境時會有什麼反應，再導出更多的研究。希望這本承先啟後的書能夠鼓勵社會科學研究的成長，像 Alex Inkles 在 1960 年代所呼籲的一樣。但是不會像 Inkles 那樣要求太嚴，使得他人對系統化的民族性格研究裏足不前、失去興趣。呂教授在這裡已對這種研究建立了楷模。

Lucian W. Pye

麻省理工學院

推薦

　　每次協助呂教授分析這些研究中國人性格的數據時,心情就像論文口試答辯般緊張,他總是尋根究底,一絲不苟,要多方驗證才肯罷休。呂教授的態度正是我等後輩做人處事的模範。

——香港中文大學副校長 侯傑泰

　　認識呂教授三十幾年,是他的學生也是同事,他給我最深刻的印象,是對自己理想和目標的堅持和投入。例如他對教育改革一直非常關注,即使晚年已退休,仍可以在公開或私下場合見到他宣揚和辯論心目中理想的台灣升學制度。

　　他對華人性格的研究是另一個突顯的例子。從 1980 年即聽聞他對華人性格的研究感興趣,並想寫成專書,連續 15 年間,他利用問卷調查、面談及觀察參與,蒐集大陸、台灣、香港、美國各地受過大專教育的受訪者之性格資料。他以多重方法研究四地華人性格的多重構面,並以他個人獨到的眼光和流暢的文筆撰寫成書,他的堅持和投入的性格,確立了本書在學術上的貢獻。

——政治大學心理學系教授 林邦傑

　　老師學貫中西,有湖南人性格,在學術上的成就與誨人不倦的夫子精神,讓我們這些教育系所的學生,永遠崇敬和懷念。

——前醒吾技術學院教務長 史濟鍠

自序

　　在文化的情境下去瞭解華人是瞭解或研究華人社會任何層面（如政治）必要的工具。或許 Pye 教授（1988）批評華人不願意自我分析是對的，我們沒有任何自我檢討、自我分析的雅量。這是第一本根據實徵的數據來作的華人——尤其是知識份子——深度分析。這本書與林語堂的《吾土吾民》（*My Country and My People*, 1939）在內容、研究方法及風格上並不相同，也與許烺光（Francis Hsu）的《中國人與美國人》（*Americans and Chinese*, 1981；中譯本巨流出版）及香港中文大學 Michael Bond 的《中國人的心理學》（*The Psychology of the Chinese People*, 1986）相異。

　　我生長在中國大陸，在台灣和香港教過書。很少華人或非華人有我這種機會能在不同的文化中觀察華人的行為。我在三個華人社會的經驗，使我對華人有不同的看法，也使我想要以實徵的方式研究他們。當我在 1954 年第一次去美國讀書時，我就注意到華人和美國人的差異。1972 年，我應邀到夏威夷的東西文化中心去作一年的研究員。我認為研究華人是件有意義的事，還有兩個理由：第一，華人佔世界人口的五分之一，你的鄰居、同事都有可能是華人；第二，中國開始成為世界的列強之一，它的影響力是不容忽視的。

　　1977~1978 年，我從香港中文大學休假一年（自 1973 年到
1987 年回台為止，我一直都在中文大學教書），到哈佛大學開始
計劃研究華人性格。那時，我是費正清東亞研究中心（Fairbank
Center for East Asian Research）的榮譽研究員。這個夢想在我回
到香港後逐漸成型，最後在台灣完成。 1983~1995 年，我在中國
大陸、台灣、香港和美國蒐集資料，用自己設計的問卷、訪談、
觀察和深度交往中得到這些資料。

　　外國人常誤解華人，以為華人就是那些典型，其實華人社會
就跟其他社會一樣，各種典型的人都有。但是我必須承認，跟
1954 年我所看到的美國人比起來，華人的確有比較多的負面人格
特質。我跟魯迅（《阿 Q 正傳》的作者，這本諷刺的書，有多種
語言的譯本）的看法多少有些相同。魯迅放棄醫學來當作家，希
望透過文學的力量來喚醒中國，他筆下的人物都有著華人民族性
的弱點。我也在很多華人身上觀察到這些不好的人格特質，這些
特質存在於高官權貴身上，也在平民百姓身上看到，知識份子如
此，文盲也如此，這些特質似乎是中國幾千年來貧窮、無知、腐
敗、獨裁、內戰權力鬥爭的原因。從正面來講，華人聰明、勤
奮，他們的聰明才智和成就動機造就了香港及後來台灣的經濟成
長，現在則是大陸的經濟起飛。所以，本書所根據的研究計畫有
兩個目的：幫助其他國家的人瞭解華人，以及喚起華人同胞的注
意。我們要保留好的人格特質，防止不好的人格特質在後代子孫
身上再出現，我認為這個可以從家庭教育和學校教育來著手防
範。我希望這本書能對學術界，尤其是我深愛的祖國，能夠有所
貢獻。當我說我的祖國時，我是指大中國（whole China），包括
台灣、香港和大陸。

　　本書所根據的研究一共有 21 個，前後共有八章。第一章介
紹本書的目的、採樣、使用方法、資料的蒐集及資料的分析。第
二章到第七章詳細的報告這 21 個研究。最後一章討論研究的發
現以及它的意義。本書兼顧學術性與非學術性，是給專家看的也
是給普通人讀的。本研究質的部份大於量的部份。有些量的分析
所用的統計方法都很簡單，為使大部份的讀者都能瞭解。有一些
研究設計和資料分析是本土化的。我從人類學、社會學和心理學
的觀點來分析這些資料。假如讀者不是對每一章都有興趣的話，
我相信至少能找到一兩個章節是有興趣的。

　　我對已故的兄嫂感恩不盡，假如不是他們當年安排我離開大
陸，我今天也不可能在此寫這本書。感謝內子則娟及三個兒女
——呂維、呂明和呂綸——以及姪兒思允給我的支持。小兒子還
買了一部電腦給我，教我如何使用它，這大大的加速了我寫書的
進度。呂明和呂綸都協助我校稿。在分別了三十四年之後，我留
在大陸的老友周貽白全程陪伴我在大陸蒐集資料。麻省理工學院
的 Lucian Pye 替我寫了推薦文。普渡大學的 Thomas Berndt 和國
立陽明大學的曾志朗替我看稿，國立台灣大學的楊國樞和黃光國
教授、加州大學聖塔芭芭拉校區的 Alan Liu，香港中文學的
Michael Bond、盧乃桂、侯傑泰和張炳松，伊利諾大學的 Harry
Triandis，耶路撒冷希伯來大學的 Shalom Schwartz 和普渡大學的
John Feldhusen 給予我重要的建議。Alan Liu 和 Thomas Berndt 也
在精神上給我很大的支持。國立政治大學的秦夢群所長給我很多
的鼓勵，我以前的學生及朋友侯傑泰替我跑大部份的統計資料。
耶魯大學出版社、Norton、Sage、Caslon、Jossey-Bass 以及聯
合大學出版社都看過我的手稿並給我很多的建議，讓我修改書稿

使得最後 Edwin Mellen Press 願意出版它。我對上述出版社感激
不盡。

　　我也感謝台灣的國科會、香港中文大學的現代亞洲研究中心
及新亞書院的明裕基金會提供我研究經費。最後，我深深感謝那
些幫助我蒐集資料的朋友和學生，以及參加我研究、接受我訪談
的所有參與者。

呂俊甫

1998 年 3 月，台北，台灣

目錄

第一章
導論

　　要與中國人交往或通商，最重要的是要瞭解中國。在二十一
世紀，我們將會見到中國與其他國家的互相交往更密切。一個明
智的人是不能忽略中國對世界的影響力的逐漸增長。「大中華」
這個名詞的出現更顯現了中國的影響力（Harding, 1993）。從文化
的觀點來看，「大中華」包含了中國大陸、台灣、香港、及世界
各地的華人社區（Tu, 1991）。就如 Shambaugh 在 1993 年指出：

> 　　冷戰結束後，我們看到國際關係的重組，新的角色
> 及新的國際關係出現在世界舞台上。這些新的角色及國
> 際關係的樣式重新塑造了冷戰時期後的熟悉度。「大中
> 華」的出現就是從這個新的現實衍生出來的。
>
> 　　……大中華包含了不同的角色、空間及過程。這些
> 加起來就可能成為對地域及國際情勢穩定的挑戰。有些
> 人早已認為「大中華」是這個世界的下一個強權。如果
> 可以克服政治阻力使中國重新合一，變成一個主權的國
> 家，那麼這個強權地位很可能實現。（p. 653）

要瞭解中國或「大中華」就必須瞭解她的人民及文化。本書

是第一本使用一些中國、台灣、香港、及在美國的華人社區的例子，來闡述大中華的人民及文化的書。本書是從文化的角度來看華人的性格類型及國民性，從中國文化的重要成份——家庭、學校、價值觀、國民道德及人際關係——來探討。普渡大學心理學家 Thomas Berndt 說，本書是目前對華人性格的研討最豐富最深入的報告（1995/12/13 個人交換意見）。加州大學聖塔芭芭拉校區政治教授 Alan Liu 在簡函也預估本書將有重大的影響力（1995/2/21）。

中國文化是服從權威的、中國社會也是階級制度的。中國文化及社會可說是權威主導的（見第四章研究二），而非情境集中的（Hsu, 1981）、社會導向的（Yang, 1981）、傳統主導的、其他主導的（Riesman, 1961）。任何擁有權威或高權的人即可控制、影響，甚至支配沒有或少有權勢的人。當人們彼此不協調時，通常需要權威人物來消除歧見。權威人物包括父母、老師、上司、法官、警察、政府官吏、政治或社會要人。通常，中國人只做份內事，很少主動去做對大眾有益的事。一個人的權位愈高，他的勢力也愈大。在所有的權威種類中，以政治權威最具影響力，也最有力量。例如台灣的報章或電視新聞報導大多是高階政府官員的活動消息，對總統的報導更是多。即使第一任中華民國民選總統李登輝一再重申政權是人民授與的，人民是他的「頭家」，但他仍是最高的權威。雖然他並沒有古代帝王的權勢，但重要的爭論議題（像教改、修憲），如果沒有他的認可，是無法決定的。

「性格是從文化情境發展出來的，就像文化只存在於人們的思想、感覺及行為中。」（Westen, 1985, p. 299）文化是指所有人為的事，像藝術、法律、信仰、習俗及規則（Fernandez, 1975）。

性格主要是受文化而成形的，但少部份也受遺傳的影響。不同的性格衡量項目顯示性格包含行為、認知、感覺、態度、信仰及嗜好（Werner & Pervin, 1986）。性格特質可設定為「一個人對某些特定狀況的平常反應。」（Zuroff, 1986, p. 997）通常，特質是由文化內的族群發生的。特質對形容、評估、講解及預測人們的行為是很有用的。性格形態是性格的分類。形態可用來形容有相同或類似特質的人。

華人的性格或國家的特性有正、負的特質（見第四章的研究三）。本書是一個大型的專題研究報告，第二章到第七章即是此專題內 21 個小組研討的報告。讀者們應先讀本章及最後一章（即結論），以達到閱讀效率。此二章是讀其他章的導引。

□研究樣本與方法

這裡先敘述一下樣本的蒐集及資料分析方法。從 1983~1995 年，我所用的方法包括問卷調查、面談及觀察參與者。蒐集的資料包括與我有資料來往的信件，我所教中、台、港大學「人類發展課程」（human development classes）學生的專題及討論報告。資料分析則包括內容及簡單統計分析。這些都分述在每個報告內。附錄則有更詳盡的解說。

我和朋友及學生們在四個不同的華人社會（大陸、台灣、香港、美國）對約三千名受過教育的男女老幼作問卷調查。面談及觀察參與者則是我主持的。共收回 2640 份問卷，其中 925 份（男 662 份，女 263 份）是由中國大陸 22 省、651 份由台灣（男 398，女 253），787 份由香港（男 442，女 345）及 277 份（男

178，女 99）由美國來的。由於華人社會受教育的男性比女性多，我們的採樣也是如此。

受訪者的年齡從 19~91 歲（大部份是 20~65 歲）。他們都至少有兩年的大專學歷，大部份受過四年以上的高等教育，且現職為教師、工程師、研究學者、行政及公務人員，也有研究所及大學部的學生。在美的華人大多來自台灣，少部份來自香港及中國大陸。一些在台及香港的受訪者曾在國外求學或旅遊，幾乎所有中國大陸的受訪者從未離開過祖國，他們是「純」大陸人。

我之所以找受過教育的人作研究對象有兩個原因：第一，他們較有知識及影響力；第二，他們對中國的命運有決定性的影響。雖然我的受訪者主要是受過教育的人，我承認教育程度低的中國人對國家的發展也有影響，如同 Nathan 及 Shi（1993）普查結果的推論。對教育程度低或未受教育的中國人，我的資料來源有二：一、是由日常生活中的觀察，二、是從受過教育的受訪者的報告中分析來的。

以前關於華人性格的研究是以美英方法，對象是中學或大學學生（Yang, 1986）。本次的問卷則是用我所衡量設計的 Multi-Trait Personality Inventory（MTPI）。引用外國的或用本土的工具是一個跟 emic-efic（特殊—普遍的文化）有關的問題（Berry, 1969；Yang & Bond, 1990）。中文工具的需要是基於下列事實的考慮：(1)沒有為中國人設計的性格衡量工具；(2)由於翻譯的差距，中文版不能完全表達原意；(3)一些成語只有英文才有，反之亦是。因此我在夏威夷東西文化中心時（1972~1973 年）即著手設計本土工具。

1980 年我重整中文的 MTPI，有 122 個兩極項目（bipolar

items）的。香港中大的社會和人格心理學家 Michael Bond 幫忙把它譯成英文版（Brislin, 1980）的 MTPI（見附錄一）。

MTPI 兼有文化特殊的中國特質名稱，和西方文化亦可見到的普遍特質。它總共有三部份，問卷的主體（第二部份）是由 122 個兩極項目組成，第一部份則是有關於問卷對象的資料，如姓名、家庭及童年經歷，包括父母親對養育兒童的看法及方式。第三部份則要應答者形容他所觀察到的受過教育的華人的性格型態。 MTPI 的 122 項目各以 6 分計，每一項有兩種回答，一是自覺（self-perception），另一是應答者對受過教育的華人的感覺，如此就產生「自我」（self）計分及「其他」（other）計分。 MTPI 資料的分析，大部份是用自我計分，其他計分只是當作參考。

為了要找出所有華人知識份子的共同點，所有四區域的樣本都是用同樣的因素分析。我們用篩選測試（Cattell, 1966）試了 4，5，8，9，10 及 11 因素，最後決定用 9 因素。雖然 Big Five 被認為是通用的模式（McCrae & Costa, Jr., 1987），但我們同意其他學者的說法（McAdams, 1992 ； Mershon & Gorsuch, 1988 ； Noller, Law, & Comrey, 1987），那就是 5 因素理論的實用性是有限的，它需要更進一步的研究，用更特殊及更有益的因素去包含這愈來愈大的性格領域。關於 MTPI 的統計報告請見附錄二。

我們的九項因素是：內向—外向（E），懶散—自律（D），民主—權威專制（A），支配—服從（S），有冒險心—謹慎（C），自我導向—他人導向（O），依賴—獨立（I），傳統—現代化（M），及健康—神經質（N）。從概念來看，我們的 E、D、M 及 N 跟 Big Five 的外向、正直、開放經驗及神經質很相似，我們

的 A、S 及 O 在概念上也跟 Big Five 的開朗相連，我們的 C 卻是中國特定的因素跟開朗及開放經驗是相切的。我們的 I 似乎是中國人格的特殊獨立空間。當我們的九項因素用於香港樣本（238位研究生，包括男 118 及女 120），也通過 Cattell 的 16 PFs 確認。MTPI 的趨同效度（convergent validity）也達到滿意（見附錄三）。

除了從事問卷調查，我也花了很多時間在家世面談上（Levinson et al, 1978）。我親自面談了約二百人，其中 120 人在中國大陸，其餘在台灣、香港及美國。我平均跟每一位談兩小時，有些人還談二或三次。我也參加並觀察華人的活動。當我需要更進一步的資料時，我也與大陸的受訪者通信。

更多資料是從我各地學生的報告得來的。Michael Bond 曾經說我有個「資料金礦」。為了保全這些資料，我將它們詳細的列舉，基於篇幅之限，我已從十章十五萬言刪為共八章十萬字。所有的問卷調查、學生報告、面談等，都可供有興趣的讀者參考。

內容呈現方式

本書共有八章。這篇導論主要在於簡單介紹本書的內容、目的，以及書內各研究的研究方式。整體研究包含了 21 個小研究，其中量化研究多過質化研究，分別從第二章至第七章加以描述。第二章以三項小研究探討教養模式，因為教養模式和孩子的性格發展有關。它提供了一些證據，是有關教養模式及其對子女性格發展之衝擊，這些證據都是前人未曾提出過的。此處強調的衝擊乃是同時來自於雙親的衝擊，而不單只來自父母其中的一方

（通常是母親）。

第三章描述了三項研究，分別關於家庭、學校和性格，讀者可以藉此更瞭解中國人的性格與文化。其中的一項研究和家庭和諧有關，因為這和教養模式及子女性格都有關聯。另兩個研究在探討教育方式及教育改革，它們推翻了 Stevenson（1992）主張的美國人應該向中國教育學習的說法。第四章談到四個有關性格類型與特質的研究，對象分別是大陸、台灣和海外（香港和美國的）華人，及整體華人。它讓我們能對整體華人的性格或特徵有個粗略的概念，資料來自海內外各地的華人。其中一項研究以地域、性別和觀點來探討華人性格的差異。

第五章介紹了兩項關於一生性格發展的研究，一項以香港個案為對象，一項則以大陸個案為例。兩項研究的目的都在於驗證 Erikson 提出的性格發展八階段的效度如何。研究的結果既補充也支持了 Erikson 的理論。第六章由六項研究組成，內容探討價值觀與性格之間的關係。此章也從多個角度檢視價值觀和性格，切入的角度包括擇偶條件、企圖與期許。它也顯示了華人文化既不是以集體主義為首，也不偏向個人主義，它大約是 60％的集體主義加上 40％的個人主義。它也歸納出 69 個華人價值，而且可以被分類到 Schwartz（1992）10 個普遍類型當中的 8 個，而社會權力又是華人價值中最突出的類型。

道德觀和人際關係是第七章的主題，以三項研究來論述。這兩個主題息息相關，因為道德觀不但是個人與他人互動的結果，也是互動的過程。此章以 Kohlberg 的理論來看華人道德評斷和道德行為的階段，也闡述了華人文化六種人際關係（例如，親子、師生、男女關係）的本質。

　　在最後一章裡，我總結了各研究的主要發現，並討論了各項發現的延伸意涵。研究結果的延伸意涵涉及許多領域，包括國際瞭解、文化意識型態、國家發展、社會轉變、教養方式和教育實務，以及未來關於性格和文化的研究。有一項重要的現象就是，大陸和台灣華人之間的政治權力鬥爭依然會持續，兩個中國的爭論也將蔓延。兩岸在短期內應該仍無法統一。另一個可預見的事情，就是中國（或「大中華」）假如仍以權威專制式的教養風格和僵化的教育體制教導下一代，而不加以改革的話，那麼中國永遠不可能富強和現代化。

　　我在本書中試圖盡全力讓證據說話，而不讓我的愛國心干擾我的研究。我猜我的同胞恐怕會責怪我，沒有描述出一個更美好的中國，但我對中國未來的發展非常樂觀，因為中國人是一個潛力無窮、獨一無二的民族（Pye, 1985），而中國的前途是無可限量的。

第二章
父母教養模式與子女的性格

　　家庭因素佔環境變項中的 30 ％ ~100 ％，而在性格、認知和心理病理學的表現型變項也多達 15 ％ ~70 ％（Daniels & Plomin, 1985 ； Rowe & Plomin, 1981），由此可見家庭影響力對子女行為與發展的重要性。雖然西方的，尤其是美國的心理學家、人類學家、社會學家、教育家、精神科醫師和政治學者，做了非常多關於家庭影響力的研究，尤其是社會化或子女教養實務方面的研究，但是華人社會裡的這類研究卻相當少見（Ho, 1986, 1989）。

　　幾乎所有早期的研究均認為，社會化的方向是從父母到子女（Walters & Walters, 1980）。由於 Bell（1968）提出證據，指出父母既會影響子女，也會受子女的影響，因此社會化及親子關係方面的研究，便多多少少從單向的觀點，轉變成雙向的觀點，並強調人類互動時的相互性（Brunk & Henggeler, 1984 ； Mink & Nihira, 1986）。不論盛行的模式或觀點是哪一種，父母親或照顧者的影響力是不容忽視的。雖然孩子生來就必須仰賴周圍的環境，而初始互動的品質取決於父母或照顧者的反應（Estrada, Arsenio, Hess & Holloway, 1987）。

　　此外，影響力的方向可能因家庭類型的不同而有所不同。

Mink & Nihira（1986）在一份關於影響力之方向的研究中，發現孩子與家人之間的影響力，在不同類型的家庭時，方向也隨之而易。他們分析後歸納出三種家庭類型：包括學習導向（learning-oriented）、成就導向（achievement-oriented）和外在導向（outer-directed）的家庭。一項分析（Kenny, 1975）顯示，在學習導向的家庭中，是子女在影響家庭。在外在導向的家庭中，子女的自助技巧會影響父母，但父母會影響到孩子一些比較高層次的技巧，例如社會適應、動機，和在社區生活的技能。然而，至於成就導向的家庭，家庭或父母的行為會對子女的行為產生全面性的影響。換句話說，Mink & Nihira（1986, p. 614）發現：

> 每一種家庭類型的作用方向都不一樣，而只有成就導向的家庭具有唯一固定的方向：從家庭到孩子。在另兩種家庭類型中，影響力的方向會隨著涉及的變項不同而不同。

我對成就導向的家庭特別感興趣，因為它恰好和一般的中國家庭很相似。即使中國大陸於 1979 年開始實施一胎化政策，大多數的父母仍不免打孩子。原因不外乎是，子女不做功課、太愛玩、不孝順，或最常見的──學校成績不佳（Davin, 1990）。這聽起來好像是成就導向家庭類型的典型代表，因為非常注重控制（Mink & Nihira, 1986），而控制或管教正是中國權威父母教養子女時的明顯特徵。Mink & Nihira（1986, p. 612）描述的成就導向家庭如下：

> 在成就導向的家庭中，父母以競爭的態度來看待多

種不同類型的活動（例如，課業、工作、遊戲）。這些家庭的結構是階級分明的，而家規大多確實實踐，且較嚴格。

本章的用意在於闡述一份調查，此調查包含了三項獨立但互有關聯的研究，其中兩項為質化研究，一項為量化研究。其目的在於提供實證證據，確認父母的行為確實會影響子女的性格。比起先前的其他研究，本研究有兩大特色：(1)本研究並不把父親或母親當成單一的社會化者（socializer），而是把父母視為聯合的角色，探討雙親同時將子女社會化的影響。(2)本研究並不是只以兒童、青少年或大學生為研究對象，而是以多個年齡層的華人男性及女性為對象，在兩項質化研究中，請他們參與小組討論（研究一）和回溯訪談（研究二），在量化研究中，則請他們接受問卷調查（研究三）。

研究一的內容，主要是來自於中國兩所大學討論小組參與者的個人經驗與觀察。我們可以透過研究一，大致瞭解中國大陸父母的教養風格，以及其對子女性格的影響。研究二的資料，乃得自於中國大陸及台灣受訪者的個案研究，以描繪兩岸父母主要的社會化模式，以及其對子女性格發展的影響。研究三的用意，是想提供一些關於協同教養及相關變項的簡單量化數據，以補充兩項質化研究不足之處。

由於子女對父母教養的知覺，對於性格和適應力具有高度預測力（Plomin et al, 1988 ； Rowe, 1981），而且童年家庭環境的回溯知覺，對於瞭解性格與適應力的長期效應非常重要（Plomin et al, 1988），故本研究以研究對象對父母教養的回溯知覺，再加上

他們現今對自己行為與性格的知覺，來檢視父母教養與子女性格之間的關係。我們可能以為，一個人的性格和他或她對家庭環境的知覺有關，但事實上不然。如 Plomin 等人（1988）所言，家庭環境量表（FES, Family Environment Scale）測得的分數，和自陳式性格問卷主要向度的結果，二者之間的關聯性並不高。因此，我們期望透過本研究獲得一些有意義的結果。

研究一　父母的行爲與子女的性格

這份研究找了 159 位研究對象。其中包括 75 位來自浙江省某大學兩個學系（教育系和心理系）的男性及女性（大三生、大四生、畢業生及助教），以及 84 位來自福建省另一所大學某一個學系（教育系）的男性及女性（大二生、大三生、畢業生及講師）。這兩省都位於中國南方。

供組員討論的內容，是一系列關於中國大陸父母教養方式的問題。問題包括：(1)父母使用的管教技巧為何？是勸導（induction）、收回關愛（love withdrawal）、脅迫（power assertion）、正增強和／或只是忽視或忽略？哪一種最常見？哪一種最有效？(2)提出一種新模式和／或舉出一個觀察過的案例，以印證八種父母行為模式中的任何一種——過度保護或過度照顧、過度放任或過度溺愛、敵意或抗拒、嚴格或控制、敵意且嚴格、敵意且放任、關愛且嚴格，以及關愛且民主。您找出了多少種模式？哪一種模式最常見？哪一種最少見？(3)父母的行為是否會隨著子女的性別、年齡、排行、手足人數或其他因素的不同而不同？(4)父母的

行為是否會隨著父母的年齡、性格、教育水準和社經地位的不同而不同？父親和母親的行為假如有差異的話，是哪些行為呢？(5)在八種父母行為模式當中，是否有共通的子女性格特質呢？對於最後這個問題，供組員參考的是 Lew（1982）的一些假設特質，此乃源自於 Conger（1973）提出的子女在八種模式下社會化的假設特質。

當我以發展心理學客座教授的身份，在中國大陸的這兩所大學教導這兩班學生（小組組員）時，使用的課本是我自己的書（Lew, 1982）。課堂上有一份主要的作業，就是小組討論華人父母行為後，交一份討論報告。受試的學生在我的監督下，在課堂上以小組的方式，討論以上的問題。每一組的成員人數都在 5~10人之間，而且每一組必須繳交一份記錄討論內容的報告。隨後進行內容分析。報告內容中的所有符合以上問題的答案、意見或觀察，都受到採納。只有那些在兩份報告或兩份以上中重複出現的部份，才歸納成下列項目。

總共蒐集了 17 個小組討論的報告，其中 7 份來自於浙江的大學，10 份來自於福建的大學。從報告內容看來，以下每個項目至少都曾在兩組的討論內容中出現過，而且出現頻率最多的甚至超過了三分之一的報告（即 6 份），這意味著討論小組的參與者持相當一致的看法。

1. 所有在其他文化中常見的管教技巧，在中國大陸亦能看得到，尤其是勸導、收回關愛和脅迫。責罵和肢體懲罰非常普遍。使用負增強——特別是訓斥——的頻率，比正增強——例如讚美——高出許多。家長可能會使用一種或多種技巧，不過通常會有

一種是比較慣用的。

2. 最有效的管教技巧，是勸導加上必要時**有原則地**脅迫（principled power assertion）。

3. 八種父母行為模式，在中國家庭中全都能看得到。在獨子家庭中，尤其是 1979 年實施一胎化政策後（Croll, Davin, & Kane, 1985 ; Jiao, Ji, & Jing, 1986），最常見的模式是過度溺愛且過度放任。都市執行一胎化政策比鄉村徹底。

4. 在有四個或四個以上孩子的大家庭，父母可能要不就是放任的，要不就是嚴格的；家中可能有一、兩個較受寵的孩子。但在只有一、兩個孩子的小家庭裡，常見的管教方式是放任和／或過度保護。持敵意或抗拒的父母在中國很少見，一些不和諧的家庭除外。

5. 普遍認為最適合子女完善發展的父母行為模式，是民主型或權威型。

6. 父母的行為會隨著子女的年齡改變（Ho & Kang, 1984 ; Roberts, Block, & Block, 1984）。子女在童年早期和中期時，中國父母通常傾向於過度保護、過度照顧、嚴格和權威。當孩子步入青少年時期時，父母逐漸賦予他或她更多的自主權、自由與獨立性。到了孩子十二歲左右，他們漸漸減少打、罵或嚇孩子的頻率，尤其因為瞭解到這類方法的效果不彰。

7. 中國父母對長子或長女的要求比較嚴格，而且期望較高，並要求他們作弟妹的榜樣。他們通常對排行中間的子女比較放任或忽視，而對么子女比較寵溺。這樣的結果，導致長子女比較內向而通情達禮，排行中間的子女比較外向而富冒險心，而么子女比較頑皮而任性。

8. 一般而言，父母比較偏好兒子，因為女兒遲早要嫁人，成為別人家的人。因此一般父母也比較期望生兒子。

9. 成就高、長相好、聰明、孝順且／或開朗的孩子，比較稱大多數父母的心意。

10. 社會化的模式和技巧，會隨著父母的年紀和性格而異。比起較年輕的父母而言，年紀較大的父母通常比較不嚴格，也比較不控制子女。比起有耐心而情緒穩定的父母，衝動而情緒不穩的父母通常比較權威，也比較常以脅迫的方式來管教子女。穩定的父母通常比不穩定父母來得民主和理性。

11. 低教育程度的父母（只上過小學的父母）對待子女的方式比較極端；他們要不就懲罰太重，要不就太放任。他們在增強子女時，傾向以物質獎賞。教育程度高的父母（唸過大學的父母）比較民主、理性。他們既會以物質獎賞，也會以口頭和道德倫理來獎賞子女。幾乎所有受過高等教育的人都住在都市裡。

12. 雖然共產中國刻意打破社經地位（SES, socioeconomic status）的階層，而且它不如資本社會那麼分明，但它依然存在，並影響著人民的生活。比起低社經地位的父母，高社經地位的父母總是對子女期望較高，但對子女比較放任。中產階級父母對待子女的方式，比高、低社經地位父母的方式都來得適當。

13. 雖然「嚴父慈母」是一般最常想到的雙親協同教養模式，但是下列情況讓孩子變得更輕鬆：(1)父親與子女相處的時間較少；(2)父親管教時，母親會保護孩子；以及(3)女性主義的興起，降低了父親的權威性。

14. 父親比較會嚴懲及控制兒子，而母親則對女兒較嚴格、要求較高。男孩較常發生（言語或肢體）攻擊，並被嚴格禁止。

另一方面，女孩的性別訓練比男孩嚴格。女孩應該防止任何可能的性侵害事件的發生，或避免與異性有不當接觸。

15. 許多父母，尤其是教育程度較低的父母，仍持有子女是父母「骨肉」的傳統觀念，故認為子女應該被當成父母自己的身體或財產來擁有、愛惜和保護。

16. 體罰很常見。父親通常下手較重、較痛，不過某些案例中，母親可能較常打孩子。許多人仍相信棒下出孝子。整體而言，就子女教養的信念、態度和實務來說，鄉村家庭比都市家庭來得傳統。

17. 都市家庭中的父母大多是全職工作者，他們使子女社會化的時間和精力少於鄉村的父母。

18. 許多祖父母扮演代理父母的角色。他們比父母更寬厚。獨生子女可能被雙親和祖父母、外公婆嬌養或寵壞。

19. 目前趨勢期望父母教養子女時不要那麼傳統；他們傾向較不那麼嚴格和權威，而較寬厚和民主。

20. 父母的情緒狀態或心情，會影響教養的行為。當父母起爭執，或是其中一人遭遇事業或經濟危機時，孩子比較可能經歷到父母不理性的行為或態度，結果可能被父母兩人或其中一人不愉快地對待。

21. 基於某些理由而未能和子女經常相處的家長（例如，忙於工作或把孩子交給祖父母照顧），其愛子女的程度，將不及經常與子女相處的那位家長。

22. 父母其中的一位，尤其是父親，可能扮演著兩種角色。舉例來說，父親可能對孩子嚴格、疏離和沈默寡言，但對朋友卻包容、友善和健談；或者可能對他人冷漠，對子女卻過度關心。

23. 許多父母過度重視子女的學業成就，以致忽略了他們人格健全所需的社交、情緒、道德和生理發展。

24. 親子衝突主要的原因之一，是父母過度管教及／或過度關切子女，一方面是關於他們自主權的掙扎，一方面是他們的獨立性。子女即使已經過了青少年和青年時期，在爭取自主與獨立的時候，仍會仰賴父母親，來滿足經濟及／或情緒需求。

25. 親子關係另一個常見的衝突，是父母干涉子女的社交活動。許多父母不允許子女在未經雙親同意之下結交朋友，以免被「壞」朋友帶壞。

26. 父母的行為會在孩子性格上，留下永久性的影響。表 2.1 顯示的是八種教養模式下，子女可能發展出的性格特質。這些模式對雙親皆適用。譬如說，雙親皆為過度保護或過度照顧（模式一），或父母其中一位是關愛且嚴格（模式七），而另一位是關愛且民主（模式八）。也有可能一位父母有時候民主或權威，有時候又嚴格或權威。整個理論假設如果母親和父親採取不同的行為模式，或父母其中一位對子女的行為前後不一，則子女發展出來的性格，可能會綜合表 2.1 裡一些不同的性格特質。

研究二　七種協同教養模式下的子女性格

研究對象（受訪者）包括 62 位（45 名男性、17 名女性）中國大陸人，和 47 位（34 名男性、13 名女性）台灣人。他們的年齡從 19~69 歲不等。他們都至少受過兩年的大學教育；其中大多數人已經完成高等教育，並擔任教職、工程師、研究人員、行政

表 2.1 八種教養模型下，子女可能發展出的性格特質

教養模式	子女可能的性格特質
1. 過度照顧或過度保護	內向、自我中心、依賴、有時叛逆
2. 過度溺愛或過度放任	無法面對挑戰及容忍挫折、難以適應社會、挑戰權威
3. 敵意或抗拒	自尊及自信皆低、社交和學業都有障礙、神經質、對他人有敵意
4. 嚴格或控制	被動、僵化、在社會及認知行為上皆屬壓抑、好奇心及創造力弱
5. 敵意且嚴格	脾氣壞、神經質、沈溺幻想、對現實不滿、叛逆
6. 敵意且放任	傾向表現出憎恨、叛逆、易成為違法者或罪犯
7. 關愛且嚴格	內向、保守、被動、乖巧、有禮貌、依賴、聽話、順從
8. 關愛且民主	外向、獨立、果決、有創意、情緒穩定、有時不孝順且叛逆

註：這八種教養模式源自於 Schaefer（1959）的母親行為的 circumplex 模式。此處雙親的行為皆適用。前四個模式是單一向度的，而後四個模式是雙向度的（Lew, 1982）。

人員或其他專業。

　　本研究以半結構式的回溯訪談，詢問每一位受訪者的(1)家庭結構和家庭組型；(2)父親和母親的教育程度、職業、性格和教養子女的風格；及(3)受訪者自己過去的生活及性格特質。每一場訪

談平均耗時兩小時。某些受訪者被訪問了兩、三次，時間超過十小時。

在訪談過程中，我擔任訪談者的角色，記錄並觀察受訪者的回答及反應。由於我在互動過程中，能夠直接而近距離地觀察受訪者，故除了受訪者自身的描述外，還能更深入地瞭解他們的性格。我透過和一些大陸受訪者的後續聯絡，以及和台灣受訪者的私下會面，另蒐集了一些額外的資料。

我隨後對每一次錄音的訪談內容進行分析（Brislin, 1980）及歸類，依據的方式是中國人對教養上的「嚴」的概念（嚴格、嚴肅和控制）——這類似西方控制的概念（Lau, Lew, Hau, Cheung, & Berndt, 1990），以及「慈」的概念（溫柔、關愛和放任）——這和西方溫暖的概念雷同（Lau et al, 1990）。分析內容時，也考慮接觸和管教的量和方式、每位父母和子女的行為及性格特質，以及親子關係的品質（例如，「友善、親密」相較於「退縮、冷漠」）。父或母的性格特質或行為中，出現任何如表 2.3 所顯示的有關嚴和慈的部份，都以 1 分計算，不過因「嚴」的體罰，或因「慈」的不體罰（很少或從不）則以兩分計算。父或母必須達到 5 分或 5 分以上，才可稱為「嚴」或「慈」。

為了探討雙親同時的影響，此處以華語的兩個常見形容詞，來描繪或強調父母對子女的行為和態度——嚴和慈。由此衍生出四種模式：父嚴母慈（FYMC）、父慈母嚴（FCMY）、父母均嚴（FYMY）和父母均慈（FCMC）。此外，還使用了另三種類別：父母幾乎剛剛好（FRMR）、父親為主要社會化者（FAPS），及母親為主要社會化者（MAPS）。依照以上七種模式或類別分析的案例數量及百分比，如表 2.2 所示。

表 2.2 台灣和中國大陸的案例，以七種教養模式歸納的數量
及百分比

協同教養模式	中國大陸		台灣	
	n	%	n	%
父嚴母慈（FYMC）	4(1)	6.45	15(3)	31.9
父慈母嚴（FCMY）	8	12.9	2	4.3
父母均嚴（FYMY）	4(1)	6.45	4(2)	8.5
父母均慈（FCMC）	1	1.6	2	4.3
父母幾乎剛剛好（FRMR）	17(7)	27.4	9(3)	19.1
父親為主要社會化者（FAPS）	2	3.2	4(1)	8.5
母親為主要社會化者（MAPS）	6(2)	9.7	6(1)	12.8
未歸類	20(6)	32.3	5(2)	10.6
總和	62(17)	100	47(12)	100

註：括弧中的數據代表其中女性案例的數量。

　　雖然大多案例都能按照以上所述的七種模式歸類，不過有些案例基於兩個理由未能歸類：(1)有些案例涉及延伸家庭或代理父母（例如，祖父母、兄姐、保母、繼父母），且／或他們（主要是一些大陸的案例）受困於一些社會政治性的因素，而受到多方面的影響，使得分析時無法區辨何為父母行為、何為子女性格。(2)在少數案例中，父母其中之一或父母兩人的行為和態度，是不穩定或前後不一的，故無法將他們歸類。

　　如表 2.2 所示，我們意外地發現父慈母慈的類別，在大陸只有一例，而台灣只有兩例，因為在這種協同教養模式下，大多案

例被歸到「父母剛剛好」，以那形容他們似乎更適合。假如不是基於上述兩個原因的話，其中有一些案例可以被歸到「父嚴母慈」，亦即中國社會中傳統的協同教養模式，台灣案例中有 31.9％歸在此類。另一種常見的類別是「父母剛剛好」，涵蓋了 27.4％的大陸案例，及 19.1％的台灣案例。

為了瞭解協同教養模式中「嚴」和「慈」的意義，及其對子女行為和性格的影響，以下簡略介紹七種協同教養家庭模式下，雙親與子女的行為和性格。

1. 父嚴母慈（FYMC）

在父嚴母慈的家庭中，父親比較是衝動的、脾氣壞的、疏離的、權威的和嚴格的。他比較會要求順從、訴諸體罰、重視傳統價值（例如，順應、孝道、節儉），對兒子的期待比對女兒的期待高。母親比較是溫情的、溫柔的、脾氣好的、包容的、理性的、保護的或過度保護的。她很少或從不體罰。男性受訪者通常富企圖心、有自信，而且除了一位男性案例之外，多是直接的、批評的、理想化的、衝動的和好心腸的。例外的那位男性雖然也富企圖心和自信，但不是衝動的、批評的或理想化的。大概是因為他父親雖然既嚴格且權威，卻很少打他，這似乎造成他和其他父嚴母慈家庭男性受訪者的主要差異。這類家庭的女兒也和大多兒子不同。她們通常是乖巧的、聽話的、順從的、合作的，且實際的。原因可能是在父嚴母慈的家庭中，父親不會像打兒子那樣嚴厲地打女兒。頻繁的體罰，尤其是嚴厲的體罰，是很少見的。

2. 父慈母嚴（FCMY）

在父慈母嚴的社會化模式下，父親很少對子女說教或責罵子

女。他從不或很少訴諸體罰。他通常很理性、有耐心、親切，而且脾氣穩定。另一方面，母親通常是打罵子女的人。她可能既能幹又聰明，但比較嚴格、要求較高、衝動、脾氣壞，且不理性。有這樣的父母時，子女通常較外向，而且成就需求較高，會比較珍惜傳統價值觀且／或擁有較強烈的超我，通常心腸好、樂善好施，且時而神經質（緊張、焦慮，或具有強迫行為）。

3. 父母均嚴（FYMY）

父母均嚴的家庭相當少見。在這種家庭裡，母親通常不如父親來得嚴。父嚴母嚴的家庭中，父親通常很傳統或保守、嚴格、權威，而且衝動或脾氣暴躁。他會斥罵和體罰子女。這種家庭裡的母親通常是內向的、傳統的、埋頭苦幹的、嚴格的且衝動的。在大多案例中，她也會斥罵和體罰子女。孩子不論是男是女，通常都較內向、焦慮，且／或情緒不穩定。男性受訪者通常好批評、包容性低且／或權威。有一個案例（一位大陸女性）卻有些不同。這個家庭被歸在父嚴母嚴，因為父親很嚴格、限制、嚴厲、權威，且令人敬畏，母親則很嚴厲、沒耐心、嘮叨不休、憤怒，且很少露出笑容，令人覺得父親和母親都「嚴」。這個案例卻和其他「父嚴母嚴」的家庭有所不同，因為那些家庭的父親也很冷靜、脾氣穩定、心腸好，而且自制力強；更重要的是，父母雙方都很少訴諸體罰。這些差異可能正是導致這位受訪者（大陸大學的一位女大學生）理性而包容，但焦慮而意志消沈的原因。

另一個值得特別一提的案例，是一位患有小兒麻痺症的台灣男性大學生。我們可能會誤以為他的害羞及自卑感，和他的肢體殘障比較有關係，而和父母的行為與性格比較沒關係。為了做比

較，我找了一位性別相同、年齡相仿、教育程度雷同，也罹患小兒麻痺症的大陸受訪者，他的性格和那位台灣受訪者的性格就非常不同。那位大陸受訪者被歸在「父親為主要社會化者」的類別。把二者做比較之後，讓我們更能瞭解到，父母行為或教養行為比子女自身的變項（例如本例的肢體殘障），對子女性格的影響更加深遠。

4. 父母均慈（FCMC）

事實上，本研究中滿足父母均慈的家庭（也就是說，父母各自「慈」的分數在 5 或 5 以上）數量，比預期中來得少得多。因此，這個類別可能併在「父母幾乎剛剛好」（FRMR）的類別裡，因為形容父母雙方皆「慈」的教養行為時，此詞的意涵似乎更為恰當。我所指的「幾乎剛剛好」，是指父母雙方在「嚴」和「慈」的質和量上的一種平衡、互輔或互補的模式。「幾乎剛剛好」的類別將在下一項詳加介紹。我將在下面舉一個「父母均慈」的例子，或說得更明確一點，是一個「幾乎剛剛好」的例子。

研究對象是一位 61 歲的經濟幹部（市政府官員），他是湖南省人。他於 1948 年偷偷參加了中國共產黨，當時他已經從一所大學名校畢業四年了，隔年中國大陸即為共產黨統治。他有一個同父異母的弟弟，是他父親的妾所生。他父親在 1949 年之前，是一個無師自通的生意人，個性外向、慷慨、樂善好施、心腸好、脾氣好。他重視傳統美德，並以理性教導子女。研究對象的母親是一位未受過教育的家庭主婦。她的個性很親切、慷慨、包容，而且脾氣穩定。這位研究對象和他雙親一樣，是一位友善、外向、慷慨、樂善好施、耐心、包容、心腸好，且脾氣好的人。

我於 1949 年離開中國大陸時，就已經跟他很熟了。事隔四十年之後，他的為人依然如昔，只不過老了些，而且多的錢財都拿去幫助有需要的人。他說他的性格確實自青少年之後就沒有太大的改變，不過他的思想自大學以後經歷了一些起伏。

5. 父母幾乎剛剛好（FRMR）

這種協同教養模式的定義已在上一段闡述過。「幾乎剛剛好」類別的女性在比例上比其他類別的女性來得多。不論是哪一種性別，也不論是大陸組或台灣組的「幾乎剛剛好」類別，父親和母親通常都脾氣好或情緒穩定，很少或從不打罵子女，而且會合理地要求或期望子女。身為兒子或女兒的男性或女性的研究對象，都是脾氣穩定或情緒穩定、和善、獨立，而且實際或企圖心適中的人。他們大多人具備領導的能力，並且擔任多種領域的領導者（學生領袖、系主任、學校或基金會的管理者）。或許是偶然或自然，本「幾乎剛剛好」研究中的女性案例，大多是美麗或富吸引力的女性。

6. 父親為主要社會化者（FAPS）

雖然大多母親比父親更常待在子女身邊，不過有些為主要社會化者的父親，對孩子的影響力比母親更大。他們比母親更常引導和管教子女。在這個類別中，母親均支持父親的角色或權威，或以一種比較不干涉的態度對待孩子。父親是家庭中的主要權威角色。他通常既深情又權威。他往往嚴格且要求高。他對子女的成就期望甚深。除了少數例外，在這種家庭裡長大的孩子通常情緒穩定，而且性格發育健全。

本類別有一個案例可以和「父母均嚴」的一個案例作比較，

兩位受訪者都罹患小兒麻痺症、兩人都是男性及么子，而且年齡相仿。這兩個案例一個來自大陸，一個來自台灣，顯示了教養風格對子女性格的影響力，比生理或社會政治因素的影響力來得大。有一個台灣的女性個案也值得一提。這位個案我訪問過三次，分別於 1979、 1982 和 1990 年。在最末一次訪談中，我重問了一些前兩次問過的重點，看看她的記憶是否前後一致，結果發現確實一致。舉例來說，她清楚記得自己十二歲時，父親已很少打她，而且在此之後也不曾再打過她。 1990 年的訪談時，她說她父親即使已經 72 歲高齡仍然會生氣，因為她對他堅持的事情持不同的意見。她說她很多方面都很像父親，不過她的脾氣比他好。她認為他是全世界最好的父親。她說她不喜歡她的母親，因為母親從來就不喜歡她。她承認她母親是個美人，而且她長得不像母親而像父親。我認為以上這一點可能和親子間相異的關係有關聯。

　　在父親為主要社會化者的家庭中，父親在許多方面的影響力（例如性格及事業發展）顯然比母親的影響力來得強烈。然而，母親的影響力也不容忽視。如一位台灣男性受訪者（他是一位內閣成員）所說的：「母親的影響力是無形的。」他說他有某些性格比較像母親而不像父親，例如自制力及情緒穩定度。很難分辨究竟是母親在學前時期對他產生影響，或是基因遺傳在影響他，或兩者皆有。為了更完整地瞭解他的成長過程，我也訪問了他的父親。

7. 母親為主要社會化者（MAPS）

這個類別可以藉由兩個案例說明：一位 22 歲的大陸女性

（大學畢業生），及一位40歲的台灣男性（出版者）。這位女畢業生個性外向、主動、活潑、情緒穩定、甜美、有吸引力、從高中起就有很多男生追求、人際關係良好、樂於助人、不願意傷害他人，有時像父親一樣沒什麼主見，有時又像母親一樣很有主見。她的父親是一位辦事員，只讀過一年書。他工作和居住的地點離家很遠，一個月大約只回家一、兩天。他很節儉、脾氣好、不太有主見、易聽從他人、臣服於妻子的權威、樂於助人，且很少責罵或處罰子女。她的母親讀過五年的書，也擔任辦事員。她的脾氣不如丈夫的好，不過既能幹又聰明，家中的大小決定都由她包辦。她的個性固執、主見強、樂於助人、避免傷害他人、常常罵孩子，偶爾打孩子。

這位出版者個性內向、有些害羞，不過情緒穩定、隨和、心腸好、樂觀、體貼、憨厚、親切、待人公正客觀。他期望影響他人，他思想開明而作為保守。他是經營者，並具備領導及管理的能力。他的父親是農人，讀過兩年書。他很勤勞、脾氣穩定、隨和、放任子女、怕老婆、容易上當、意志薄弱，而且沈溺於賭博。這位出版者的母親是一位未受過教育的家庭主婦。她很勤勞、儉樸、獨立、自信、果決、具企圖心、樂觀、機敏、善於管理家務及家計。她偏好兒子，很少責罵或處罰子女，而且比丈夫強勢。

雖然大多母親花比較多的時間和孩子相處，但父親們也會花一定的時間陪伴子女，並分擔一定程度的教養責任。然而，在「母親為主要社會化者」的家庭中，父親要不就是沒有時間教養孩子，要不就是沒興趣參與教養。在這樣的家庭裡，假如母親不是個性很強，或權力很大的主要社會化者，子女發展出來的個

性，可能會和上述的兩個案例非常不同。就大多「母親為主要社會化者」的案例而言，母親嚴格而不苛求。

一般來說，在「母親為主要社會化者」的家庭中，母親對子女的影響力勝過父親的影響力。有些母親的影響力似乎是展現在子女性格的塑造上，而不是展現在直接的管教上。有些傳統母親只接受過很少或從未接受過正式教育，卻仍具備中國女性的傳統美德，例如勤勞、節儉、犧牲自我，和奉獻家庭。然而，在「母親為主要社會化者」的家庭中，父親的影響也不容忽視。可能是透過塑造或遺傳，或兩者皆有，大多案例中的子女仍然會發展出一些與父親特質相似的性格特質，不過這樣的例子並不很多。教養過程中，父親放任的態度也讓母親的影響力更得以全力施展，若換做別種情形可能就無法如此。

□「嚴」和「慈」的特徵

從我在台灣及中國大陸訪問過的 109 位男性和女性的資料，可以歸納出華人對於親職教養的「嚴」和「慈」的主要概念。如表 2.3 所示。

□兄弟姊妹性格的相似與相異

家庭環境境——尤其是父母親境——對子女性格的影響，在探討兄弟姊妹之異同時非常重要（Hoffman, 1991）。在父母雙方（或有時單方）的影響下，我們發現兄弟姊妹的性格既有相似處，也有相異處。以下以三個案例說明。

表 2.3 中國父母「嚴」和「慈」的主要特徵

嚴	慈
嚴格	溫柔
控制、限制、禁止	溫暖、關愛、親切、易親近的
嚴峻、疏離、令人生畏	親切、溫和、心腸好、心地善良
權威、自我中心	關懷的、犧牲自我的
過度保護、干預	接納、保護、妥善照顧子女
不耐煩	有耐心
衝動	平靜
不包容	包容
情緒不穩定	情緒穩定
脾氣壞（脾氣急、躁）	脾氣好（脾氣穩定）
生氣、吼叫	很少或從不生氣或發脾氣
愛嘮叨、警告、講大道理、很少微笑	愉悅的、幽默、會說笑話、和子女玩
管教	溺愛、慣養、不要求、沒有期望
處罰（肢體的或以其他方式）	很少或從不處罰
罵、訓斥、譴責	很少或從不罵子女
要求（尤其是服從或依順）	民主的、讓孩子有自主權、以朋友的態度對待子女
要求、命令、指揮	有威嚴的、理性、合理、和子女討論
對子女期待高	引導、教導、解釋
重視傳統美德（例如，包容、孝道、順應、禮貌）	花時間陪孩子、理解孩子的需求
敵意、拒絕或討厭子女	和子女關係親密

1. 系主任（大陸男性，52歲）：他生來就是個安靜而乖巧的孩子，他的大弟卻生來是個聒噪而難纏的孩子。父母愛他勝過弟弟。或許是因為父母的教養，再加上他本身的個性所致，他的情緒穩定而且體重正常，他的弟弟卻衝動而體重不足。他的弟弟雖然小他三歲，看起來卻比他老。

2. 大學三年級學生（大陸女性，22歲）：父親偏愛弟弟，而母親偏愛她。父親兩人都打，不過打弟弟時下手較重，但不常打。現在她和弟弟都很外向，不過弟弟在學校和在家裡都不聽話，而她則在學校隨和、在家任性。此外，弟弟在女生面前會害羞，而她則能和男生自在相處。

3. 博士班學生（台灣男性，27歲）：父親偏愛大妹，母親偏愛二妹。但他和大妹均不受寵愛。父親對他比對姊妹嚴格，常常罵他，有時候會敲他的頭。大概是因為如此，他是子女中脾氣最壞的。他的小妹從來沒被父母打過，脾氣是子女中最好的。大妹受父親寵愛、違抗母親，她比其他子女都來得外向、活潑。他和姊姊都是理智而理想的，個性都強。

由以上可見這些案例多受家庭內環境的影響，尤其是父母對待方式或教養方式的作用。受訪者大多提到了體罰，假如體罰嚴厲的話，顯然會對子女性格的發展產生不良後果，特別是在情緒的層面上。以上的案例印證了同一家庭裡的兄弟姊妹，既有相同經驗亦有相異經驗，如父母的對待方式會影響他們的心理發展（Daniels & Plomin, 1985）。

□親子性格的相似度

子女性格與父母性格的相似度，也可以印證協同教養模式確實會影響子女的性格。然而，我們卻不容易區分親子的相似度，究竟是觀察學習、基因影響或教養方式所致。親子性格間的一些相似處，從先前幾個項目的案例已可見一斑。在我訪問了 45 位男性和 17 位女性中國大陸受訪者後，他們的答案更證實了這個觀點。他們大多數人說自己的某些特質要不就像父親，要不就像母親，要不就二者都像。結果如表 2.4 所示。我們可以從表中看到，四種類別（像父親、像母親、父母都像、父母都不像）中，男性和女性的百分比很接近。兩性百分比最高的類別都是「父母都像」——兒子有 38 ％，女兒則有 41 ％。

表 2.4　62 位中國大陸受訪者描述自己與父母性格是否相像

受訪者	像父親		像母親		父母都像		父母都不像		總和	
	n	％	n	％	n	％	n	％	n	％
男性	14	31	11	24	17	38	3	7	45	100
女性	5	29	4	24	7	41	1	6	17	100

研究三　四種協同教養風格及相關變項

此研究的受試者是 2640 位受過教育的華人男性及女性，年齡不一，來自於中國大陸（n=925）、台灣（n=651）、香港

（n=787）和美國（n=277），如第一章說過的。研究方法是請他們填寫一份問卷。

除了人口統計的問題之外，問卷（MTPI）的第一部份，以中文詢問受試者一系列有關家中童年經驗，以及他或她父親或母親的行為和教養方式的問題。問卷中的問題如：誰是家中權勢最大的人；誰最愛你；誰管教你最多；父母親對你的協同教養行為和態度是何種（請受試者在四種模式中擇一作答——父嚴母慈、父慈母嚴、父母均嚴、父母均慈——如研究二所描述的）；你父親（或母親）的控制或管教是太嚴格、有些嚴格、太寬鬆、有些寬鬆，或剛剛好（擇一作答）。此外，有十一項4分量表的問題，是有關父或母的子女教養方式或態度，例如放任、嚴格、愛我、過度保護我、同我說話、讓我有自主權、說道理給我聽、和我討論。

在問卷的第二部份裡，共有122題兩極形式的問題。每個問題包括了兩個相反的特質指標，一個在右邊、一個在左邊，以6分量表的方式呈現。有些題目很短，例如大膽／害羞，樂觀／悲觀，有些問題則較長，例如常常責怪他人／常常責怪自己，能包容不同意見／不能包容不同意見。

這份問卷由我個人執行，或透過中國大陸、台灣、香港和美國的學生和朋友來執行，如第一章說過的。

除了從研究二的訪談得到的「嚴」和「慈」特徵之外，我們從問卷得到的「嚴」和「慈」相關行為，在這裡整理成表2.5。

如表2.5所示，「嚴」意味著控制和管教，因為在「父嚴母慈」和「父慈母嚴」的家庭中，分別有70％的父親和74％的母親，被受試者認為是管教嚴格的。「嚴」也意味著權威和生氣。

表2.5 「嚴」和「慈」的相關行為

「嚴」的相關性	「慈」的相關性
控制或管教（「父嚴母慈」和「父慈母嚴」的家庭中，分別有70％的父親和74％的母親被認為是管教嚴格的）	愛（47％、24％和8％的受試者分別認為他們的母親、父親和祖母最愛他們）
權威（「父嚴母慈」和「父慈母嚴」的家庭中，分別有52％的父親和46％的母親被認為是家中最有權勢的）	接觸（47％、13％和6％的受試者分別最常和母親、父親和祖母接觸）
生氣（約有50％的父親或母親有時或經常生氣；生氣反映了壞脾氣，而常常導致子女被處罰）	易親近、自主、溝通、溺愛，和過度保護（「慈」父母比「嚴」父母更讓受試者覺得容易親近、讓他們自主、和他們說話及討論、溺愛或過度保護他們）

生氣反映了脾氣不好或情緒不穩定，而常導致子女被罵且／或被打。另一方面，如表格所示，「慈」意味著愛、接觸、易親近度、自主、溝通、溺愛，和／或過度保護。

　　表2.6呈現的是在四種協同教養模式下長大的男性和女性受試者的百分比分配。我們可以看到，認為自己家庭屬於傳統「父嚴母慈」（49％）家庭的男性受試者人數，遠遠高過其他類別的男性人數。認為自己家庭屬於「父嚴母慈」（32％）的女性受試

者人數，和認為自己家庭屬於「父母均慈」（33％）的，比例差不多。比例上，父親多對兒子較「嚴」（「父嚴母慈」的49％＋「父母均嚴」的12％），對女兒則不那麼「嚴」（「父嚴母慈」的32％＋「父母均嚴」的13％）；而母親多對女兒較「嚴」（「父慈母嚴」的22％＋「父母均嚴」的13％），而對兒子不那麼「嚴」（「父慈母嚴」的14％＋「父母均嚴」的12％）。這個表格的數據應該比研究二的表2.2更能反映事實，因為研究二的表2.2有三分之一的大陸案例未分類。

表2.6 男性和女性受試者在四種協同教養模式中的百分比分配

受訪者	協同教養的家庭									
	父嚴母慈		父慈母嚴		父母均嚴		父母均慈		總和	
	n	%	n	%	n	%	n	%	n	%
男性（兒子）	787	49	237	14	190	12	403	25	1617	100
女性（女兒）	297	32	199	22	114	13	303	33	913	100
總和	1084	43	436	17	304	12	706	28	2530	100

表2.7呈現了四種協同教養模式家庭的受試者人數、百分比和出生排行。不管出生排行為何，「父母均嚴」的家庭受試者均相當少（僅10％~13％），反之，「父母均慈」的家庭則較多，么子女占32％，獨生子女占26％，排行中間的子女占27％，長子女占28％。假如以其他排行的受試者人數做比較時，我們會發現「父嚴母慈」的家庭較少獨生子女（37％相較於41％的么子女、44％排行中間的子女，和43％的長子女），「父慈母嚴」的家庭則較多獨生子女（27％相較於16％的么子女、17％排行

中間的子女，和 16％的長子女）。這個表格還有另一點也很有意思，就是比起其他排行的受試者人數來說，以「慈」對待獨生子女的父親（「父慈母嚴」有 27％＋「父母均慈」有 26％），比以「嚴」對待他或她的母親（「父慈母嚴」有 27％＋「父母均嚴」有 10％）來得多。

表 2.7 四種協同教養家庭下，受試者出生排行的百分比分配

出生排行	協同教養的家庭									
	父嚴母慈		父慈母嚴		父母均嚴		父母均慈		總和	
	n	%	n	%	n	%	n	%	n	%
獨子女	50	37	36	27	14	10	35	26	135	100
么子女	202	41	80	16	54	11	158	32	494	100
排行中間的子女	564	44	219	17	154	12	341	27	1278	100
長子女	278	43	104	16	85	13	177	28	644	100

　　表 2.8 呈現的是四種類型的家庭下，兄弟姊妹數且不同的年輕（30 歲或以下）和年長（30 歲或以上）受試者的人數和百分比。我們從此表格發現了兩大趨勢：(1)不論手足的人數是多少，傳統「父嚴母慈」家庭的子女比例都在遞減中，尤其是獨生子女的比例（年輕世代有 20％，年長世代則有 45％）。(2)另一方面，兄弟姊妹少於五人的「父慈母嚴」家庭的子女，人數則是在遞增中，尤其是獨生子女的人數（年輕世代和年長世代分別是 44％和 18％）。不論兄弟姊妹的人數是多少，「父母均嚴」家庭的

受試者比例都相當少，而手足人數少於三人、年輕世代、「父母均慈」家庭的受試者，似乎比傳統的「父嚴母慈」家庭的受試者更多（沒有兄弟姊妹的受試者是 25％比 20％，有一或二位兄弟姊妹的受試者是 35％比 32％）。

表 2.8　四種協同教養家庭下，以受試者的兄弟姊妹人數和世代來看受試者的人數和百分比分配

兄弟姊妹人數	世代	協同教養的家庭									
		父嚴母慈		父慈母嚴		父母均嚴		父母均慈		總和	
		n	%	n	%	n	%	n	%	n	%
0（獨生子女）	年輕世代	9	20	20	44	5	11	11	25	45	100
	年長世代	41	45	16	18	9	10	24	27	90	100
1 或 2	年輕世代	124	32	69	18	56	15	137	35	386	100
	年長世代	113	45	40	16	29	12	69	27	251	100
3 或 4	年輕世代	230	40	121	21	72	13	152	26	575	100
	年長世代	210	48	63	14	52	12	116	26	441	100
5 或 6	年輕世代	107	43	39	15	30	12	75	30	251	100
	年長世代	154	52	43	15	22	7	78	26	297	100
7 或以上	年輕世代	32	48	5	8	10	15	19	29	66	100
	年長世代	74	50	23	15	22	15	30	20	149	100

註：年輕世代＝30 歲或以下，年長世代＝30 歲以上。

　　表 2.9 進一步顯示，從年齡差異可以看出傳統盛行的「父嚴母慈」家庭模式比例正在削減中。最年輕（19~30 歲）的年齡組只有 38％的家庭落在此類別，而所占百分比較高（47％~52％）的年齡組，則是年齡較高的組群。由於高於 30 歲的年齡組，在

表 2.9　四個年齡組的受試者評自己家庭的屬性——
　　　　人數和百分比分配

年齡組	協同教養的家庭									
	父嚴母慈		父慈母嚴		父母均嚴		父母均慈		總和	
	n	%	n	%	n	%	n	%	n	%
19-30	503	38	254	19	173	13	394	30	1324	100
31-40	287	47	96	16	78	13	150	24	611	100
41-50	191	52	54	14	32	9	93	25	370	100
51-60	90	47	29	15	17	9	56	29	192	100

四種類型的比例分配都相去不遠，因此當我在探討兩性華人的三個社會或居住區域時，把年長組融合為一組，以和較年輕的年齡組做比較（見表 2.10）。

　　由表 2.10 的百分比數據，我們可以看到，年輕組和年長組的百分比差異，顯然意味著「父嚴母慈」家庭的比例正逐漸少（見香港女性和大陸、台灣的男性及女性的數據），不過「父慈母嚴」（見大陸和香港的女性）和「父母均慈」（見大陸和台灣的男性及女性）的家庭卻逐漸增加。父母親對女兒變得越來越溫柔和放縱，尤其是父親。不過，「父母均嚴」家庭仍是四種家庭類型中最少見的一種，而且變異不大。

　　表 2.11 是重新整理自表 2.10。為了方便讀者，我們將暫時把「嚴」當作「嚴格」（strict），而把「慈」當作「慈祥」（kind），即使這兩個中文字的意涵，比英文詞彙來得豐富許多。如表 2.11 所示，三個華人社會中，不論是年輕的世代或年長的世代，男性

表 2.10　由年齡及性別看三個華人社會的協同教養家庭分配

性別	年齡	n&%	中國大陸				台灣				香港			
			父嚴母慈	父慈母嚴	父母均嚴	父母均慈	父嚴母慈	父慈母嚴	父母均嚴	父母均慈	父嚴母慈	父慈母嚴	父母均嚴	父母均慈
男性	年輕	n	101	22	32	65	50	14	10	26	142	61	41	68
		%	46	10	15	29	50	14	10	26	45	20	13	22
	年長	n	187	46	44	101	151	37	24	59	47	18	12	27
		%	49	12	12	27	55	14	9	22	45	17	12	26
女性	年輕	n	23	27	16	52	37	29	14	67	90	66	44	71
		%	19	23	14	44	25	20	10	45	33	25	16	26
	年長	n	41	18	13	38	33	16	7	23	19	6	8	18
		%	37	16	12	35	42	20	9	29	37	12	16	35

註：年輕＝30 歲或以下，年長＝30 歲以上。美國樣本未包含在其中，因為樣本數過小。

受試者均比女性受試者更認為父親是嚴格的，這意味著大多父親對兒子比對女兒嚴格。這表格也顯示，除了年長世代的香港受試者之外，女性受試者比男性受試者更認為母親是嚴格的，意味著大多母親對女兒比對兒子嚴格。另一方面，表 2.11 顯示，無論年齡為何，女兒比兒子更認為父親是慈祥的，而兒子比女兒更認為母親是慈祥的，意味著父親比母親更對女兒慈祥，而母親比父親更對兒子慈祥。對年長組的香港受試者來說，母親對待兒子和對待女兒方式差別不大，認為母親是慈祥的子女（71 ％的兒子和 72 ％的女兒）比認為母親是嚴格的子女（29 ％的兒子和 28 ％的女兒）來得多。

表 2.11 兩個年齡組的男性及女性子女，所觀察到之父或母或行為（「嚴」和「慈」）的頻率（%）

父母行為	中國大陸				台灣				香港			
	男性		女性		男性		女性		男性		女性	
	年輕	年長	年輕	年長	年輕	年長	年輕	年長	年輕	年長	年輕	年長
父親「嚴」												
父嚴母慈	46	49	19	37	50	55	25	42	45	45	33	37
父嚴母嚴	15	12	14	12	10	9	10	9	13	12	16	16
總和	61	61	33	49	60	64	35	51	58	57	49	53
平均	61		41		62		43		57.5		51	
母親「嚴」												
父慈母嚴	10	12	23	16	14	14	20	20	20	17	25	12
父嚴母嚴	15	12	14	12	10	9	10	9	13	12	16	16
總和	25	24	37	28	24	23	30	29	33	29	41	28
平均	24.5		32.5		23.5		29.5		31		34.5	
父親「慈」												
父慈母嚴	10	12	23	16	14	14	20	20	20	17	25	12
父慈母慈	29	27	44	35	26	22	45	29	22	26	26	35
總和	39	39	67	51	40	36	65	49	42	43	51	47
平均	39		59		38		57		42.5		49	
母親「慈」												
父嚴母慈	46	49	19	37	50	55	25	42	45	45	33	37
父慈母慈	29	27	44	35	26	22	45	29	22	26	26	35
總和	75	76	63	72	76	77	70	71	67	71	59	72
平均	75.5		67.5		76.5		70.5		69		65.5	

註：年輕＝年輕組（19~30歲），年長＝年長組（30歲以上）。平均是指兩性的平均百分比＝（年輕＋年長）／2。表格中所有的數據都是百分比。

　　表 2.11 中的性別平均（百分比），進一步顯示在三個華人社會裡，父親對女兒普遍比對兒子慈祥，而對兒子普遍比對女兒嚴格。平均百分比數據也顯示，中國大陸和台灣的受試者對自己所受教養方式的看法較相似，而和香港受試者的看法較不同。舉例來說，認為自己父親是「慈祥的」的大陸、台灣和香港女兒的平均百分比，分別是 59%、57% 和 49%。大陸（59%）和台灣（57%）之間的差異，遠比大陸或台灣和香港（49%）之間的差異來得低。香港（34.5%）的女兒遠比大陸（24.5%）或台灣（23.5%）的女兒更認為母親是嚴格的。此外，香港（51%）認為父親是「嚴格的」的女兒比例，遠比大陸（41%）和台灣（43%）來得高，即使香港兒子視自己父親為「嚴格的」的人數，是三個華人社會中男性最低的。香港受試者的另一項特徵，是男性（31%）和女性（34.5%）之間的平均百分比差異，比大陸（24.5%）或台灣（23.5%）的男性及大陸（32.5%）或台灣（29.5%）的女性之間的差異來得大。這些結果可能意味著，大陸和台灣父母對待兒子和女兒的方式，比香港父母的方式差距更大或更不平等，而且香港父母（尤其是母親）比大陸或台灣父母，更早賦予女兒獨立性，或賦予她更大的獨立性。

　　「嚴」不見得是壞事。雖然「父母均嚴」的家庭數量並不多，「父母均嚴」家庭的受試者中仍有 23% 和 22% 的人，分別認為他們父親或母親的管教「剛剛好」。顯然，在我問卷受試者的眼中，「慈」不代表一點都不控制或不管教。在「父母均慈」的家庭中，有 51% 的受試者認為父母的控制或管教「剛剛好」。這項發現印證了研究二的「父母均慈」和「父母剛剛好」的分類法。

　　當我們問受試者，童年時，家裡誰最會管他或她，大多人（1432 人，即 54％）回答是母親，而有 835 人，即 32％回答是父親，其他人則說是祖父母或兄姐。由此可見，在超過半數的華人家庭中，母親是主要的社會化者，而有約三分之一的家庭是由父親管治。華人家庭的管教通常涉及體罰。親子雙方都視此為理所當然。即使中國大陸於 1979 年實施一胎化政策後，大多父母似乎仍認為他們必須打孩子（Davin, 1990）。

　　在傳統大家庭裡，通常是三代同堂，祖父母的權勢或權威往往高過父母。但如今已不如往昔了。雖然我的受試者有 42％的人，童年時住在三代同堂的家庭裡，但只有 9％和 6％的人分別說祖父和祖母是家中最有權威的人。另一方面，有 65％和 18％的人分別認為父親和母親是家中掌權的人。

　　至於四種協同教養模式對子女性格的相對影響，我以性別和年齡，用 F（ANOVA）和 Scheffe 測驗，比較了四種家庭中長大的成人子女的性格特質。為了能準確詳細地看到結果，我們使用 122 題問題來評估，而未使用性格因子或向度，因為 122 題特質問題比性格因子或向度更能精確地描述中國人的性格特徵。我們把兩個年齡世代的男性和女性特質，以四個社會或居住區域（包括美國在內），分成四種教養模式來探討，如表 2.12 所示。某組（例如，大陸年輕世代的女性）的正面和負面特質，只有在統計上與任何其他模式的同一組呈現顯著差異的時候，才會列在表格上。少數一些中性（既不正面亦不負面）的特質並未列在表格上，例如嚴格／寬鬆，對錢有興趣／對錢沒興趣，容易因動人故事而落淚／從不落淚。

　　我們從表 2.12 可以看到，四種模式的正面與負面特質之比例

如下：(1)父嚴母慈——男性是 2：5 而女性是 5：16；(2)父慈母嚴——男性是 5：2 而女性是 5：1；(3)父母均嚴——男性是 0：5 而女性是 6：7；(4)父母均慈——男性是 9：2 而女性是 8：4。這些比例的意涵如下：(1)「父嚴母慈」是最不受歡迎的一種協同教養模式，尤其不受女兒的歡迎。(2)「父母均嚴」是第二糟糕的模式，尤其對兒子而言。(3)「父慈母嚴」對兒子或女兒都還不錯。(4)「父母均慈」是最討喜的模式，尤其對兒子而言。這些發現和研究二的結果相當一致，因為「父母均慈」（或研究二中所說的「父母剛剛好」）對子女的性格發展最有利，而「父嚴母慈」和「父母均嚴」的模式對子女性格發展都是不利的。

　　假如我們看一看表 2.12 的性格差異和世代差異，就會發現下列結果：(1)「父慈母嚴」對年輕世代兒子性格發展的影響尚不明朗，不過它通常是年輕世代女性及年長世代男性所不喜歡的。(2)年長世代的女兒認為「父嚴母慈」還不錯，不過年輕世代的女兒非常不喜歡它，表格上年輕女性在此模式 16 項負面特質裡佔了 13 項。(3)兩個世代的男性和女性皆認為「父慈母嚴」相當不錯；此模式中的各性別及年齡無顯著差異。(4)雖然「父母均嚴」顯然對年長世代的兩性都不利，不過對年輕世代的女性倒是有一些正面作用，比預期中還高一些。很可能是由於社會的變遷，父母對女兒不再像從前那麼「嚴」。(5)「父母均慈」對兩個世代的兩性都很好，尤其是對年長世代的男性，表格上 9 項正面特質裡佔了 6 項，而且無任何負面特質。

　　從以上的結果我們可以發現，四種教養風格的影響程度，多少會隨著子女的年齡和性別，以及子女成長的社會及文化而有所不同。「慈」和「嚴」的質和量，很可能會隨著每個子女年齡和

表 2.12　在四種協同教養家庭中長大的子女的性格特質

家庭類型	子女的正面和負面性格特質	
	兒子	
	正面	負面
父嚴母慈	安靜（大陸／年長）*** 適應力強（香港／年輕）**	光說不練（大陸／年長）* 自我中心（台灣／年長）* 支配心強（香港／年長）* 愛說教（香港／年長）* 言行不一（美國／年長）*
父慈母嚴	能包容不同意見（台灣／年輕）** 適應力強（香港／年輕）** 安靜工作（香港／年長）* 工作專心（美國／年長）* 言行一致（美國／年長）*	對「面子」過度關心（大陸／年長）* 悲觀（台灣／年輕）*
父母均嚴		健談（大陸／年長）*** 嫉妒同事（台灣／年輕）* 脾氣壞（香港／年輕）* 光說不練（香港／年長）* 工作不專心（美國／年長）*
父母均慈	安靜（大陸／年長）*** 安靜工作（大陸／年長）* 樂觀（台灣／年輕）* 合作（台灣／年輕）* 願幫助同事（台灣／年長）* 不自我中心（台灣／年長）* 脾氣好（香港／年輕）* 民主（香港／年長）** 是好的傾聽者（香港／年長）*	無法包容不同意見（台灣／年輕）** 適應力差（香港／年輕）**

子女的正面和負面性格特質	
女兒	
正面	負面
謙虛（大陸／年長）*** 有耐心（大陸／年長）** 是個重「行」的人（台灣／年長）** 願幫助同事（台灣／年長）* 口才好（香港／年長）*	虛偽（大陸／年輕）** 勢利（大陸／年輕）* 常責怪他人（大陸／年輕）* 說話笨拙（大陸／年長）* 藐視他人（大陸／年長）* 與權威人物相處會不自在（大陸／年長）** 嫉妒同事（台灣／年輕）** 挑剔（台灣／年輕）** 重物質（台灣／年輕）* 不願被人領導（台灣／年輕）* 自我中心（台灣／年輕）* 成就需求低（香港／年輕）** 無責任感（香港／年輕）**，（香港／年長）* 易受誘惑（香港／年輕）**，（美國／年輕）*** 從不自我檢視（香港／年輕）* 記性差（香港／年輕）*
誠懇（大陸／年輕）** 常自責（大陸／年輕）*，（香港／年輕）** 成就需求高（香港／年輕）** 有責任感（香港／年輕）**，香港／年長）*	獨裁（大陸／年長）***
不勢利（大陸／年輕）* 願被領導（台灣／年輕）* 有責任感（香港／年輕）* 能自我控制（香港／年輕）**，（美國／年輕）*** 常自我檢視（香港／年輕）* 記性好（香港／年輕）*	獨裁（大陸／年長）*** 傲慢（大陸／年長）*** 沒耐心（大陸／年長）** 是個重「言」的人（台灣／年長）* 嫉妒同事（台灣／年長）* 說話笨拙（香港／年輕）* 只關心自己（香港／年長）**
誠懇（大陸／年輕）** 民主（大陸／年長）*** 謙虛（大陸／年長）*** 願幫助同事（台灣／年輕）**，（台灣／年長）* 願原諒（台灣／年輕）** 重精神（台灣／年輕）** 不自我中心（台灣／年輕）* 體貼他人（香港／年長）**	勢利（大陸／年輕）* 常責怪他人（香港／年輕）** 需求成就低（香港／年輕）** 易受誘惑（美國／年輕）***

表2.12註：本表格以年齡（年長＝年長世代，31~69歲；年輕＝年輕
世代，19~30歲）、性別和區域或族群（美國是指在美國讀書或工作的
大陸、台灣和香港華人），呈現不同教養模式下長大之受試者，在性格
上的差異。括弧中的簡稱指的是受試者所屬的族群或世代，而且這群受
試者有顯著差異（例如，大陸／年輕是指中國大陸的年輕受試者）。顯
著的 α 程度（*p<.05, **p<.01, ***p<.001）指的是在統計上，和其他三
種協同教養模式其中至少一種的顯著差異。

性別的不同而不同。這或許可以解釋為什麼「父嚴母慈」不受年
長世代男性及年輕世代女性的歡迎，但是年長世代的女性倒覺得
還不錯；以及為什麼「父母均嚴」普遍不受歡迎，卻能對年輕世
代的女兒產生正面作用。

　　「父母均慈」之所以對子女性格發展有利的原因之一，大概
是因為它有助於家庭和諧。我的問卷資料顯示，大多「父母均慈」
的家庭（88％）要不就是相當和諧（56％），要不就是非常和諧
（32％）。因此，我們可以假定「父母均慈」比其他三種類型的教
養風格更容易使家庭和諧。從表2.13的簡單統計數據看來，我們
或許可以說「父母均嚴」是最不容易使家庭和諧的教養風格了。
本書在第三章，將會介紹一份有關家庭和諧對子女性格之影響的
研究。

　　不論協同教養風格為何，親子之間確實有代溝存在，尤其是
父親和子女之間。表2.14顯示的是受試者青少年時常和誰討論他
們遇到的問題。青少年時期（12~19歲）和同學討論問題的受試
者（623人），比和父親（196人）或母親（378人）討論的來得
多。然而，不與任何人討論問題的受試者（613人），幾乎和與同
學討論的人一樣多。另一個值得注意的現象是，不與任何人討論

表2.13 協同教養模式與家庭和諧

教養模式	家庭和諧								總和	
	不和諧				和諧					
	非常		相當		相當		非常			
	n	%	n	%	n	%	n	%	n	%
父嚴母慈	40	3	192	18	648	60	204	19	1084	100
父慈母嚴	17	4	89	20	258	59	73	17	437	100
父母均嚴	13	4	80	26	172	57	39	13	304	100
父母均慈	11	2	73	10	393	56	229	32	706	100
總和	81	3	434	17	1471	58	545	22	2531	100

表 2.14 四種家庭類型的受試者在青少年時會和誰討論
自己遇到的問題

家庭類型	和誰都不談		父親		母親		兄弟		姊妹		老師		同學		朋友		總和	
	n	%	n	%	n	%	n	%	n	%	n	%	n	%	n	%	n	%
父嚴母慈	250	24	74	7	185	18	44	4	60	6	35	4	282	27	108	10	1038	100
父慈母嚴	112	27	38	9	60	15	8	2	21	5	8	2	116	28	49	12	412	100
父母均嚴	99	35	18	6	26	9	6	2	10	4	3	1	75	27	46	16	283	100
父母均慈	152	23	66	10	107	16	30	4	41	6	11	2	150	23	103	16	660	100
總和	613	25	196	8	378	16	88	4	132	6	57	2	623	26	306	13	2393	100

問題的受試者當中，「父母均嚴」佔的比例是四種類型之冠（35
％）。

研究時發現鄉村與都市之間確實有不平衡存在。由於中國大陸的人口，大多居住在鄉村，Ho（1989）認為應該要再多做一些關於鄉村的研究才是。在我的 MTPI 問卷裡，有一個問題是問受試者，他或她十二歲以前居住的情境為何——是農村（或小村莊）、小鄉鎮或都市？表 2.15 是以童年居住的地理環境，來看四種家庭類型的受試者的頻率。

從表 2.15 呈現的三種童年生活情境下的四種協同教養模式比例，我們可以看到都市的「父嚴母慈」家庭比例（42％），和鄉鎮的（44％）和農村的（47％）相比，有減少的趨勢。我們可以說這個趨勢和都市化的程度，二者呈負相關——即都市化的程度越高，「父嚴母慈」的家庭越少。另一方面，「父慈母嚴」家庭的比例，會隨著都市化程度的增加而增加——從農村的 13％到鄉鎮的 18％和都市的 19％。另兩種家庭則不受都市化程度的影響。

表 2.15 教養模式在三種童年生活情境的頻率

生活情境	協同教養的家庭									
	父嚴母慈		父慈母嚴		父母均嚴		父母均慈		總和	
	n	%	n	%	n	%	n	%	n	%
農村	296	47	82	13	77	12	178	28	633	100
鄉鎮	225	44	92	18	52	10	143	28	512	100
都市	563	42	265	19	176	13	388	28	1392	100

□總論

欲瞭解家庭環境對子女性格的影響時，發展心理學家們經常會去研究子女教養模式，或親子互動，或父母對子女的態度（Baumrind, 1971；Hoffman, 1991；Siegel, 1985）。譬如說，看到子女的個性很依賴的時候，我們大概會認為他們的父母傾向過度保護（Hoffman, 1991）。儘管有些理論家主張雙向的觀點，研究者仍然認為，家庭童年時期對性格的發展特別重要。

本章節包含了三項有關華人教養與子女性格的研究。焦點放在教養對子女性格發展的影響上。這些研究和先前那些研究的主要差異在於，這些研究強調的是結合了父母雙方的社會化過程，而不是單一一方，通常是母親。研究二和三各呈現出七種和四種協同社會化的類型。之前從未有過研究如此深層地檢視中國父母教養之「嚴」和「慈」這兩個核心架構的意義與意涵。這些研究和早期其他的研究還有另一項重要差異。鑑於國際上許多有關教養與性格的研究，多是在其他國家完成的，而以中國人為受試者的華人社會研究又是那麼匱乏，此處的三項研究皆是以華人為受試者，並在華人社會裡進行研究。研究一的地點在中國大陸，研究二在大陸及台灣，研究三在大陸、台灣、香港，和美國的華人社區。

關於西方社會的研究可靠地印證了一個事實，就是母親比父親來得溫馨，而父親比母親更會控制子女（Block, 1984；Lamb, 1981；Maccoby & Martin, 1983）。中國傳統文化裡也有類似的想法（Berndt, Cheung, Lau, Hau, & Lew, 1993；Ho, 1981；Hsu,

1985）。中國父親被認為是「嚴」（嚴格）的；中國母親則被認為是「慈」的（溫柔或慈祥）。不過，我們或許可以假設，華人文化不僅是傳統認為的一位嚴父和一位慈母的結合（父嚴母慈），而是有四種可能的親職或角色組合，另外三種包括了一位慈父加一位嚴母（父慈母嚴），雙親均「嚴」（父母均嚴），和雙親均「慈」（父母均慈）。這個假設在研究三透過問卷，以簡單的統計數據來檢驗，分析內容是和子女有關的一些相關變項（年齡、性別、排行、兄弟姊妹人數、性格特質、童年生活情境等等）。研究一也借用西方的行為模式理論來檢視這個假設，使用的資料乃取自於中國大陸的受試者。研究二透過傳記式訪談蒐集來的資料，發現除了前述的四種協同模式之外，另有其他三種存在。

　　雖然華人子女大多偏好「慈」的父母，而不那麼喜歡「嚴」的父母，但是對於子女的性格發展而言，前者不見得總是好的，而後者也不總是壞的。如研究二的表 2.3 及研究三的表 2.5 所示，「嚴」的父母可能較重視傳統美德，而「慈」的父母則可能會溺愛或寵壞孩子。父母的行為在某種情境下或許被認為是「嚴」，但換一種情境下又成了「慈」。舉過度保護為例，假如涉及控制和干預的話，通常被視為是「嚴」，但假如反映的是愛和照顧，便成了「慈」。一般來說，中國教養裡的這兩種核心架構，和西方學界發現的兩大教養向度——控制和溫暖——非常相似。父母的控制就像「嚴」一樣，可能把照顧和干預均包含在內（Lau & Cheung, 1987）。它可能既意味著權威式教養，又意味著專制式教養（Baumrind, 1971）。權威父母會以理性而民主的方式引導子女，而專制父母卻會以強勢而自我中心的方式訓練子女。

　　不論是「嚴」或是「慈」，大多華人父母應該都會展現出某

種程度的控制或管教。研究二發現「父母均嚴」的受試者當中，有將近四分之一的人（22％或23％）認為父母的控制或管教「剛剛好」，而「父母均慈」的受試者當中，有一半的人（51％）認為父母的控制或管教「剛剛好」。我們或許可以假定，「慈」父母運用控制或管教的適當程度，是「嚴」父母的兩倍（比例為51％：22％或23％）。和預期有出入的是，研究二發現我的成人受試者當中，有較多子女認為童年時期母親（54％）比父親（32％）更是主導管教的人，其餘的人則提到祖父母或兄姊。這或許是因為某種程度的管教是必要的，而且母親通常比父親或家中其他年長成員更頻繁地接觸子女。不論是父親或母親，正確而適量的控制或管教（即不訴諸嚴屬體罰的管教），絕對有益於子女身心健康的發展。這是本章三項研究皆支持的觀點。

有一項重要的趨勢是，在中國大陸及台灣兩地，傳統「父嚴母慈」的家庭數量正削減中，而「父母均慈」的家庭數量則在增加中（見研究三的表2.9和表2.10）。此一趨勢反映了兩大華人社會的父母（尤其是父親）對子女（尤其是女兒）越來越溫柔和放任。如研究三所示（見表2.10和表2.11），台灣和大陸的受試者對教養的認知，比香港受試者的來得相近，而且台灣和大陸父母對待兒子和女兒的方式，比香港父母的對待方式較不相同且不平等。比起香港的男性受試者而言（57.5％認為父親「嚴」，42.5％認為父親「慈」），有較多的台灣（62％）和大陸（61％）男性受試者認為父親「嚴」，而有較少的台灣（38％）和大陸（39％）男性受試者認為父親「慈」。此外，香港父母（尤其是母親）對女兒的態度，比大陸和台灣父母的態度，更常被視為是嚴格而較不溫柔的。這可能是因為香港比較西化了，因此香港父母對待

兒子和女兒的方式便比較平等和相似。此外，香港女兒似乎比大陸和台灣女兒更早且接受到更多獨立的訓練。台灣子女的看法比香港的看法更像大陸的，可能是因為台灣和大陸對傳統中國文化的扎根比香港更深。

研究三的表 2.11 呈現了一個有意思的結果，就是比起其他類別的受試者而言，較多香港男性（31％）和女性（34.5％）和較多大陸女性（32.5％）認為母親「嚴」，這或許至少可以局部解釋為什麼我觀察到他們比其他華人社會的受試者來得獨立。至於為什麼兒子一般認為父親較「嚴」，而女兒認為母親較「嚴」，原因可能有二。首先，同性別的親子之間（即父子之間，或母女之間）比較常發生衝突。其次，父親對兒子的期望比對女兒的高，因此對他的成就施予的壓力較大，而母親認為兒子比女兒重要，故給予他的愛更多。

大多學者研究的是母親（而非父親）的行為，或是使用了不分父親或母親的測量工具（Berndt et al, 1993；Lytton & Romney, 1991）。這也導致同性別親子關係方面的資料少之又少。本研究能有助於跨越早期父母社會化研究和近代親子關係研究（例如，Maccoby & Martin, 1983；Youniss & Smollar, 1985）之間的這道鴻溝。本研究也提供一個機會，比較了三大華人社會之間的教養模式及親子關係異同。本研究不但以我的大陸、台灣和香港受試者的資料，複製出 Berndt 等人（1993）的一些發現，更以不同的資料分析方法，延伸了我們之前的分析內容（Berndt et al, 1993），帶來更多的訊息，包括協同教養模式、子女的性格、兄弟姊妹的差異等等。

儘管如此，本研究使用的樣本及研究方法，可能會引起其他

研究者的質疑，因為我的樣本侷限於受過教育的成人，而研究方法主要是仰賴回溯式的和現今的描述，這可能被受試者對外在世界的看法所影響。此外，前兩個研究是質化研究，而第三個研究使用的是相當單純的統計分析，故這三個研究的結果恐怕不是很具說服力。然而我的樣本不小，而且囊括了男性及女性，以及不同社會的多個年齡層，使得我們得以把年齡、性別和社會等因素拿來做比較，雖然美國樣本相當小（為 277 人），而未列入某些分析之中。

　　至於研究方法的部份，過去不同的方法都發現了類似的結果。舉例來說，成人的回溯描述、青少年的現今描述，以及直接觀察到的親子互動，都同樣顯示了基因和環境會影響父母的溫暖和控制程度（Plomin, McClearn, Pedersen, Nesselroade, & Bergeman, 1988；Rowe, 1981）。不過，未來的研究者可以用其他樣本和其他方法，以更周延的設計和更精準的統計分析，來檢測本研究的結果。

第三章
家庭和諧、教育和性格

　　這一章將談到三份研究，包括一個量化研究及兩個質化研究。研究一探討的是教養、家庭和諧和子女性格之間的關聯性。雖然已經有不少研究在探討家庭氣候（例如，Kleinman, Handal, & Enos, 1989；Kurdek & Fine, 1993；Shulman & Prechter, 1989；Tolson & Wilson, 1990），但可以視為是附帶架構的家庭和諧卻少有人深究。我同事和我最近做的一項研究（Lau, Lew, Hau, Cheung, & Berndt, 1990）以及本章的研究一，都企圖彌補這個欠缺。本章研究一的受試者樣本是來自於四個華人社會（包括中國大陸、台灣、香港和美國的華人社區）、超過二千六百位受過教育的男性及女性，而使用的工具是本書第一章提過的 MTPI 問卷。透過問卷蒐集來的資料，再以統計分析的方式進行歸納。

　　後兩份研究是質化研究。研究二是讓中國大陸學生從親身經驗者及觀察者的角度，來看中國人的教育。資料是透過大學生呈交的報告及課堂上的小組討論取得。我當時以客座教授的身份，任教於中國大陸兩個不同省分的兩所大學，這些學生即為我當時指導的學生。我們或許可以從這項研究更進一步地一窺大學生眼中的中國教育，他們大多是教育系的三、四年級學生。很有意思

的一點是，在中國大陸觀察到的現象，在另兩個華人社會（台灣和香港）也都存在。我任教於台灣和香港時，確實是以不同的方法進行研究，卻仍未發現任何重大差異。

研究三探討的是台灣教育改革下的一個案例。我以一個參與者的身份，觀察、記錄並回顧了整個案例。我也觀察、分析了關係人（父母、老師、教授、記者、政府官員等等）的態度與行為，以瞭解他們的性格。因此，這份研究不僅描述了整個改革的過程，也展現了涉入人士的性格。它讓我們看到海峽另一岸的華人教育案例，和研究一相互輝映。我們從研究二可以看到，華人學生對自己的教育並不滿意。我們從研究三可以發現，在華人社會裡進行教育改革並不容易。

研究一　教養、家庭和諧和子女性格

家庭和諧是中國文化的一項核心價值。中國有一句老話說：「家和萬事興」。家庭和諧意味著良好的家庭關係及愉悅的家庭氣候。欠缺和諧的家庭，最大的特徵就是家中成員衝突不斷、關係緊張。儘管家庭和諧對家庭的正常運作非常重要，卻很少有中國或西方人士對此進行實證研究。一直到最近，我同事和我才開始以我中國華人的資料（Lau, Lew, Hau, Cheung, & Berndt, 1990），探討家庭和諧與教養之間的關係。該研究發現，家庭和諧與父母關懷成正相關，與父母控制成負相關。這和本書第二章研究三的研究結果一致，即在四種聯合教養模式當中，「父母均慈」（父母皆關懷）的家庭最有利於家庭和諧，而「父母均嚴」

（父母皆控制）的家庭最不利於和諧。

　　然而，家庭和諧與子女性格之間的關係，之前從未被探討過。本研究試圖找出哪些特定的父母態度或行為，與家庭和諧有關，以及不同的和諧程度，會使子女發展出哪些性格特質。

　　受試者共有 2640 位華人，研究使用的問卷是 MTPI，如第一章所描述的。他們皆是受過教育的男性及女性，年齡不等，來自於四個華人社會：中國大陸、台灣、香港和美國。問卷的第一個部份，包括一些有關受試者的家庭經驗，及他們十二歲以前父母的態度或行為的問題。MTPI 的第二部份共有 122 題性格特質的問題。某些受試者未納入統計分析，因為他們問卷中有些題目資料流失了。

　　受試者填寫的這份 MTPI 問卷，第一部份問題請他們回想自己童年時期，父親或母親教養子女的方式。首先，以 26 題（即父和母各 13 題）4 分量表分別評估父親和母親的教養態度或行為。我同事和我（Lau et al, 1990）對如此獲得的分數再以斜交轉軸法（oblique rotation），進行主要成份因素分析。由此得到了三個因素，分別是關懷（warmth）、控制（control）和放縱（indulgence）。

　　第一個因素是「關懷」的或權威開明式（authoritative）的教養方式（Baumrind, 1971），問題詢問的內容包括問受試者，他們的父親和母親多常或多麼愛他們、和他們說話、和他們討論事情、是否容易親近、對他們說教（反向計分），和不喜歡他們（反向計分）。第二個因素是「控制」或權威專制式（authoritarian）的教養方式，問題詢問的內容包括問受試者，他們的父親和母親多常或多麼限制他們、對他們嚴厲、發脾氣、使他們心生畏懼，

和讓他們獨立（反向計分）。第三個因素是「放縱」或放任式（permissive）教養方式，題目只有兩題，請受試者評估他們父親和母親放任（放任或寵溺他們）和過度保護（過度保護或過度照顧他們）的程度。接著藉由合計因素負荷量最大的題目，建構出六個量表（父親和母親各三個）。

問卷的同一部份也測量了家庭和諧，其中有一個問題請受試者以4分量表評估童年時期家中的和諧程度：1＝非常不和諧，2＝有些不和諧，3＝相當和諧，4＝非常和諧。第三份測量是關於成人子女的性格。這份測量即為問卷的第二部份，包括了122道題目，衍生出九項性格因素，如本書第一章所描述的。

家庭和諧固然和父母關懷成正相關，和父母控制成負相關，且和父母放縱無相關（Lau et al, 1990），但究竟是哪些特定的父母態度或行為與家庭和諧有關，卻一直不明。本研究試圖彌補這方面的不足。

為了儘量避免因整個樣本過大而造成顯著相關性，我們將顯著的 α 值設定在 .01，而且四種社會的樣本也依年齡和性別，再分割為16個子樣本。如表3.1所示，華人父母（尤其是父親）常見的行為——生氣和說教，均與家庭和諧成負相關，而父母關愛子女、和子女說話、和子女討論事情，而且讓子女容易親近等行為，則都與家庭和諧成正相關。

父親態度或行為的影響力，或許比母親的影響力更強，因為父親和家庭和諧呈現顯著相關的態度或行為的重複性，比母親的來得多（見表3.1）。舉例來說，父親變得「生氣」和家庭和諧有顯著的相關，在16個子樣本當中總共出現了10次。雖然美國華人樣本的相關項目比較少，但是出現在美國子樣本的那些項目

表 3.1 從成人子女的觀點看特定父母行為與家庭和諧的關係

從成人子女的觀點，看童年時期的父母行為		大陸				台灣				香港				美國			
		男性		女性		男性		女性		男性		女性		男性		女性	
		年輕	年長	年輕	年長	年輕	年長	年輕	年長	年輕	年長	年輕	年長	年輕	年長	年輕	年長
		(227)	(407)	(122)	(117)	(96)	(275)	(149)	(88)	(302)	(103)	(250)	(51)	(59)	(101)	(35)	(41)
會發脾氣	父親	-.34	-.23	-.34	-.44	-.36	-.36	-.28		-.33	-.51	-.40					-.59
	母親		-.30	-.39	-.46			-.33				-.21					
愛我	父親	.33	.21	.34		.42	.22	.27		.35	.39	.25					
	母親	.26		.37		.33						.25					
和我說話	父親	.25		.25		.36	.27	.28		.26		.26		.47			
	母親			.33				.28				.32					
和我討論事情	父親	.30		.40	.35		.24	.28		.23	.36	.40					
	母親	.27		.44				.29				.33					
對我說教	父親	-.25					-.22			-.22							
	母親			-.43													
容易親近	父親	.27			.34			.34		.32	.53	.42			.32		
	母親	.30		.38				.33				.28	.48				

註：表格中僅列出 p<.01 的顯著相關係數。年輕＝年齡在 30 歲或以下的年輕組。年長＝年齡在 30 歲以上的年長組。括弧中的數字代表各個子樣本的大小。

（年輕男性、年長男性和年長女性的相關係數 r 分別是 .47 、.32 和 -.59）和出現在中國大陸、台灣和香港等子樣本的項目是一致的。

　　由於「樣本越大，相關性就越具依變性」（Cronbach, 1970, p.133），我們在計算成人子女性格和家庭和諧及教養之關聯性時，把四個社會的華人全部納入統計。如表 3.2 所示，九種性格因素或起源特質裡，有七種是和家庭和諧及那三種教養因素或向度有相關性。「外向」、「自律」、「服從」、「他人導向」和「獨立」與家庭和諧、父親關懷及母親關懷皆成正相關；「權威專制性」和「神經質」與家庭和諧、父親關懷及母親關懷皆成負相關；「外向」與母親控制成負相關；「自律」與母親控制、父親放縱，及母親放縱成負相關；「權威專制性」與母親放縱成正

表 3.2　成人子女性格特質與家庭和諧及童年教養之間的相關性

性格因素 （起源特質）	家庭 和諧	父親 關懷	母親 關懷	父親 控制	母親 控制	父親 放縱	母親 放縱
外向	.08**	.09**	.12**	-.05	-.05*	-.01	.01
自律	.11**	.10**	.13**	-.04	-.05*	-.07**	-.08**
權威專制	-.10**	-.10**	-.13**	.04	.02	.05	.05*
服從	.08**	.06*	.08**	.1	.01	.06*	.04
謹慎	.02	.01	.01	.03	.04	.03	-.01
他人導向	.12**	.14**	.18**	.07**	.09**	.04	.03
獨立	.13**	.10**	.11**	-.06**	-.13**	-.11**	-.08**
現代化	-.02	-.01	-.03	.03	.04	.01	-.01
神經質	.18**	-.13**	-.13**	.08**	.11**	.06*	.06*

註：＊ p<.01 ，＊＊ p<.001 。

相關;「服從」與父親放縱成負相關;「他人導向」和「獨立」
與父親控制及母親控制成負相關;而「神經質」和父親控制、母
親控制、父親放縱及母親放縱成正相關。所有的相關係數都有些
低,不過顯著程度都達到 p< .01 或 .001。

接著我們試圖找出,受試者的哪些特定性格特質或表面特質
會和他們童年時期的家庭和諧有關。為了降低第一型誤差(Type
I error),我們再次依年齡和性別,把四個社會樣本分割成 16 個
子樣本。我們比較了三個家庭和諧組的 122 題特質問題的分數,
這三個家庭和諧組別是:A 組=非常及有些不和諧的家庭(我們
把非常及有些不和諧的家庭合併成一組,因為依照成人子女的記
憶內容來看,童年時期非常不和諧的家庭並不多),B 組=相當
和諧的家庭,以及 C 組=非常和諧的家庭。

我們以 ANOVA 檢測了三組家庭在 122 題特質題目的分數差
異,必要的時候再輔以 Scheffe 測驗。在 122 個題目當中,我們
發現有 51 題呈現顯著的統計差異。一般來說,它們顯示了,比
起在較不和諧的家庭長大的受試者而言,在和諧家庭長大的受試
者較能發展出正面的特質。在 51 項具有顯著差異的特質當中,
只有 10 項特質列入表 3.3,因為只有它們在兩個或兩個以上的子
樣本重複出現。

閱讀表 3.3 的方式,舉個例子來說,大陸年輕男性「悲觀」
特質的「A,B>C」,表示就大陸年輕男性而言,在非常和有些不
和諧家庭長大的人(A 組),和在相當和諧家庭長大的人(B
組),比在非常和諧家庭長大的人(C 組)更容易變得悲觀。表
3.3 有四種正面特質(平靜、脾氣好、作風低調,及情緒穩
定)、四種負面特質(悲觀、沒耐心、不受歡迎,及多疑)和兩

表 3.3 三種不同和諧程度之家庭下長大的成人子女

題號	表面特質	大陸				台灣				香港				美國			
		男性		女性		男性		女性		男性		女性		男性		女性	
		年輕	年長	年輕	年長	年輕	年長	年輕	年長	年輕	年長	年輕	年長	年輕	年長	年輕	年長
9	悲觀	A,B>C															
15	平靜						C>A,B		C>A,B		A>C	A>C,B					
27	沒耐心	A,B>C					A>C,B										
44	不受歡迎	B>C					A>C										
47	脾氣好	C>A					C>B		B>A								
67	多疑	A,B>C										A>C,B					
72	從眾		C,B>A			B>A											
73	競爭			A,B>C		A>C											
79	作風低調			C>A	C>A											C,B>A	
102	情緒穩定			C,B>A					B>A		C,B>A						

註：只有在統計上呈現顯著者，並在兩個或兩個以上的子樣本出現過的組群差異（p<.05, .01 或 .001）才會出現在表格中。A＝不和諧組，B＝相當和諧組，C＝非常和諧組。子樣本的大小和表格一的相同。

種中性特質（競爭和從眾）。

如表 3.3 所示，在和諧家庭裡長大的子女，比較容易發展出正面的特質，反之亦然。舉例來說，C 組（在非常和諧家庭長大）的台灣年長男性及女性，比 A 組（在非常或有些不和諧的家庭裡長大）的來得平靜。大陸 A 組及 B 組的年輕男性，比 C 組的來得沒耐心，而台灣 A 組的年長男性比 C 組和 B 組的來得沒耐心。或許是因為樣本比較小，美國的受試者的組間差異，只有年長女性的「作風低調」這一項特質，在其他社會的子樣本（大陸年輕及年長女性）重複出現過。

□討論

本研究是率先探討教養風格、家庭和諧及子女性格之關係的研究。它是第二章的延伸，它以家庭和諧為中介變項，提供了更多有關教養與子女性格發展之關聯性的訊息。本研究與第二章的研究有類似之處，與以往專注於母親教養風格的研究卻有所不同，因為本研究探討的是與家庭和諧及子女性格有關的雙親態度或行為。很有意思的一點是，談到家庭和諧的時候，父親的份量似乎比母親的份量更重一些。

家庭和諧顯然和家庭氣候息息相關，而家庭氣候的四個向度或變項（監督、關懷、衝突和秩序）又和子女性格發展有關（Dishion, Patterson, Stoolmiller, & Skinner, 1991；Kurdek & Fine, 1993；Lamborn, Mounts, Steinberg, & Dornbusch, 1991），因為家庭和諧的特徵是父母會關懷子女，且家庭成員之間無衝突。然而，未來的研究應當致力找出家庭和諧的向度或變項才是。

從表 3.1 明顯可看到，父親生氣（華人社會的一種常見現象）會對家庭和諧產生不良作用，16 個子樣本中有 10 個顯示父親生氣與家庭和諧呈現負相關。這個表格也顯示，父親關懷或權威開明式的教養方式（Baumrind, 1971 ； Maccoby & Martin, 1983）非常有助於家庭和諧，因為 16 個子樣本中有 8、9 個子樣本的所有父親一方的相關變項（愛我、和我說話、和我討論事情、容易親近）均與家庭和諧呈現正相關。

如表 3.2 所示，家庭和諧及教養方式皆和子女性格有關聯。此一相關性意味著家庭和諧與父親和母親的關懷（權威開明式的教養方式），全都有助於子女發展出正面的起源特質（外向、自制、服從、他人導向和獨立），而父親及母親的控制（權威專制式的教養方式）則會導致子女發展出負面的起源特質（權威專制和神經質）。雖然父母放縱或放任式的教養風格在本研究中並未深入探討，因為透過因素分析發現問卷中只有兩道問題與此有關，但是從表 3.2 的結果看來，它對子女性格發展的影響是偏負面的。

為了進一步檢視家庭和諧與子女性格間的關係，我們仔細分析了三組家庭和諧程度不同之受試者的表面特質異同。我們發現（見表 3.3），一般而言，和諧家庭比不和諧家庭更容易促使子女發展出正面的表面特質。這項發現和表 3.2 的結果是一致的。

研究二　中國高級知識份子眼中的教育

有許多書籍（例如，Chen, 1981 ； Guo, 1989 ； Hayhoe,

1985 ； Lin & Fan, 1990 ； Stevenson & Stigler, 1992）和文章（例如，Chen, 1994 ； Davin, 1990 ； Fan, 1990 ； Lo, 1991 ； Morey & Zhou, 1990 ； Yin & White, 1994）論述中國大陸的教育體制。但沒有一個是完全以受過教育之中國人的立場來看教育，也就是說，透過在中國大陸從小學念到大學之中國人的眼光來看教育。因此，本研究的用意在探討中國高級知識份子眼中的中國教育。本研究請受試者基於自己的經驗及觀察，以任何可能的角度，表達他們對教育的看法，以便描繪出一個真實的中國教育狀況。

受試者共計 95 位大學生，大多是教育學系三年級和四年級的學生，分別來自於有 150 人的兩個班級，這兩個班級是中國大陸兩個不同省分之大學的班級，也就是我以客座教授身份，教授一門名為「發展心理學與教育」之課程時所帶領的班級。

我先請學生們自行組成五、六人的討論小組，當作練習的程序。再請每一組在共計 100 分鐘的兩堂課當中，討論以下的問題：(1)中國老師如何教導及管教學生？(2)中國學校及大學裡有哪些問題？可能的解決辦法為何？(3)中國學校如何教導以下五個領域──智力、道德、社會、體育和情緒？

每一組必須在兩個星期之內，呈交一份描述討論內容的討論報告。兩所大學選修這門課的 150 位學生當中，共計 95 位學生的 17 個小組完成這項作業，其他組別的學生則未遞交他們的小組討論報告。兩所大學分別交出了 8 份及 9 份小組討論報告。我們對這 17 份報告進行內容分析（Brislin, 1980），所得結果如下：

以下呈現的的內容，是 17 份報告中重複出現在 3 份或 3 份以上的內容，其中許多甚至在半數以上的報告裡都出現過，意味著這些內容是參與者的共識。

1. 文化革命（1966~1976 年）期間及之後的十年裡，學校體制主要為 5-2-2 或 5-3-2 的形式（5 年小學、2 或 3 年國中，及 2 年高中）。近年來許多都市及鄉村地區開始採用 6-3-3 或 5-3-3 的制度。

2. 每一種學校幾乎皆缺乏自身的主旨或功能，幾乎每一種較低層的學校，都是為了進入較高層學校的準備學校或跳板。因此幼稚園成了進入小學前的墊腳石，小學再成為國中的跳板。國中是進入高中前的準備學校，而讀高中是為了接著念大專院校。

3. 教育的品質普遍偏低，尤其是鄉村地區；只有少數位於都市、被稱為「重點」的中學或大專院校除外。「重點」中學或大專院校是最受歡迎的教育機構。它們可以提升教育水準，但卻使一般學生無法享有平等的教育機會。

4. 由於學生人數甚多，中學、學院和大學的數量也極多（在 1995 年的統計共有 1080 所大專院校），因此各層級的學校皆嚴重缺乏合格的教師。常常可以看到國中畢業的教師任教於小學，高中畢業的教師任教於國中和高中，而大學畢業的教師教授大學一年級的課程。最近幾年情況有改善。

5. 絕大多數的高中是大專院校的跳板。高中二年級開始，課程分成兩個支流，文組及理組。一般教師及父母認為文組較次等，文組的學生通常將就讀大學的自由藝術或社會科學學系，學業較優的學生通常會選擇往理組發展，進入大學後主修科學和科技學系。另外也有一些職業高級中學，不過通常青少年較不考慮就讀，因為一般認為職校學生比不上一般高中的學生，而且職校學生畢業後繼續就讀大學的機會渺茫。

6. 就教育行政而言，中學校長和大專院校校長對於自己學校

的管理權並不大。從課程規劃到人事安排大半都屬於政府管轄的範圍。最後的決策權握在北京國家教育委員會（National Commission on Education）的手中。

7. 小學及中學教師的薪資偏低。這會影響他們的道德及社會地位。偏低的社會地位反映了教師訓練機構（包括師院及師範大學）的聲望成就過低，而無法吸引具學識才幹的學生。

8. 一般主要是依照學生的學業成就來衡量他們。雖然模範學生必須具備「三好」——德、智、體，但是課業（即智力）佔的份量最重。從幼稚園到大學，三好模範生都是從每班前 10％的學生裡挑選出來的。

9. 在許多小學或中學裡，學生是依照學業能力的「好壞」或「快慢」來編班的。好班或快班通常能享受學校裡最佳的資源，包括最好的教師，至於慢班或壞班則被忽視。這種教育規劃，就教育水準及平等教育機會的觀點來看，具有和「重點」學校一樣的優缺點。

10. 當學生的課業成績不佳時，他們將會感到丟臉，並在學校、在家裡，和在周遭人面前感到自卑，如此造成的社會和心理傷害有時是相當嚴重的。師生之間、親子之間，和同儕之間的關係，全都會受到學生在校成績的影響。假如學生課業表現優異，他們將受老師喜歡、家長的喜愛，及同儕的尊敬（有時是嫉妒）。假如他們失敗了，這些人際關係多多少少都會受到影響。

11. 學生，尤其是小學和中學的學生，常常抱怨老師以照顧和關心的名義過度控制他們。大多老師是以權威專制、控制和說教的方式來管教學生。偏心是很常見的現象；老師多偏袒好學生和異性學生。他們通常對男生比較嚴格，對女生比較寬鬆。表現

優異的學生較受寵，表現不佳的學生較不受寵，二者之間（表現中等或平平）的學生則被忽視。

12. 班級導師對學生的影響力總是比其他任課老師的影響力來得強，因為他們負責了整個班級的大小事務，並需對此班級的表現負責。假如他們帶領這個班級的時間超過兩年的話，他們的影響力會增大。從大多案例看來，會有某些學生喜歡這位導師，某些學生則不喜歡這位導師。

13. 文化革命的時代已經過去了，社會又逐漸回歸傳統。今日的中國學校依然以老師為中心。老師和其他權威角色（如父母或上司）一樣，主要的特徵是權威專制。不過，小學老師比較會照顧、保護和限制學生，而高等教育的老師，尤其是高中和大學老師，便對學生不那麼權威專制和控制。小學到大學的過程中，老師行為及態度的轉變，是為了因應學生的心理發展變化。

14. 就讀小學的孩子，尤其是低年級的孩子，比較會去服從和尊敬權威，並相信老師說的每一句話。他們年紀越大，就變得不那麼服從，且要求更大的自主權。青少年，尤其是高中和大學的青少年，有他們自己的批判和意見，而且要求更多的尊敬及獨立，因為他們在認知上及生理上均已成熟。雖然中國孩子和青少年也有自己偏好的老師類型，但整體而言，他們會尊重和服從老師，至少在公開場合是如此。

15. 常使用的管教方式有很多種，而且與在家中使用的方式很類似，例如勸導、批評、責罵、懲罰、威脅、收回關愛和脅迫，不過教師最常用的管教方式還是說教（moralizing）。正增強如讚美、獎勵或鼓勵有時也會用到，不過大多是對於受寵的學生。學生的負面行為常受到批評或懲罰，而他們的正面行為則很

少受到獎勵或增強。

16. 閱讀佔的份量很重，而且是大多案例唯一的授課方式。老師會要求學生把課本和／或課堂筆記背起來，考試時再把它背誦或默寫出來。考試的問題皆有標準答案。即使到了大學，仍少有講師或教授以討論當成授課或學習的技巧。學生很少在課堂上發問，因為老師不鼓勵發問，同學也會嘲笑發問者。大多學生會假裝已經懂了，以免惹得老師不高興，或在同學面前抬不起頭。

17. 小學和中學學生的大、小考試（包括週考、單元考、段考、月考、期中考、期末考、畢業考、省聯考、入學模擬考、入學考）次數太頻繁了。學生大部份的時間都花在準備考試上，培養自己參加全國性大學聯招考試的實力。學校的聲望取決於畢業生考上大學的比率，以及進入好高中或好大專院校的人數多寡。

18. 正統教育全以升學為導向，從國中起就是競爭的開始。競爭最激烈的是一年一度全國性的大學入學聯合招生考試，參與的包括了 1000 所以上的學院和大學。一旦進入了學院或大學，就幾乎可以確定畢業後能找到工作。大學文憑是唯一要緊的東西；很少會有人注意畢業生到底學到了什麼，或學到了多少東西。

19. 每一年參加全國大學聯招考試的高中生人數，都在兩百萬人以上（1996 年是 266 萬人）。30％以上（按照《中國教育日報》〔*China Education Daily*〕1996 年 7 月 5 日的數據，1996 年是 36％）的考生，可望進入大專院校就讀。沒有考上的人，甚至會（在五年內）重考高達五次之多。由於居住遷移是受到限制的，而且大學畢業生通常會被分發到都市裡的工作，因此從鄉村來的人，假如未能考進大專院校，將很難有機會居留在都市裡（除非他們獲得入伍的資格，這是在都市居留的另一個辦法）。對於住

在都市以及住在鄉村的年輕人，進入更高等的教育機構是最保險的向上攀升的途徑，而且對許多人（尤其是農村子弟）來說，甚至是唯一的途徑。不過，由於近年經濟成長所致，許多人（包括鄉村住民在內）透過商業活動致富。

20. 學生從小學開始，就被訓練要被動地學習，在考試的壓力下也變得不太活潑。他們學習時很被動，對於學習的內容（例如，該讀什麼或該背什麼）和該如何準備考試（例如，該準備什麼範圍或題目）也很依賴老師。諷刺的是，「小」學和「中」學的學生因為考試和作業之故，反而比「大」學的學生來得忙碌。結果，考試的壓力一旦不復存在後，大多「大」學的學生變得放鬆又懶惰。下了課之後，大學師生的互動很少見，因為很少有學生會為了課業或其他理由去找老師。

21. 課堂授課是狹義的知識教育；課堂上主要著重課本學習及課堂筆記。圖書館要不就是不開放（如許多「小」學和「中」學），要不就是沒有必要（如許多「大」學）。創意、原創性、多元思考和獨立學習的能力因此受到扼殺。同時，其他領域的教育，例如情緒教育和體育，也被忽視了。

22. 儘管國家有用來篩選和訓練運動員的特殊制度，不過正規課程中的體育課是不受重視的。道德倫理課程包含著政治用意，主旨在於培養共產黨的世界觀及社會主義的道德觀。共產黨和社會主義的信念有如國家的宗教信仰，政府官方會公然地宣揚，雖然不見得為人民所接受。官方並不允許別的宗教信仰，不過近年來信仰自由已越來越開放。學生的社會及情緒發展，受到考試導向的課程所壓抑。

23. 考試造成的過度競爭，導致學生以自我為中心，這和社

會主義的集體主義理想互相矛盾。競爭是如此激烈，壓力又是如此沈重，以至於人際互動受到扭曲，而情緒亦無法妥善發洩。這樣一來，考試成績高的人常常在其他許多方面不夠成熟，例如處理人際問題及生活問題的能力不足。因此有一句諷刺的話說：「分數高但能力低。」

24. 小學和中學的學校功課（包括考試及家庭作業）份量既多又重，學生沒有多少額外的精力和時間去從事課外活動。到了大學，由於課業壓力減少了，因為大學「很難進去（考進去），但很容易出來（畢業）」，因此大學生較能放心去參加課外活動。週末和例假日去跳舞是校園常見的活動，也是可被接受的男女聯誼方式（主要因為這是已故毛主席偏好的休閒活動）。過去並不鼓勵，甚至是禁止男女約會，但最近已越來越頻繁了。

25. 17 個討論小組的學生顯然從現代教育獲得了切合實際的知識，並熱切渴望把這些知識在中國好好地應用。這個現象從他們的教育理念便可見一斑。以下的見解皆在 17 份討論報告中，出現過兩次或兩次以上：

(1) 教育應該因材施教。

(2) 民主是教育年輕人最佳的辦法。

(3) 每一個學生都該受到尊重。

(4) 「壞」學生或不受寵的學生不該受到歧視。

(5) 學生喜歡公正、有良知、平靜、關懷且客觀的老師。

(6) 老師應該讚美、支持和鼓勵學生。

(7) 老師可以嚴格而嚴肅，但不該嚴苛而無情。

(8) 控制和監督是必要的，只要是在合理的範圍之內。

(9) 勸導（講理和說服）是最佳的管教技巧。

(10) 教學應當有組織計畫而不失彈性。

(11) 應該把獨立學習的概念深植學生的心。

(12) 應當鼓勵合作式學習。

(13) 應當更新課本及教材，並與真實生活及社會作連結。

(14) 學校校長在行政上應當享有合理的自主權。

(15) 全國性的大學入學考試應當改革。

□討論

有人可能會想，另兩個華人社會是否有差異存在，我指的是台灣和香港。我在這兩個地區也做過相同的研究，我當時在兩地的公立大學教授相同的課程，授課對象是接受在職訓練的中學教師。儘管這三個華人社會受不同的政府執政了四十多年之久，我卻發現就教育而言，它們的相似點遠多於相異點。這顯然是因為它們具有相同的文化傳統及價值觀。因此，沒有必要對我在香港及台灣做的研究加以贅言。只有必要指出一些相形之下相當細微的差異。

1. 中國大陸的私立學校相當少，而台灣及香港公立學校的聲望，通常比私立學校的聲望來得響亮。

2. 台灣及香港均實施九年義務教育，大陸則多實施六年義務小學教育，某些鄉村地區是五年義務小學教育。不過，自1986年起，義務教育已從先前的六年延長至九年，以便將大陸某些城市三年的國中教育包含在內。

3. 在香港有一些不錯的教會學校，其宗教信仰及教會活動有利於學生的道德、社會和情緒發展。這類學校在台灣和大陸較少見。由於台灣及大陸的大學聯考競爭非常激烈，因此比起香港的學生而言，兩岸學生的均衡發展更是受到忽視。

4. 大陸和台灣會將政治教育納入課程之中，香港則不會。可以說，香港學生能享受到較大的學業自由。不過，由於民主化的結果，近年來台灣的政治教育也逐漸淡出。

5. 直到 1997 年脫離英國統治、回歸大陸政權以前，香港一向是個雙語的社會，教學的媒介是中文（主要是粵語），有些學校則是英文。台灣學校使用的語言都是國語（mandarin），大陸各地學校使用各地的方言，不過普通話是官方語言。

6. 和大陸相比，香港和台灣各大專院校的圖書館較大，而且西方書籍和期刊的數量亦較多。

7. 比起大陸，香港和台灣大專院校的教職員中，有較多接受過西方訓練的博士。

8. 香港和台灣學生較容易出國深造，大陸學生則因經濟及政治因素較難達成。

9. 比起香港及中國大陸的教授而言，台灣教授的政治興趣比較濃厚，也比較會積極參與政治。香港及台灣的許多教師的經濟興趣濃厚（例如，投資不動產）。近年來，市場導向的經濟政策甚至使得大陸教育商業化（Yin & White, 1994）。

10. 香港學校老師和大學教授，其薪資在世界上算是數一數二的了。台灣教授的薪資也相當不錯，大陸教授的薪資則偏低。

11. 在三個華人社會的教育裡，都能看到外來文化的影響。在香港及台灣分別能看到英國及美國文化的衝擊，在大陸則能看

到俄國和美國的影響。

以上這些差異固然是存在的，但三個社會的相似點處處可見。三個華人社會的多數父母，最關切的就是子女自幼稚園至高中的學業成績。這份關切對子女形成了非常沈重的壓力，並引起極大的焦慮。這種現象大概全世界都有，只是程度上的差異罷了。很多華人教育家認為美國的教育是「正常」的，但即使是在美國，也是有不少父母過度關心子女的學業成就。哈佛教育系教授 Lightfoot（1983）栩栩如生地描述了這種現象，他談到美國好的高中時說：

> Highland Park（靠近芝加哥的一個區域，也是一所郊區公立高中的名字）的父母表達了他們對課業成績的極度關切。他們很擔心自己的子女輸在起跑點，或是永遠落在人後。……大多父母期望自己的子女能在正式上課之前就學會閱讀，而且無法認同強調孩子之社會心理發展的幼稚園老師。（p. 129）

> 我拜訪過的每一位 Highland Park 老師，都跟我抱怨說學生之間的競爭過於激烈，而家長也對子女的學校課業施加極大壓力。……然而很少有學生對知識展現出熱切的好奇心和學習心，他們對知識不太有興趣，也不太願意用心。反而他們在乎的是贏得課業上的競爭，努力使自己的分數超過競爭者的分數，並在金字塔頂端搶得一席之地。（p. 131）

Lightfoot 教授也提到了（p. 130）一位體貼的家長，Cramer

先生，他和他太太「不看重分數」，並鼓勵子女拓展自己的想法、想想自己的社會責任和個人幸福。更重要的是，Cramer 夫婦「儘量以自己的行為，為這些對立的價值觀代言，他們避免物質奢侈、自願參與公務，並拒絕和鄰居及朋友競爭。」Cramer 先生相信大多 Highland Park 父母的立意不良。他說這些家長「是透過子女在過活」，他們藉由子女的成就及地位間接地體驗成功和優異感。

Lightfoot 教授的描述，以及 Cramer 先生對美國人的看法，也適用於香港、台灣和中國大陸的父母。這反映了一些人皆有之的共通價值觀及人性。儘管如此，美國及華人教育之間的差異，遠比中國大陸、台灣和香港學校之間的差異來得大。根據 Stevenson（Stevenson, 1992；Stevenson & Stigler, 1992；Stevenson, Chen, & Lee, 1993）的說法，比起中國父母，美國父母比較不那麼注重學業成績。在美國，「童年時期的成就有很多種。在校表現優異只是其中的一種。」（Stevenson, 1992, p. 72）雖然 Stevenson 相信美國應該向中國教育學習，我卻認同許多美國華人父母的觀點，認為美國的教育，尤其是小學及中學的教育，對孩子的健全發展是比較有益的。我也同意許多在美國較高層教育機構學習過的華人的觀點，我們認為美國大專層級的教育比中國高級教育的品質來得優良。

研究三　一個教育改革的案例

這是台灣一項教育改革方案的個案研究，這項方案未在全國

實施，因為反對的意見似乎佔多數。由於反對聲浪所致，這項方案只在國內六個地區進行實驗性的嘗試。本研究的目的有二：描述改革方案的背景，和瞭解台灣高級知識份子的性格特質，研究方法是觀察他們的行為，並分析他們對數個與改革有密切關聯的情境的反應。為了清楚瞭解本研究的背景，以下簡單介紹該改革計畫。

口改革方案

台灣自 1968 年起實施九年國民教育，後來成為六歲至十五歲孩童的義務教育。1989 年 8 月 4 日，行政院長李煥指示教育部研討以自學方案延長國教的可行性，此方案預定於 1993 年執行。同年 10 月 9 日，教育部呈上一份該方案的初步規劃簡介。1990 年 1 月發佈了一份該方案的簡介供大眾討論。原訂於 1990 年秋季開始進行準備工作，從那時起，進入國中的每個學生的學業成績，都會按照一套新的標準來評量，以確保每所國中之學生的計分方式皆相同。原本計畫讓 1990 年秋天入學的國一學生，也就是隨後將成為國二及國三的學生能正常分班，而非依能力分班。學生在國中三年的表現將依五分制計分法進行評量，而且每一個年級都會依照班級常模畫出的常模曲線作一定的配額，而不刻意區辨班級或學校。目標是希望分發學生至高中或高職時，依照的標準是他們國中三年的整體成績表現，而不是他們畢業的班級或學校。這種方式會比目前的制度更佳，因為目前的制度是依照高中聯考的分數來分發學生。舊制度最大的弱點在於，基於能力分班之故，學校的注意力全都集中在前段班的學生身上，他們

只佔了全校學生的 30 ％，至於另 70 ％的學生則被當成成績較差的後段班，並被忽略。而且舊制度不僅對國中生，甚至對小學生帶來考試焦慮及家長壓力，這對孩子的心理及生理健康非常不利。新制度雖然比較民主和健康，但也不能說是十全十美。它和舊制度有一個通病，就是過度強調學業成績，而忽略了使性格健全發展的均衡教育。新制度是藉由每學期三次段考的成績來評量學生。不過相較之下，新制度仍然比舊制度均衡，因為新制度不像舊制度那樣，只憑一年一度的高中聯考篩選學生，而且新制度會將學生在國中三年裡，上過的每一門課程、參與過的活動，和學生的品德操守一同列入考量，雖然各佔的比重不同，但全都在考慮的範圍之內。這種分發是具有競爭性的；國中生未來將就讀於他們填選的哪一個志願，需取決於他們在班上的整體表現。

□個案研究

本研究的對象全都是在台灣受過高等教育的成人，他們全都曾參與過政府的教育改革方案，或曾表達過自己對此方案的意見。這項方案是六至十八歲之十二年義務教育的草案，它將原本的九年義務教育又延長了三年。研究對象大多是家長（其子女目前就讀國中或即將就讀國中）、學校教職員、大專院校教授、民意代表、記者和政府官員。

資料的來源主要是親身觀察，以及對報紙和相關文獻作內容分析。我參與過委員會議、研討會、聽證會，並和國中校長、家長、教師及各領域的教授進行辯論及討論，他們全都很關心教育改革方案。我把 1989 年 8 月到 1990 年 4 月，這九個月期間的十

份主流中文報紙，共計 168 篇文章，進行內容分析，這九個月正是從教改方案的宣佈，到決定先不在全國實施的這段時間。這168 篇文章主要出自於三份大報紙；包括《中央日報》、《中國時報》和《聯合報》。文章包括了新聞報導、特別報導、訪問和他類文章。每一篇文章都代表了某個人或某個團體的意見或態度。我也對相關的會議紀錄、研究報告和雜誌文章進行內容分析。

同時，我以參與者的身份，觀察了會議、研討會、辯論會、討論會和聽證會，以及其他與會者的行為。我也私下和一些同事及朋友討論那些教改反對者的動機。這份方案的官方原名為「延長國民教育之初步規劃」。後來更名為「國中畢業生自願就學輔導方案」，或簡稱「自學方案」。國中生畢業後的升學，成為自願的而非義務的。不過，為了方便起見，此後稱此方案為「教育改革方案」。 1990 年 5 月 3 日，教育部毛高文部長宣佈教改方案將暫緩實施，必須先等一份歷時三年的小規模實驗證明其可行與否後再做決定。宣佈的日期恰逢內閣改組，改組過程中，中華民國李登輝總統指派了一位新的行政院長。李煥院長遭撤換下台，一般認為是因為他的性格和政治立場與李總統有所衝突。雖然李煥院長告訴我，李總統起初確實認同教改方案，但我懷疑總統在公眾意見的壓力下，建議暫緩實施。

168 則報紙文章的內容分析顯示，支持自學方案者 23 則（佔14 %），反對者 14 則（佔 8 %），存疑者 67 則（佔 40 %），意見中立者 64 則（佔 38 %）。主要的反對聲浪是一群六十人的學界人士（大多是中年人，其中 44 位任教於大學理工學系），他們連署了一份聲明文章，刊登於 1990 年 2 月 19 日的《聯合報》。文章標題是「請勿以一代國中生當實驗品」。這份聲明指出教改可能

的一些缺點（例如，以班級常模五分制評量國中成績不如聯考公平）。這份聲明要求延緩教改方案至少三年，以做研究考證教改的可行性，並找出相關問題（例如，欠缺合格教師）的解決之道。一個月後，該群理工教授的發起人宣稱已取得596位專家學者對前述聲明的簽名支持。

研討教改方案規模最大的一次座談會，當屬1990年3月10日及11日於台中市舉行的「延長國民教育研討會」。該會議是由十位立委發起，由台中市消費者權益促進會贊助，有近兩百人參加，包括中學校長及大學教授。該會議的結論如下：

> 所有與會者皆同意延長國民教育是進步中國家所不可或缺的；我們感謝政府的善意。然而，政府提出的方案及採取的措施有偏頗之處，善意未必能導向善果。參與這場會議的大多學者專家，認為教育部的延長國民教育方案是片面而不完整的，無法為整個教育體制做出有建設性的貢獻。

60位教授的聲明和會議的結論，皆強調教改方案的決定過於倉促，並強調目前九年義務教育的問題尚未獲得解決。二者均呼籲暫緩教改方案的實施。然而二者皆忽略了一件事，就是教改方案的目標，不僅在於將國民教育從九年延長至十二年，更在於試圖解決九年義務教育的相關問題。教改方案試圖解決的問題之一，就是試圖消彌前段班和後段班之分，因為佔所有國中生人數70％的後段班學生，其進入明星高中以及著名大學的機會幾乎是零。

如今教改方案既然能使成績平平或平均以下的學生受益，那

麼為什麼站出來支持教改的家長少之又少呢？原因有二：(1)這類家長的教育程度較低，無法有效表達自己的意見。(2)他們怯於站出來，唯恐因自己子女成績不佳而沒有面子。

　　全國性的教改方案被迫暫緩，一如反對者所要求的。 1990~91 學年度，在台北和高雄兩市進行了一項為期三年（1990~93 年）的小規模實驗，受試的包括台北二十一個國中班級和高雄兩所國中。奇怪的是，那些熱中於打壓教改方案的人對此實驗並不太關心，此實驗若失敗了，可能會延宕十二年國民教育的實施，甚至影響整個教育改革。他們忽略了一件事，就是這些接受實驗的學生，也是一度被他們稱為「實驗品」的學生之一。由於這些「實驗品」是自願的，因此顯然反對者的子女並不在這些學生之內。我找了兩位理工教授群的發起人（他們都是物理系教授），問他們為什麼他們同事突然都變得悶不作聲。他們無法說出個所以然。我和其中一位教授，也是教授群的召集人，討論反對聲浪背後的動機。他坦承這些教授裡面四分之一的人有子女即將進入國中，因此子女必受教改方案的影響，這些教授也是最汲汲於為反對教改而造勢的人。

　　許多教授的子女原本應進入「菁英」班級，但由於教改方案以平等對待所有學生，主張按平均分配來分班，因此這些子女便無法再享有原來的特權。有些教授的子女成績優秀，他們為了保護自己的子女而抵制教改，這是可以理解的。有些教授的子女則已經過了國中的年齡，他們反對教改可能是基於其他的理由，例如挑戰權威。由於大多中國人，尤其是受過高等教育的人，其家長多屬權威專制式的父母（特別是父親），因此他們被制約去挑戰權威。因為教改方案被認為是由行政院長——也就是政府內總

統之下最高的權威角色——所頒佈的，所以挑戰權威的心態很容易因此被激發出來。

另外還有一些別的反對來源。其中之一是前段班的老師，他們在新制度下將損失一些課後輔導的額外收入。他們也覺得教導能力良莠不齊（正常分班）的班級，比教導菁英班級來的困難。另一個反對的來源是一些國中校長，特別是明星學校的校長，他們不太願意配合，因為校務行政稍做調整，他們就會增添許多不便和額外工作。還有一個反對來源是學校的家長會，尤其是明星學校的家長會，通常都是由菁英學生的家長所組成。家長會通常會為了自己子女的利益，對校長施加壓力。反對的原因或動機，尚有一個叫「優勢效應」（bandwagaon effect）。由於沈默的多數族群沒有表達自己的意見，反對教改方案的人雖佔少數，卻引起了大眾的注意，而多數的意見卻被忽視。更糟糕的是大眾媒體，包括電視和新聞報紙，大多只報導主流意見以及不贊成教改的感覺。反對聲浪之所以形成，也因為教育部長未充分向大眾解釋教改方案的長處，亦未客觀考量對教改方案的批評及建議。如此一來，許多反對者就算不是刻意忽略，亦未能看到改革方案的優點，而對教改提出具建設性建議的支持者也敗興而歸。

由於在華人社會裡，青少年多以父母的決定為依歸，台北的董氏基金會作了一項以家長為對象的問卷調查，共發出 1000 份問卷，回收率為 62 ％。調查結果於 1990 年 4 月 9 日刊登於《中央日報》，內容顯示 49.7 ％的家長寧願選擇以「參加聯考」的方式讓子女就讀高中、高職，而 48.9 ％的人偏好教改方案的新分發制度，因為子女可按他們國中三年的成績，配合自己的志願分發至高中（學生進入名校與否，取決於他國中三年在班上的表現，

不過每個學生都可進入高中或高職,卻不見得是他或她的第一志願)。如研究結果所示,反對和贊成新制度的人數比例是不相上下的。近半數的家長之所以不支持新方案,其原因有二:(1)如先前說過的,有些父母的子女即將進入國中,而且他們的小孩具備進入前段班的潛力。這些孩子原本可望在優秀教師的指導下,為明星高中乃至於著名大學,作最完善的準備,但在新制度下,常態化的教學和學習將使他們喪失這種機會。(2)在新制度下,老師對於學生分發的志願將更具影響力,因為老師對學生學習成績的評量,決定了他們在班上的排名,故牽涉到學生是否能分發至好高中,但許多家長不信任老師。這些家長認為,比起老師個人的考試和評量,目前的聯招制度還比較公平和客觀。

董氏基金會的調查也有另外兩項重要的發現,但大多人未加以重視:(1)53.7%的家長相信實施十二年國教會使國中教育正常化,德、智、體、群、美五育均衡發展,不必補習,認為不會的則有 32.6%。(2)51.6%的人認為實施十二年國教可以拉近城鄉教育差距, 31.8%認為不會。從這些結果,我們可以看見顯然支持教改方案的家長比不支持的家長多。三年後,也就是 1993 年,那時實驗學校的數量在台北已經增加到 70 所,在高雄提升到 35 所,在其他四縣市也有學校試辦,有兩位教育學教授分別在教育部的資助之下,各自作了兩項問卷調查。其中一項調查在六個實驗組地區和四個控制組地區,發出了三千多份問卷,對象為國中學生、家長、老師和學校行政人員。結果顯示,整個樣本有 78%的人支持教改方案,而實驗組的支持者又比控制組的支持者來得多。另一項研究的調查對象是台北、高雄和宜蘭(四個試辦地區最大的三區)實驗學校的老師、校長、學生和他們的家長。

6604 位受試者平均有 77％的人支持教改方案，此一結果與第一
份問卷的結果非常相似。顯然，在兩市和四縣的國中試辦了三年
之後，有很大一部份的人認為教改方案是可行的。

當然，教改方案並不是十全十美的。有人批評實驗組學生的
考試成績不如控制組學生的考試成績。分發進入高中後，許多實
驗組學生表現不如透過高中聯招進入高中的控制組學生。

為了調查和評估試辦計畫的績效，教育部於 1990 年 6 月成立
了由十二人組成的「自學方案實驗研究及推廣委員會」，成員包
括三位師範大學校長、二位師範學院院長、四位系主任，一位科
學教育中心的主任，和二位教育系教授。委員會的所有成員都是
由教育部長委請的。委員會的召集人為國立台灣師範大學梁尚勇
校長，除了十二位委員之外，尚有十二位（中央、省和地方）官
員參與觀察。當時我是唯一未在師範大學或師範學院中任職的委
員。我之所以受教育部委請，只因為我公開支持教改方案，雖非
每個細節皆支持，但大致上是認同的。在台北進行的委員會，大
約每隔兩個月（有時不到兩個月）開一次會，每次約三、四小時
以聽取地方官員的報告，並討論教育部要求的事項。大多成員在
會議過程中很少發言，或甚至從未發言。大多時間是召集人在說
話。只有一、兩位委員發言過。其他委員及政府官員之所以說
話，通常是因為議程如此安排或召集人請他們發言。那些發言的
人通常是為了替政府的立場辯護。委員們也會參觀有實驗班級的
學校，並和這些學校的校長、老師及學生交換意見。

兩年期間（1990 年 6 月～1992 年 6 月）的十五次會議中，教
育部長參與了兩次，三位教育部次長當中有一位幾乎每次都參
與。第九次會議於 1991 年 8 月 12 日舉行，會議於下午四點開

始，教育部長出席了這次會議。聽完了地方官員和省府官員有關
試辦計畫之進展的報告後，教育部長透過他的主任秘書中斷主席
發言，並請求發言，因為他必須提前離席。教育部長發言了約二
十分鐘，表達了他的意見，且提出一些建議，不過他客氣地提醒
說這只是他的個人意見。然而，教育部長於約六點離去後，主席
宣佈說，既然部長已經「指示」過了，我們就沒什麼好討論的，
除非我們不認同他的看法。此時，沒有人發言，我雖然表達了我
的觀點，並提議再以一小時的時間討論相關事務，但徒勞無功。
會議於六點十五分散會。由這裡可以清楚看到這是個權威導向的
文化，因為教育部長是在委員會之上的權威。

　　大多委員似乎對此委員會及其功能漠不關心。由於他們身為
校長、院長或系主任，他們自己的行政職責就已經夠忙碌的了，
無法發揮委員會的功能。 1992 年 1 月，進行第十二次會議時，
一位擔任聯絡人的師範大學教授提出疑問，質疑委員會的真正功
能，及繼續存在的必要。兩位教育部官員和三位委員起而發言，
主張委員會有存在的必要。主席簡述了他們的意見。其餘無人再
發言。坦白說，委員會具有一些權威但無實際權力；它基本上是
一個顧問式的實體。委員會做出的決定和表達的意見，都不是即
將強制執行的。

　　頭兩年，教改方案在北、高兩市試辦得相當不錯，此二市的
學業競爭非常激烈。在高雄市，實驗學校校長和一位教育局官員
（地方負責試辦的單位）非常有熱忱和良知。台北市教育局局長
非常希望教育改革提早達成，並比教育部設計更完善。然而 1992
年 3 月，當他宣佈台北市將於 1992~93 學年度，在全市實施教改
方案之後，許多反對意見一一浮出檯面，如兩年前一樣。起先，

教育部長和諮詢委員會均支持在台北市實施。不過隨著反對的聲浪越來越大，並因在野黨的支持而泛政治化之後，教育部長改變了主意。我是委員會中唯一抗議教育部長對政治壓力讓步的委員。台北市教育局局長被迫放棄他原先的計畫。

後來，以折衷的方式，台北市決定於 1992~93 學年度，讓國一學生在家長的同意下自由選擇進入自學班（教改方案），或者是進入普通班（高中聯招）。最後，70 所國中共計 48512 名學生中，有 24.36％申請進入自學班，而 19.98％（4913 名男生、4781 名女生）獲准進入自學班，共編制成 256 個班級。未獲准入學的共 2122 名學生，亦即 48512 名學生的 4.37％，因為他們未符合自學班常模分配的校標（其依據為一份智力測驗）。「自學方案實驗研究及推廣委員會」終止運作後，改組為「自願就學輔導方案諮詢研究委員會」。新的委員會由二十一位委員組成，包括五位學院院長和大學校長、四位國中和高中校長，以及十二位教授。召集人為中正大學校長林清江先生。新委員會的組成人選較先前的委員會更佳，且委員背景也更多元化。舊委員中有七位是由教育部長委請的，新委員中則有十四位，包括三位女性委員，及二位持反對立場的委員。除了教育系的教授之外，尚有二位心理系教授，其中一位是任職於私立大學的女性，至於其他委員則均在公立中學、學院或大學服務。

新的諮詢委員會一個月開一次會，與會的政府官員大致和先前的相同。委員會共分為四個小組（諮詢審議組、訪視評鑑組、意見調查組和研究發展組），只要有必要就聚會研討。新委員會在八個月當中開了八次會議，於 1993 年 6 月解散，新上任的教育部長出席了最後一次會議。在新舊兩個委員會，我均以委員的身

份參與，我努力了三年，期望對教改方案作一些調整，但其他委員卻不太熱中。政府致力改革教育的這三年以來，很奇怪的是台灣九位任教於師範學院、三位任教於師範大學、和一位任教於大學心理系的教授當中，極少有人挺身支持或反對教改方案。反對的人大多是非專業人士或是其他領域的專家。他們成了「最大聲的少數」（loudest minority）。以下是他們的批評。方括號裡的是對每項批評的回應，或可能的解決之道。

1. 實施教改方案後，有些老師評量學生的表現時可能有失公正。〔假如不信任老師，可以由家長和／或其他中立人士組成一個監督單位。〕

2. 以常態分配為基礎、每個年級有固定配額的五分制計分法太過僵化（例如，每個班級會有 10％的學生取得最高分——五分）。〔假若真是如此，可以百分等級或其他相對分數，如 T 分數，來代替五分制計分法的固定配額。〕

3. 成績較低或學習遲緩者應該個別加以輔導，而不該和成績較高或學習迅速者編在同一個常態分配（混合編班）的班級裡。〔成績較低或學習遲緩者會因此受到歧視，如同目前舊體制下能力分班導致的情形一樣。為瞭解決這個問題，可以運用兩組教材或課本：所有學生有共通的基本教材，而對有興趣作進一步學習的那些學生，則另有進階的教材。〕

4. 加諸在學生身上的負擔將比高中聯招的更重，因為六個學期共有十八次段考，且需再加上五育（德、智、體、群、美）的表現。〔國中三年六個學期的學業，共分成十八個階段，每個階段末了有一次段考。研究發現這樣的分段學習，比目前升學導向

制度下的大量學習來得有效。五育並重的評量方式將有助於使學生的性格均衡發展，不會像舊制度那樣只注重聯考所考的學科科目。〕

5. 同學間在五育表現上的競爭，會比聯考生之間的競爭更激烈。〔這只是一種假設。研究發現事實與此假設相反。〕

6. 固定的德育、群育評量標準，會使學生變得較不活潑、較不開朗。〔此評量方法會促進學生的德育、群育發展，舊制度下從未能有效評量學生的德育、群育發展。此評量方法的改良之道，可以把教師的評量再加上同儕的評量，這是過去從未嘗試過的。〕

7. 由於職業學校的聲望總是不如一般學校的來得高，國中生假如被分發到高職時，許多人恐怕不願意就讀。〔教改方案下的分發，是基於學生自己的選擇，雖然不見得是他的第一志願。沒有任何方案或制度，能保證每個學生必能進入他理想中的最佳學校。教育單位應該儘速成立更多一般高中，並或將職校轉型成綜合高中。〕

8. 「好」的都市學校的學生會受到不公平的待遇，因為在教改方案之下，以五分制計分法計分時，由於班級常模之故，同樣的分數在「爛」的鄉村學校和在「好」的都市學校，會具有相同意義。〔教改方案的目標之一就是縮短城鄉學校在教育上的差距。鄉村學生已經處於劣勢，因為他們學校的設備和人員往往不如都市學校來得佳；他們理應擁有相同的受教機會，並應該與都市學生享有相同的待遇，以確保社會正義。〕

9. 教改方案的未知因素太多了。還需要更深入評估。〔這就是為什麼我們必須立即採取行動，透過行動研究實施教改方案，

以找出可能的未知因子，並在問題產生時立即作解決。〕

10. 目前未作過任何可行性的調查或實驗研究。教育單位只是急於把教改方案賣掉罷了。〔測試教改方案之可行性的最佳辦法就是行動研究，這種方法經常為西方國家的教育和管理工作實務者所使用。不可能真正去進行實驗，因為教育大環境多未改變，實驗會受到污染。〕

11. 改革應逐步進行。還需要更多的時間才能完全實施教改方案。〔我們已經等了太久、浪費太多時間了。自從台灣五十多年前光復後，教育就從未作過任何改革。我們應該立即採取行動，教育改革刻不容緩。事實上，教改方案已經在六個地區實驗過了。雖然前教育部長曾經宣佈 1997 年要全面實施國中教育改革，但新教育部長並未訂定任何全面實行的日期。〕

12. 應該在教改方案中納入一些統一命題的筆試，以均衡班級間的差異，及國中學校間的差異。〔假如行動研究發現有必要的話，這是可以考慮的。〕

13. 教改方案忽略了相關問題（例如，班級過大——國中有的班級人數超過四十人，而且合格教師不足，尤其是美術和音樂等科目）。〔相關的問題雖然無法立即解決，但並沒有被忽略。假如我們必須等到所有相關問題都獲得解決，那麼我們或許永遠都在等待。〕

14. 教改方案依法無據。高中法規定學生需依入學考試篩選，但教改方案廢除了高中聯考，並讓國中畢業生以國中成績進入高中。〔學校法不該干預教育改革。假如教改方案在有限的試辦範圍內績效良好，應該修改法律以配合教改。〕

評估教改方案或自學班的研究不下十數個。 1995 年，教育部成立了一個評估委員會，以評估教改方案試辦六年後的成效如何。評估結果發現優點多於缺點。有兩個研究值得一提：教育部評估委員會的一項調查研究（教育部, 1997），和台北一位女性國中校長作的一項優秀研究（Huang, 1993）。教育部的研究透過問卷及訪談 84 位學校行政人員和參與實驗的地方官員，調查了北、高兩市和三個縣的 153 所實驗國中。結果發現 83 % 的實驗學校偏好自學方案，而約 50 % 的學校和行政人員，贊成自學方案應該延用至高中。假如自學方案延用至高中，高中畢業生便免以大學聯考進入大學。

上述的 Huang 的研究，以國中三個年級 36 個班級的 1348 名學生為樣本，其中一半是實驗組（自學班），一半是控制組（普通班）。共用了六種工具（五份測驗和一份問卷）蒐集資料。結果顯示，相較於高中聯考組，自學班學生（實驗組）的課業壓力較小、抗壓性較強、心理衛生較佳，而且班上的學習氣氛較和諧。然而，這份研究並未受到媒體的熱烈關切。媒體（尤其是報紙）的記者和編輯對教改方案的壞消息，比對好消息還更有興趣得多。他們有些人也是未來國中資優生的家長。大多家長最關切的，仍然是他們子女的考試成績（尤其是聯考成績），他們不太在意子女性格或其他方面的發展。

☐討論

就像從前主導了中國教育的科舉制度一樣，四十多年來，統一命題的大學聯考主導了台灣和中國大陸的教育。台灣的教育，

尤其是高等教育，是由兩個統一命題的入學考試所主宰，一個是高中聯考，一個是大學聯考。它們一年舉辦一次，恰逢既悶熱又潮濕的夏天。它們扭曲了高等教育，並妨礙了青少年身心的健全發展。拿高中聯考來說，它扭曲了國中教育，因為國中教育以升高中為導向，不顧學生五育的發展。透過教改方案，亦即自學方案，國中畢業生可以選擇繼續升學或不要繼續升學。換句話說，升學是自願的，而非強迫的。至於國中畢業生將進入哪一所高中就讀，將取決於他們自己的選擇，再加上他們國中三年的整體表現。全面實施教改方案後，統一命題的高中聯考將被廢除。如果國中畢業生三年的表現都列入他們自願升學的條件時，國中教育除了依然能以學術課業為重心之外，更能讓學生五育均衡發展。

當然，教改方案或自學方案並不是十全十美的。但是些反對教改方案的人士（主要是知識份子）假如真正在乎下一代的未來的話，為何卻從不試圖補足或改良它，或另提出更好的方案呢？他們的一切所作所為只不過是使高等教育維持現狀，但他們也知道現在的教育需要改進。事實上，沒有任何改革方案是盡善盡美的。不可能有任何改革方案能同時滿足所有的學生、家長和老師。好的改革方案並不是一點缺點都沒有，而是會試圖去面對問題、改掉缺點。缺點會從實務或行動顯露出來，可以透過時間加以修正。

國民義務教育自 1968 年從六年延長至九年以來，台灣教育尚未曾有過任何突破。教改方案是唯一可能徹底改革的方案，卻因為少數人強力反對，誤被認為是多數人的意見，而未能在全國（台灣）或全市（台北市）實施。有人可能會奇怪為什麼這群人或其他人，在政府提出六年國建計畫時，沒有加以反對。估計國

建計畫將耗費國資八十多兆元。

為什麼沒有人像反對教改方案這樣地反對國建計畫呢？即使行政院長坦承國建計畫只是國家建設的藍圖，反對意見依然是零星而鬆散的。為什麼？我認為原因有三：(1)雖然國建計畫必對整個國家產生極大的衝擊，但並未對國民個人或其子女造成直接影響，故未成為爭議的話題。(2)雖然國建計畫就像教改方案一樣，被人評為是由上而下的強制措施，但國建計畫既複雜又龐大，且一般人不易全盤瞭解，故反對意見不像指向教改方案的那些批評來得明確和具破壞性。(3)李登輝總統力挺國建計畫，但未如此支持教改方案。總統身為國家最高層的領導者，在政策上扮演了關鍵的角色。李總統主要的興趣在政治、經濟和外交，雖然他於1996年6月開始看到教改的重要性，而親自委任了一位新教育部長，但他對教育的興趣不是那麼濃厚。

此個案研究顯示了中國人（尤其是台灣的成人知識份子）的自戀和權威導向性格。他們對自己的愛，延伸成他們對子女的愛，也就是中國文化中所謂的「骨肉」。由於愛面子就等於愛自己，只要他們子女失敗，就彷彿他們自己也失敗了一樣，如此會傷了他們的自尊、害得他們沒面子。因此，使子女不要失敗，也就是在保住自己的面子。中國文化裡非常重視學業成就，因為那象徵了自己的地位，並能滿足成就需求、提升自尊、揚眉吐氣和光宗耀祖。這就是為什麼有些子女是國中資優生的父母（包括一些理科教授）那麼急於阻止教改方案，因為實施教改後，資優生的特權不復存在，也不再有好學生或壞學生的區分了。

中國人的自戀特質，亦可從唯我獨尊的想法，和好批評與好懷疑的傾向略窺一二。這些自戀的特質（Raskin & Terry, 1988）

從理科教授強力抗拒教改方案時的堅決，和從他們的猛烈批評和徹底懷疑可見一斑。教改方案的批評者破壞多於建設。他們沒有任何人多費心思去提出更佳的方案或計畫。批評別人總是比自行創造來得容易許多。

　　以自戀性格測驗（Narcissistic Personality Inventory〔Raskin & Terry, 1988〕）進行測試時，在自戀者身上還會發現另一個明顯特質，就是自我中心。這或許可以解釋為什麼有些國中老師和校長會抗拒教改方案，因為在新方案下，不需要上輔導課後，老師額外的輔導費會降低，而校長的行政工作會增加。自我中心或許可以解釋為什麼大多教育系教授選擇對教改方案保持沈默。他們沒有站出來發言，因為他們不關心教育改革，只關心自己的事物。自我中心至少也局部說明了為什麼大聲的少數人（例如資優生的家長）站出來說話，而多數人則保持沈默。教改方案之所以遭到阻撓，或被要求修改的另一個原因，大概是因為許多台灣的中國人傾向於直接看事情的負面，而不是在下決定之前，正反兩面都仔細看一看。他們要不就是鄙視，要不就是不信任他人有改變自己作法的意圖或能力。他們寧可守著舊習慣、守著安全感。任何的革新都會威脅到他們的安全感，因此激起他們的懷疑及抗拒。

　　教改方案的例子也見證了中國人的文化和性格是權威導向的。反對教改方案最大聲的少數人，是由理科教授帶頭、由媒體撐腰，共同組成了一群知識權威。雖然意見調查顯示大多人支持教改方案，但贏了這場教改方案戰爭的是這群少數的知識權威。在中國人的社會裡，大多不具權勢或權勢較小的人，往往是被少數具有權勢或權威較大的人所主宰的。權威可以是知識的、社會的或政治的。在台灣，媒體通常較關注政治、經濟，和社會議

題。之前從未有教育議題如教改方案這樣地吸引媒體注意和引發爭議。自 1987 年起，我就開始以參與觀察者的身份，觀察這個社會的民主化歷程（Simon & Kau, 1992；Tien, 1989）。到目前為止，我看到在這個歷程中的大眾，不論是否曾表達自己的意見，從他們對公共政策的態度來看，共可分成四種人。第一種是無聲的一群，他們不在公開場合表達自己的意見。他們不說話的原因有很多，或許是因為他們沒有能力、無知、被動或自我保護，或因為他們真的沒有意見。這種人形成了沈默的多數。第二種人是大聲的一群，他們不放過任何可以公開發言或批評政府的機會。他們的聲音既大聲又頻繁，以致常被誤以為他們代表了多數。第三種是與政府口徑一致的那些人。他們總是支持政府的政策，並盡量執行政府的命令。他們很少發表意見。他們既非多數亦非少數。最後一種，也是人數最少的一種，就是那些大致上支持政府政策，但認為仍有改善空間的人。他們會對公共政策或政府方案提出有建設性的修正建議，並希望為社會大眾創造更大的福祉。

　　前三種人都各可再分為兩種：真正瞭解政策意涵的人以及不瞭解的人。第四種人通常對議題本身非常瞭解。顯然，那些理科教授屬於後者；他們大多人都不瞭解教改方案的優處。在極權社會裡，第一種人和第三種人佔最多數。在台灣這樣一個民主教育仍嫌不足但民主需求強烈的社會裡，這四種人都不乏其人。先進民主國家校內校外的民主教育，都已使其國民具備基本的民主素養，在這樣的國家裡，第三、第四種人會比第一、第二種人來得多。

　　總括來說，教改方案未能在台灣全面實施，並非因為台灣人認為教育不需改革。原因只在於自學方案的設計無法滿足資優生

的家長，這些家長主要關心的是子女學業上的表現，而他們又特別注重那兩次（統一命題的）入學考試——高中聯考和大學聯考。資優生的父母以為，假如廢除聯考而全面實施自學方案的話，子女較不容易進入名校就讀。李總統的孫女就像大多資優生一樣，未申請進入自學班。她高中聯考失利，未能進入她志願的名校就讀，便於 1996 年 9 月離開台灣，在母親的伴隨下前往歐洲受教育。台灣能像她這般幸運，前往西方國家尋求較佳教育機會的青少年並不多。

　　大多人都知道台灣的教育需要改革。但至於需要改革到什麼程度，則尚無共識。有些知識份子認為，假如要充分發揮中國人的性格和天賦的話，改革是迫在眉睫的。在一些文化組織（例如，人本教育基金會）的壓力之下，行政院長於 1994 年 9 月成立了「教改會」，由曾經獲頒諾貝爾獎的中研院院長李遠哲主導。許多人希望（但有也些人懷疑）藉由李院長的學術權威，兩年後能提出一套有效的教改方案。 1996 年 11 月教改會的總報告出爐了，但仍未提出具體的教育改革方案。該份報告僅回顧了目前台灣教育的一些的問題，並提出一些解決問題的建議。

　　自從教改方案引發爭議起，有越來越多人像我和一些別的知識份子一樣，認為應該廢除大學聯考，以便徹底改革台灣的教育。然而許多大專院校的校長不認同我們的看法，因為為了省麻煩，他們寧可被動地讓學生自己的志願和大學聯考替他們篩選學生，而不願在自己的入學辦公室（admission office）裡挑選學生。由於台灣的大專院校都是透過大學聯考招生，因此事實上它們並沒有專屬的入學辦公室。

　　本個案研究探討了中國文化裡的三種衝突。第一種是政治衝

突，有點像是總統和前行政院長之間的權力之爭。總統從未像支持其他公共政策那樣地大力支持前行政院長提出的教改方案。另一種衝突是兩套不同教育學派之間的衝突，一是發展學派，一是考試學派。自學方案支持者相信應注重學生的整體發展，而另一派則相信教育的目的在於造就成績亮麗的學生。第三種衝突是來自於兩個社會族群——那些只以自己或自己子女成就為重的人，和那些關心他人子女及下一代子女的人。前者遠多於後者。

李登輝總統後來終於意識到改革教育的迫切性，他於 1996 年 6 月親自委請吳京博士擔任新教育部長。吳京是一位 62 歲的科學家，兩年前剛從美國返回台灣擔任大學校長。吳京和之前的教育部長不同，他是一位學者兼教育者，主要興趣不在政治。他決定逐漸廢除高中聯考，乃至於廢除大學聯考。他從多方聽取意見和建議，教育部在他的領導下提出高中多元入學方案，包括自學方案和美國式的申請入學。他也鼓勵以多重管道進入大專院校。

許多人期待吳部長能為台灣教育改革帶來突破，貫徹他的教改方案，不過 1998 年 2 月他突然下台，新上任的是留學英國的資深教育者林清江博士。林部長於 5 月初有些唐突地宣佈高中聯考將於 2001 年廢除。我希望三年後的政治局勢不會影響到林部長的計畫。

內閣有些成員也下台了。這是李總統自 1990 年執政以來，第四次重大的內閣改組。吳京未公開說明離職的原因，不過 1990 年以來的第四任行政院長暗示吳京特立獨行，無法與整個團隊融合。然而，很多人都知道吳京的行動敏捷、改革心意堅決，故激怒了少數一群有勢力的保守人士，主要包括在野黨的民意代表、國民黨的權貴、公立大學校長、補習班業者和資優生的家長。

　　吳京經常於媒體曝光，他活力充沛而個人化的行事風格，使得他的頂頭上司（總統和行政院長）和其他內閣成員感到不安、嫉妒，甚至是自卑。由於吳京是獨立的知識份子又是政壇的新手，因此他忽視或應該說他沒有浪費時間去巴結上司和其他具影響力的政府及黨內人士。吳京擔任教育部長的這二十個月，清楚讓人看到在華人政治圈裡，公僕的私人關係以及他是否能合上級的胃口，比他是否能滿足人民的需求更要來得重要。吳京的例子和自學方案的例子都顯示，在華人社會裡教育改革或其他任何行式的改革，只要威脅到少數權勢人士的利益，便會進行得非常緩慢。

第四章
性格的類型與特質

　　大陸知識份子（就廣義而言），或受過高等教育的中國人，可以分成很多種類型。為了瞭解他們，我們必須從各種角度來看他們。過去被研究者探討過的受過高等教育的中國人（尤其是作家及受過教育的政治家）多過於一般的中國人，而且他們也認為讀書人是有別於一般人的。在一份會議論文中，White（1988）探討了其他許多向度的差異，例如職業及專長、於 1950 年代和 1980 年代的教育、對政治理念或個人生計的關心、對西化的態度，以及傳統思考者和技術思考者間的典型社會學差異。本章希望藉由探討一般大陸知識份子，或受過高等教育之中國人的性格類型及特質，對先前的章節加以補充。本章也希望探索中國人普遍的性格，不論其教育程度如何。

　　本章包含了四項研究。前兩項研究分別探討中國大陸和台灣受過高等教育之華人的性格類型及特質，第三項研究探討的是受過高等教育之海外（香港和美國）華人和一般華人的普遍性格，最後一項研究是依照地理位置、性別和觀點，來檢視華人的性格差異。前三份研究是質化研究，最後一份研究主要是量化研究。

研究一　大陸華人

　　本研究的目的在於觀察受試者眼中的中國大陸知識份子，具
有哪些性格類型和特質。這是一份質化研究。資料來源有二：問
卷（MTPI）結尾自由回答的開放式問題，和訪談內容中的相關
問題。

　　大陸受試者共有兩組：作答 MTPI 的受試者，和傳記式訪談
的受訪者。 MTPI 的受試者包括 188 名男性和 35 名女性（合計是
925 位大陸問卷受試者當中的 223 位），他們回答了 MTPI 的那題
開放式問題。受訪者共計 120 位，包括 90 名男性和 30 名女性。

　　MTPI 的那題開放式問題，請受試者列舉出他們在一般大陸
知識份子身上，普遍看到的性格類型和特質。訪談過程中，我問
了一些與本研究無關的問題，我請受訪者就他們觀察到的部份，
列出高級知識中國人的一些明顯性格特質，以及三個年齡世代
——老、中、青——之間的主要性格差異。我也請受訪者比較一
下受過高等教育及教育程度較低的人之間的差異。此外，我請一
些大陸學者和受訪者對我先前的研究結果作些評論，並描述大陸
知識份子近年來普遍的性格變化。

　　我把 223 位 MTPI 受試者提出的性格類型及特質，按照相似
點和相異點加以歸類、分組。 120 位受訪者所提供的資料只要適
當或有關連性，就會被納入問卷的資料。整體而言，共找出了 43
種類型。我把相似的主要類型合併，且把次要的類型剔除，結果
得到 13 種類型。不過，假如某人被歸在某一類型，並不代表他

們具備該類型的所有特質。他們的某些特質,可能和其他類型有重疊之處。

□十三種類型的高級知識中國人

我從答案的內容分析,歸納出 13 種性格類型,各類型的特質如下。

1. 開放型

外向	支配的	勇於改變及改革
爽快	具有領導能力	對政治有興趣
擅長社交	有彈性	沒耐心
活潑	反應快	富想像力
口才好	迅速接受新事物	有自己的觀點和想法
武斷	自信	堅持己見
有話直說	有事業心	
興趣廣泛	言行大膽	

2. 安靜型

內向	有自己的想法但	對名利沒興趣
沈默	很少表達出來	有正義感
拘謹	作風低調	自我評價高
偏好獨處	有事業心	高智力
謹慎	對政治及社交事	切合實際
自我保護	務沒興趣	樸實,很少誇張
有良知	自信	誠懇而善良

默默努力工作　　避免與他人競爭　善於行而不善於詞

3. 先鋒型

活力充沛	能夠迅速掌握理	考慮周詳
有企圖心	論及實務間的	兼具政治頭腦及專業
大膽	關連性	能力
自信	求知慾強	善於權力遊戲
致力將事情完成	具有獨立的觀點	有能力應付危機
觀念開放	及想法	是好領導者兼組織者
洞察力強	勇於改革、創造	能妥善應付生活事物
迅速接受新事物	和開創新路線	不信任且不畏懼
能迅速思考及反應	能影響他人	權威

4. 保守型

對現實滿足	沈默寡言	被動
安於現狀	內向	跟隨社會的主流
不願改變	固執	避免與他人競爭
思想及行動皆保守	自以為是	厭惡新事物或異國事
專業作風穩健	不接受其他意見	物
力求穩當	很少坦白自己的	擁護個人利益
注意不要犯錯	情感或想法	

5. 改革型

為社會改革代言	關心政治	獨立
試圖在自己的領域	追求權力	要求
改革	鄙視權威	沒耐心

希望將自己的理想 實現	自我評價高	衝動
	具備組織能力	激進
容易接納新事物	活力充沛	實用主義

6. 實際型

面對現實	某些層面很傳統	作風低調
實際	，某些層面很 現代	服從
滿足的		合作
穩健	有包容力	誠實
試圖慢慢改變現況	有耐心	有效率
喜歡把事情做好	謹慎	對生活及政治都保持 適當的興趣
適應力強	力求穩當	

7. 管理型

人際關係良好	能迅速做決定	民主
適應力強	興趣廣泛	能聆聽不同的聲音
有效率	重視自我充實	瞭解群眾，亦瞭解知 識份子
主動	觀念開放	
爽快	合作	追求權力
有管理及領導能力	具備政治知識	言行謹慎

8. 學者型

致力於追求學問	內向	令人肅然起敬
從學術事業追尋 生命的意義	道貌岸然	有智慧而有道德的
	社交貧乏	不重視生活瑣事
對名利不感興趣	傲慢	自主且獨立無罪惡感

對政治及非學術事　高估自己的能力　把生活看得簡單
　物不感興趣

9. 激進型

對現實不滿	富想像力	活力充沛
充滿理想	有創意	具爭議性
衝動	獨立	擁有朋友亦有敵人
沒耐心	主觀	能言善道
具攻擊性	固執	致力將事情完成
會批判	自信	勇於挑戰惡勢力
反叛的	自大	挑戰權威

10. 理性型

依理性行事	隱藏自己的感受	受上司信任時，會在
面對現實	與他人保持適當	工作上全力以赴
客觀	距離	不受上司信任時，依
有彈性	合作	然盡守本分
包容	民主	受讚賞時會更努力地
冷靜且自制	迅速承認錯誤	工作
作風低調	挫敗時能夠自我	對每一次勝利皆感到
力求穩當	調適	高興，不論勝利大
有責任感	能夠聯合他人	小

11. 自私型

依自己的利益行事	詭計多端	善於阿諛諂媚
自私	追求名和利	對同儕不友善

左右逢源　　　　　權力慾望強　　　　會討好上司或權威角
炫耀誇示　　　　　渴望爬上官僚階　　　色
能力平平　　　　　　級頂端　　　　　　嫉妒能力比自己強的
能言善道　　　　　善於開發人際管　　　人
善於自我監控　　　　道　　　　　　　　對下屬態度傲慢

12. 聖人型

具強烈正義感　　　有學識而有智慧　　願意為理想犧牲奉獻
脫離權威　　　　　有自己的生活風　　重視科學
對人際管道沒興趣　　格　　　　　　　不重視名利
努力工作且全力以　有使命感　　　　　對政治不感興趣
　赴　　　　　　　堅持做該做的事　　不畏懼失敗和挫折
生活單純而儉樸　　堅持所選的原則　　從不濫用權威或權力
誠實而誠懇

13. 無企圖心型

無職業企圖心　　　人云亦云　　　　　避免與他人起衝突
對事業的進展漠不　很享受家庭生活　　順應而服從
　關心　　　　　　對他人不熱心　　　生活平靜
對現實滿足　　　　對物質享受有興　　能力平平
跟隨社會的主流　　　趣　　　　　　　不關心政治及世界事
自我保護　　　　　主要為了討生活　　　務
對爭議性議題採取　　而工作　　　　　平靜而有耐心
　中立立場　　　　只做必要的工作

□三代受過高等教育的中國人

有些受訪者和問卷受試者是依照年齡來描述高級知識中國人的性格。大多人是按照老、中、青的說法來分別。我採納了這種年齡分法，因為大陸廣泛使用這種說法，而且這種說法易於使用。以 1995 年的說法來看，老年泛指 65 歲以上，中年大約指 45~65 歲，而青年則約在 20~45 歲之間。他們在受訪者及問卷受試者眼中的性格特徵，如以下所示。以下這些是三個年齡層一般知識份子的普遍特質。特例或例外不包括在此。

1. 老年世代（在 1930 年以前出生，在 1957 年以前成長及受教育）

考慮周到

沒有表明自己立場
　的意願或勇氣

遲於採取行動

力求穩當

博學多聞

對政治敏感但沒興
　趣

愛國

默默努力工作

服從，願意被他人
　領導

誠懇且心腸好

有良知

保守

重視名譽和聲望

不重視財富及物
　質財產

生活儉樸

對現實滿足

珍惜舊觀念和傳
　統價值

對新事物或異國
　事物皺眉頭

缺乏攻擊的活力

認真做決定

傾向於把自己的想法
　強制加在他人身上

固執

內向

少與同儕互動

希望平靜地度過餘生

（有些人）滿足

（有些人則）希望在
　事業上有所突破

扮演導師、良師的角
　色

2. 中年世代（於 1930~50 年間出生，約 1952~76 年間大學畢業）

考慮周到　　　　　有事業心　　　　興趣狹隘
力求穩當　　　　　對現實不滿，但少　沈默寡言
努力工作　　　　　　公開抱怨　　　　不像老同事那麼內向
實際　　　　　　　尊敬權威　　　　　，但比年輕同事內
客觀　　　　　　　在政治上很懂人情　向得多
理性　　　　　　　　世故　　　　　　比老同事更迅速且更
關心家庭及生活起　將心力投入新社會　　願意採取行動
　居　　　　　　　思想死板

3. 青年世代（於 1949 年以後出生、成長和受教育）

自主　　　　　　　要求改革　　　　　實用主義
個人主義　　　　　充滿理想　　　　　在政治上不成熟
自私　　　　　　　沒耐心　　　　　　自我瞭解不足
無憂無慮　　　　　追根究柢　　　　　高估自己的能力
渴求獨立　　　　　學習慾強　　　　　思想和情緒不穩定
喜歡做不一樣的、　對名望有興趣　　　不像老年及中年同事
　新的事情　　　　渴望跑在前面　　　　那麼內向、有良知
容易接納新事物或　對現實不滿意　　　　和有自我紀律
　異國事物　　　　反叛　　　　　　　看不起傳統價值觀
大膽直言　　　　　願意冒風險　　　　容易受西方文化影響

□依照性別和領導風格來看大陸知識份子的類型

　　雖然以上的分類法在兩性皆可適用，不過應該更適用於男

性，因為問卷受試者有 84 ％是男性，而受訪者也有 75 ％是男性。如他們有些人所說的，受過高等教育的女性通常比較傳統、順從、合作，和較容易被領導，她們沒有或不太有權力慾望。比男性知識份子，她們對物質財產或許較有興趣，但是比教育程度較低的女性則興趣低得多。

我訪問了一位 46 歲、見多識廣的女性工程師，她是一個專業組織的公關幹部（幹事），有極多機會去旅行和接見各式人士。她把女性知識份子大致分成三類，並估計各類的百分比，如下所示：

1. **事業型女人**（20 ％）──外向，像男人一樣有事業心，但不完全忽略家庭責任。

2. **家庭型女人**（50 ％）──內向，服從丈夫，認為家庭責任是理所當然的或義務的。

3. **矛盾型女人**（30 ％）──勉強順從丈夫，覺得自己不如男人。

這位女性幹部也提出七種男人和五種領導風格，並估計每個類型或風格的百分比。我必須補充，這位中年女士是我見過知識最廣博的一位知識份子了。以下是七種男人類別，不考慮其教育程度：

1. **衝動型男人**（20 ％）──情緒不穩定，無法冷靜地面對問題。

2. **狡猾型男人**（20 ％）──沈默寡言、狡猾，且左右逢源。

3. **狂妄型男人**（10 ％）──自己說了就算數，貶低他人，自

認為解決問題時非他不可。

4. **雜交型男人**（20％）——對性八卦有興趣，尋求和不同女人發生性關係。

5. **追求權力型男人**（5％）——無力與同儕在知識上或職業上競爭，嫉妒成功的同儕，希望鞏固自己的領導地位以踩在同儕頭上。

6. **捍衛辦公室型男人**（5％）——已經是政府或政黨的幹部，言行非常小心謹慎，以維持他的領導地位或保住他的工作。

7. **失望型男人**（20％）——被政治迫害所挫折，夢想幻滅，不再有企圖心或長期計畫。

這位學識淵博的女性受訪者也描述了五種領導風格，不考慮性別或教育程度：

1. **有進取心型領導者**（10％）——會和上級保持有效的溝通，從下屬獲得強力支持，為自己領導的單位創造更佳的工作環境，不斷學習以增進自己的領導能力。

2. **平庸型領導者**（20％）——注意不侵犯到上級或下屬，容易相處，但成就不大。

3. **操弄型領導者**（30％）——組織那些會追隨或服從他或她的人，再透過他們控制其他同事。

4. **獨裁型領導者**（10％）——對下屬不講道理且盛氣凌人，但對上級百般巴結。

5. **家長型領導者**（30％）——經常對下屬說：「聽我的，因為我永遠是對的。」

□ 三個世代與其社會政治環境

前述三個年齡世代的性格特質，反映了他們成長及受教育之社會和政治環境的特徵。不過，這些特質比較像是普通、典型大陸知識份子的特質，而較不像那些知名但較特殊的知識份子，例如馮友蘭、王若水、劉賓雁、方勵之、柴玲等人，就某方面而言，他們是獨一無二的。舉例來說，雖然他們亦具備和同儕相似的一些特質，但最近過世的馮友蘭就比較像著作等身的學者，而較不像一般的年長知識份子；方勵之就比較像直言不諱的改革者，而較不像常見的中年教授；至於柴玲便像極了反叛的學生領袖，而不像一般的女大學生。一般老年世代的知識份子是在 1957 年以前成長和受教育，而且 1949 年以前大多是在國民政府執政下的「舊社會」生活。中年世代的知識份子大多是在政治動亂（1957~76 年）的年間（包括 1966~76 的十年文革）接受高等教育。青年世代的知識份子大多於 1970 年代到 1980 年代期間進入學院或大學。

由於 1949 年以前受高等教育的代價相當昂貴，大多年長知識份子的家庭都相當富裕，因此也遭到嚴酷迫害。他們在一系列政治運動和戰役中，飽受恐懼之苦。然而，1949 年以前，他們在國民政府的執政下至少生活了二十年，並親眼目睹列強（日本、俄國和西方國家）入侵自己「虛弱」的國家。因此，他們最希望看到一個沒有列強壓迫的「強國」。共產黨的執政局部地滿足了這種心態。中年和青年世代的知識份子因為沒有老年世代的那些經歷，故不如老一代那麼渴望共產黨建立一個強大的國家。

此外，抗日時期（1937~45 年）的一般生活水準不如今日的來得優渥。因此，老年和年紀較大的中年知識份子，比青年知識份子更容易對生活滿足，年輕一代的知識份子較會把目前的經濟條件，拿來和先進國家（如日本和美國）作比較，而不會和1949年以前的中國作比較。另一方面，較年長的知識份子因為在舊社會時享有較多的自由和優勢，故較會懷念過去的歲月。而且，許多年長知識份子身負著傳統的文化價值觀，因此不如年輕知識份子那麼容易受共產黨及西方文化的影響。

教育程度較高、年紀較高的中年知識份子，他們擁有一些和年長世代相同的特質（例如，考慮周到和沈默寡言）；比起青年世代而言，他們和年長世代比較相像。中年知識份子裡較年輕的一群，接受高等教育時適逢文革，當時大多學校、學院和大學是關閉的，或是不定期開課。因此這些人未能穩固地奠定職業生涯所需的基本知識。他們有時抱怨文革阻礙了他們的生涯發展。他們有一股自卑感，而且多多少少會從社交圈退縮。為了彌補這一點，他們有些人便追求權力，期望成為政黨或政府的幹部。這個族群裡有些成員曾經是勞工、農人或軍人，他們獲准進入大專院校是為了獎勵他們非學術性的成就，通常和政治有關。

中年知識份子通常會受到經濟因素和生活條件的影響。他們大多薪水偏低，而且上有父母、下有子女，三代同堂。比起青年世代和老年世代，中年世代的工作量較重，而且責任也較大。因此，他們的生計和家庭負擔不輕。他們有不少人感到沮喪，無法專注於工作，而且被迫放棄原本的企圖心和理想。雖然他們對新社會仁至義盡，並且對於自己身為新社會的「骨幹」引以為傲，他們卻比老年世代更常抱怨、更希望加薪、更希望工作量減低，

和更希望生活條件改進。他們有不少人的健康因工作而惡化。他們有些人英年早逝，大約在四、五十歲左右。假如生活和工作條件改進了，他們有很多人可能在晚年會有一番成就。這個年齡層有較多人接下了工作負擔重的工作和／或行政職務，因為年輕同事經驗不足，而年長同事準備退休或已經退休。行政工作佔去了許多中年教職員大半的時間和精力，不然他們就能享有更多時間去發表研究或寫作論文。所以他們的版稅收入、升遷機會較少。

　　青年世代較年長的一群，大約在 30~45 歲左右。青年世代較年輕的一群是在 30 歲以下，包括那些參加過 1989 年六四天安門事件（Liu, 1990）的年輕人。青年世代較年長的一群，和中年世代較年輕的一群，彼此擁有一些共同的特質（例如，客觀和實際）。年輕子世代的典型，是那些勇敢、有理想，但不幸的天安門青年，他們「在一個仍須擺脫其權威專制傳統的社會裡要求民主」（Pye, 1990, p. 331）。青年世代的人，尤其是較年輕的一群，比中年和老年世代的知識份子要來得自私和注重個人。他們傾向於以崇高、愛國的要求，來掩飾自己的自私和個人主義，以避免被人批評自己自私（Pye, 1990）。所以他們既實際又有理想，既自私又愛國。比起老年和中年世代的知識份子，他們對具體的私人事務比較感興趣，但不如非知識份子。說到教育程度較低或非知識份子的年輕人，他們大致可分為三個類型：(1)上進、努力工作型（30％），(2)跟隨潮流、混日子型（60％），(3)犯罪、違法型（10％）。

　　教育程度高的年輕人較自大，而教育程度較低的則較自卑。不過，二者皆受到文化革命期間，摒棄傳統價值觀的態度的影響。因此比起老年人和中年人，年輕人對長者及父母較不禮貌也

較不尊敬。比起老年和中年人,他們和家庭的聯繫較不緊密,也較不願意照顧弟妹和年邁雙親。

不論性別或教育程度為何,比起鄉村的年輕人而言,都市裡的年輕人的經濟(住所和經濟支持)比較依賴父母,因為都市地區的父母大多是有薪階級,有公舍也有退休金,這些都是鄉村父母所缺乏的優勢。假如結婚了,都市年輕人通常和先生的父母住在一起,因為都市房宅的供應量不足。

1989 年六四天安門事件過後,有些大陸學者告訴我,老年和中年知識份子的心理變得更加實際和穩定,而青年世代的知識份子卻普遍變得比較憂鬱,職業成就的動機降低,對崇高理想的期望也降低了。有越來越多年輕人希望到國外去,以逃避令人失望的現實。也難怪 1992 年時,在美國高等教育機構研習的大陸中國人,比任何一個國家的留學生都多,大陸留學生人數高達 42949 人。失望的年輕人當中,那些沒有辦法或不願意離開自己國土的人,多去從事利益或商業的活動,以增進自己的生活條件,並提升自己的社經地位。

□受過高等教育的中國人在十三種性格類型和一些共同特質的分配

十三種性格類型中,某些類型是由一個或兩個年齡族群佔絕大多數。舉例來說,我們可以看到在保守型和學者型裡,有較多老年世代的知識份子;在安靜型、理性型和聖人型裡,有較多老年和中年人;開放型、先鋒型和改革型裡有較多青年人和中年人;實際型和管理型有較多中年人;而激進型有較多年輕知識份

子。有很多無企圖心的人，幾乎在三個年齡層都看得到。純粹自私的人很少見；假如有這種人的話，大概在青年世代和中年世代會比較看得到。聖人型和先鋒型的人數都不多。新世代的領導者，也就是所謂的「專家治國論者」，都是中年人，他們可能落在理性型或實際型。至於年長的菁英份子則大多落在保守型。

　　某些類型的人數應當多於其他類型的人數。然而，類型與類型之間的分界線是不清楚的，可能有人是介於兩種類型之間。舉例來說，安靜型的人數比開放型的人數來得多，但可能有很多人是介於二者之間，他們較偏向兩種類型的其中一種，或是在兩種類型之間擺盪。一般來說，安靜型、保守型、理性型、無企圖心型、實際型和學者型的受過高等教育中國人，比開放型、激進型、自私型、先鋒型、改革型、管理型和聖人型的高級知識份子來得多。有些大陸學者告訴我，自從 1989 年六四天安門事件之後，保守型、安靜型、無企圖心型、管理型和自私型的高級知識份子人數增加了，而改革型、先鋒型和激進型的人數則減少了。這些大陸學者也告訴我，中國大陸的理性型、學者型和聖人型的知識份子人數沒有太大變化。

　　整體而言，一般受過高等教育的大陸華人，大多都具備以下這些特質：自我中心、專制權威、自戀、自我保護、自我防禦；在公開場合傾向於服從、樸實、謙虛，但是私底下卻自傲、自命不凡和反叛；內向、不信任外來者、嫉妒、他人導向、缺乏幽默感、不合作、異性人際關係不彰、不重視個人主義的重要性、不太敢展露出個人化或與眾不同的部份、在背後批評他人、既抗拒又奉承權威角色和先進西方人（歐洲人和美國人），並欠缺冒險和探索的精神。比起教育程度較低的人──例如農民和勞工，知

識份子對物質享受較不感興趣，較不順從和合作、較不做利他行為、較客觀、思想較細密和周延、較常怪罪他人和逃避責任，而且較不願為新社會付出心力。

　　由於多年以來，經濟、社會和政治環境皆艱苦且不穩定，幾乎所有大陸人都有自卑感且欠缺安全感。知識份子相信，自己的命運和國家的命運是密不可分的。所以他們熱切期盼中國成為一個富裕、強盛而民主的國家。一般中國人，尤其是受過一般教育程度的那些人，是自我中心而權威專制的，因為家庭、學校和政府皆是權威專制的。他或她很在乎名譽，而且很注重涉及「面子」的問題——非常關心自己的地位、名望和自我價值。高度的成就需求，是一般中國知識份子的另一項普遍特質。然而，有很多人會因為歷經極度無望或無助的遭遇，而喪失成就需求，並失去企圖心。

□中國知識份子其他的一些現象

　　從問卷的作答以及我個人與大陸知識份子的書信往來，我也發現了以下幾點現象，或許可以在此補充，以增進我們對大陸知識份子的瞭解。

1. 受過教育但非紅色（親社會主義和共產黨）的專業人士，比紅色但非專業人士的人來得多。
2. 具有政治企圖心的知識份子，很少有人在學術上是成功的。那些潛心於學術的人，很少去參與政治。
3. 相當多知識份子之所以加入共產黨，不是為了替國家和人

民奉獻，而是為了自己的利益和自我保護。

4. 有些知識份子從政了。他們不再有時間和興趣可撥給學術。他們不再追求學術，轉而追求權力。

5. 知識份子成就的正向因素是文憑、學術成就、專業能力、權威或權力、他人的尊敬，和大眾的關注。負向因素是缺乏發展專業的機會、被撤換到一份不喜歡的工作，和工作缺乏自主權。

6. 還有些知識份子基於種種理由，未受適當的訓練，且被分派到不適當的職位。假如他們的職業生涯完全由他人決定，就更糟糕了。結果常常導致他們失去企圖心，並只為餬口而工作。

7. 比起青年和中年世代的知識份子，老年世代知識份子受的訓練通常比較完善。他們當中有些人去歐洲、日本或美國唸過大學。他們很多人已經到了退休的年齡，不過依然活躍於高等教育學界，通常是教導研究生和／或帶領較年輕的同事。

8. 鄧小平於 1978 年提出門戶開放政策（open-door policy），一些青年人和中年人便在公費或私人贊助的情況下，前往國外留學。自從六四事件之後，很多尚未歸國的人選擇待在國外。同時，有越來越多年輕人尋求非官方的資助（包括國外朋友或親戚的幫忙）以離開大陸。

9. 很少有知識份子成為優秀的行政者或管理者。他們大多缺乏領導和組織的能力，因為正規教育中沒有教過。

10. 關於權威關係，一般人眼中的好領導者，是一個能夠珍惜人才，使同事們為了共同的目標奮鬥，並且體貼下屬

的人。不幸的是，領導者大多唯我獨尊，並有意無意地
打壓其他同事。

11. 大陸知識份子的潛力大多尚未被徹底開發。這阻礙了中
國大陸的民主化和現代化的發展。

12. 許多大陸知識份子希望改變自己現在的條件，但是目前
的制度無法容許。他們通常無法如願以償，所以感到失
望和挫折。

13. 不論年齡如何，知識份子人際關係的特徵是，對外友
善，但對內冷漠。

□討論

　　這是一份有關中國大陸知識份子普遍但典型之性格的研究，
也是第一份由外人作的研究。本研究和先前研究的差異在於，先
前研究探討的是著名或高層次的華人知識份子，而不是一般的知
識份子。譬如說，先前的研究探討了那些知識份子與國家之間的
關係（Goldman et al, 1987）。有些學者從歷史的觀點探討中國菁
英知識份子（例如，Grieder, 1981），有些學者則以學生和政治領
導者發起的關鍵事件，來描述中國人主要的特質和本質（Chow,
1960；Pye, 1990）。本研究試圖以新觀點（包括從中國和西方對
知識的看法）看中國知識份子。我納入本研究中的內容，多半是
我自己從中國大陸蒐集到的第一手資料。我所使用的研究方法是
訪談和問卷調查，較少用到文獻探討。

　　本研究雖然未明顯區分一般大陸知識份子和教育程度較低的
大陸人之間的性格差異，不過仍呈現了二者之間的相異點。本研

究也描述了整體中國人的普遍性格，不論其教育程度如何。性格的差異反映了每個人先天（遺傳）和後天（經驗）的差別，也反映了中國民族歷經的不同時代和環境。相似處來自於中國人共同的悠久中華文化。

雖然先天和後天都會對性格造成相當大的影響，不過交互作用理論指出，性格的差異有可能是來自於個體與環境之交互作用，或者是來自性格特質與個人所處情境之間的交互作用（Feshbach & Weiner, 1982 ； Mischel, 1976）。這就是為什麼生活在不同年代和／或不同情境的人，會發展或展現出不同的性格特質。個人或情境何者的影響比較大，就要看哪一種對他或她的衝擊比較大。

政治環境的變化便可能是個極具影響力的情境，這或許會改變一個人，使他或她的某些性格特質甦醒、某些特質潛伏。舉例來說，毛澤東在他革命的時期，是一個激進而叛逆的人，但在掌權之後卻變成一個保守而自私的統治者（Chou, 1980）。 1978年，當鄧小平在國家科學會議上發表演說，發表了一些有利於知識份子的言論時（Schwarcz, 1986），他仍是個相當開放的改革者。但六四天安門事件之後的時期，他變成一個保守而冷血的領導者。

個人／情境交互作用理論（Mischel, 1976）在此相當合適，人民的性格（尤其是知識份子的性格）確實隨著毛澤東和鄧小平創造出來的政治情境而起起伏伏。在 1957 年的「百花齊放」運動和接下來的反右派運動之前，中國人對新政府抱持非常大的期望。他們於 1957 年之後飽受恐懼之苦，尤其是文化革命期間。1976 年毛澤東死後，他們再度燃起希望，但於 1986~87 年的學生

運動後又感到幻滅，尤其對六四事件感到格外痛心。不過，老年和中年世代的人的思想、情感和行動，都比青年世代的人來得穩定，年輕人對充滿變數的政治環境較敏感、反應較激烈，也因此較善變。

雖然人的性格通常在青年時期趨於穩定，但性格的展現方式仍有很大一部份會受情境影響。情境可能是中立或無意義的，但仍可能激發或抑制一種或多種特質。這說明了中國知識份子，為什麼在文化革命時期不信任自己的親友，為什麼在鄧小平於 1978 年讓「被勞改者」恢復政治和社會地位後變得比較積極主動，以及為什麼 1989 年天安門事件後又變得沈默。然而上述的多種性格特質和類型是已經存在的，它們將來會在適當的時機和情境自動展現出來。

假若我們以 Nathan 和 Shi（1996，p. 522）的開放（liberal）和保守（conservative）這「兩個大而鬆的群組」，來歸納我研究中大陸華人的十三種類型的話，有四種（開放型、先鋒型、改革型和激進型）會歸在開放組，其餘九種則屬於保守組。三個世代的華人知識份子當中，青年世代通常比老年和中年世代來得開放和不保守。知識份子整體而言，保守的人多過開放的人。教育程度較低的中國人通常較保守。如 Nathan 和 Shi（1993）所言，教育程度較低之中國人賦予共產黨政府「自信的泉源」（the reservoir of confidence），「或許助長了權威專制的統治」（p. 111）。

根據我訪問到的 120 位知識份子，多數覺得為了使大陸現代化，大陸人民最需要先鋒型的人。然而即使是教育良好的菁英份子，都很少有這種類型的人。最大的障礙來自於權威專制式的教養風格（雖然實施一胎化政策後稍有改善）、僵化的教育體制，

和極權政治制度。假如我們希望中國現代化的歷程加速，那麼大陸的家庭、學校，乃至於社會都急需民主的灌溉。毛澤東和鄧小平使中國大陸變成一個共黨國家。新社會的大權掌握在領導者手中，反過來使毛澤東和鄧小平從原本的激進革命份子，變成冷血的獨裁者。或許未來某一天，教育程度高和教育程度較低的中國人，能在某位先鋒型人士的帶領之下，聯合改造他們心愛的祖國，使之成為一個真正享有民主的現代化國家。我希望江澤民或朱鎔基能達成此願。

研究二　台灣華人

　　本研究的目的在於透過問卷和觀察，描述和探討台灣華人的性格特質及類型。資料來源有二：我個人的參與觀察，和我的受試者對 MTPI 問卷末開放式問題的答覆。

　　自從我 1949 年自大陸來台後，便一直居住在台灣，不過其間我在國外待了十九年（在美國六年，在香港十三年）。在台灣居住的二十七年當中，我以參與者的身份觀察了周遭的人，尤其是知識份子。我把所見所聞記錄下來，並藉此瞭解他們的性格。

　　本研究的研究工具（MTPI 問卷末的開放式問題）和研究對象皆和研究一的相同，受試者為 93 位受過高等教育的人士（55 名男性、38 名女性）。他們是 651 位作過 MTPI 問卷之台灣樣本中的一個子樣本。

　　分析問卷資料的方式和研究一的相同。不過，並未使用任何訪問的資料，因為台灣受訪者無適當的訪談資料。觀察而得的資

料即有助於補充和詮釋問卷的資料。

□九個類型的台灣男性知識份子

由問卷和參與觀察所蒐集來的資料，共歸納成 27 種性格類型，然後再縮減成 9 種，如研究一那樣。9 種類型以及各個類型的特質如下。

1. 保守型

保守	重視心靈生活	有道德
對現實滿足	不重視物質生活	律己
尊敬權威	內向	包容
跟隨社會的主流	拘謹	樸實
他人導向	有使命感	努力工作
重視傳統文化	有正義感	節儉

2. 自我保護型

自我保護	謙虛	不武斷
自我監控	服從	脾氣穩定
謹慎小心	被動	包容
作風低調	律己	

3. 理性型

理性	主張逐步改革	實際
冷靜	言行一致	溫和
有耐心	做事有計畫	有良知

| 情緒穩定 | 有原則 | 有幽默感 |
| 包容 | 客觀 | 享受人生 |

4. 學者型

奉獻給學術	忽視社會規範	誠實
埋首於學術工作	獨立	誠懇
內向	自主	有自己的意見但很少
不太有社交生活	與政治界脫離	公開發表

5. 改革型

致力改革	理想化	努力實現自己的理想
希望影響他人	主動	力求完美
有道德勇氣	正直	對政治及社會有興趣
採取主動	自信	重視西方化
有使命感	挑戰權威	不重視傳統

6. 激進型

激進	批評政府	太理想化
對現實失望	要求作巨大改革	情緒化
對自己的身份不滿	尚無計畫便造反	沒耐心
因懷才不遇而不悅	高估自己	權威專制
對世界感到憤怒	自我中心	社會適應力差

7. 追求權力型

追求名與利	討好上司	自我監控
對政治有興趣	阿諛諂媚	具有強烈的權力慾望
渴望成為領導者	對上級百依百順	善於開發人際管道

外向	對下屬飛揚跋扈	狡猾奸詐
能言善道	自我中心	機伶又勢利

8. 自以為是型

自以為是	自我中心	喜歡被奉承
自以為大	挑戰權威	傾向於責怪他人
自大傲慢	誰都不尊重	答應多，實際付出少
好吹噓	孤僻	
固執	沒什麼朋友	

9. 自私型

自私自利	從不自我反省	重視物質生活
以自己的利益為先	獨斷專行	崇洋媚外
缺乏社會責任感	飛揚跋扈	勢利
不重視道德	對現實不滿	操弄下屬和較低層的
投機份子	高估自己	人
易受誘惑	言行不一致	剝削人際關係

　　如同中國大陸的知識份子一樣，屬於某種類型的人不見得就擁有該類型的所有特質，但是具備該類型的大多特質。他或她的某些特質可能和別種類型的特質重疊。台灣的九個類型，就像大陸的十三種類型一樣，比較適用於男性，因為男性知識份子比女性知識份子來得多。據估計，自以為是型、激進型和自私型以青年（20~45 歲）男性居多，自我保護型、追求權力型和改革型以中年（45~65 歲）男性較多，而保守型、理性型和學者型則以老年（65 歲以上）男性最多。

□四種類型的台灣女性知識份子

透過問卷和參與式觀察的內容分析，女性知識份子的性格類型歸納如下。

1. 傳統型

傳統

保守

對現況滿足

重視家庭

試圖當個好妻子和母親

2. 困惑型

對自己的身份困惑

情緒化，情感細膩

感到自卑

有時溫順，有時任性或固執

無堅定、獨立的見解

3. 理想主義者型

理想化

尋找自己的身份

不重視傳統角色

希望改變現況

重視事業更甚於家庭

4. 獨立型

獨立

有企圖心

和男性競爭

強勢

事業心

據估計，理想主義者型、困惑型以青年（20~35 歲）女性較多，獨立型以中年（35~55 歲）女性居多，而傳統型以老年（55歲以上）女性最多。女性如男性一樣，某些人可能同時具備了多種類型的特質，例如兼具了理想主義者型和獨立型的特質。

□大陸及台灣知識份子之比較

研究一的十三種大陸類型和本研究的的九種台灣類型當中，有六種是重疊的，分別是保守型、理性型、學者型、改革型、激進型和自私型。雖然其中的特質不盡相同，但這六種類型的特質對大陸和對台灣人而言，基本上是相同或相似的。許多安靜型和保守型的大陸人，分別和自我保護型及自以為是型的台灣人非常相似。關於女性知識份子，研究一裡的三種大陸類型，和本研究的四種台灣類型，亦有相互呼應之處。大陸女性的家庭型、矛盾型和事業型，分別可對應至台灣的傳統型、困惑型和獨立型女性。描述的形容詞雖然不盡相同，但這三種相似類型的基本特徵是相通的。

我們發現就男性而言，大陸知識份子沒有追求權力型的人，而台灣知識份子也沒有無企圖心型的人。越來越多台灣知識份子變得很像大陸管理型的知識份子。就女性來說，大陸缺乏理想主義者型的人。兩岸之所以會有這類差異產生，可能是因為欠缺的那些類型太少見，並未吸引（問卷和／或訪談）受試者的注意。應該可以合理地說所有的類型在兩岸都存在，只不過各自的人數或強度有所不同罷了。

關於各類型的人數，我們並沒有詳細的數據。只能基於我個人的參與觀察，以及和兩岸同事之間的討論，大致估計各類型相對的比例。表 4.1 是依各類型估計的比例排名。舉例來說，大陸安靜型的男性比其餘十二類型的男性都來得多，而台灣傳統型的女性比其餘三類型的女性都來得多。

表 4.1 依大陸和台灣知識份子之性格類型的相對比例作排名

大陸				台灣			
男性	排名	女性	排名	男性	排名	女性	排名
安靜型	1	矛盾型	1	自我保護型	1	傳統型	1
保守型	2	家庭型	2	保守型	2	困惑型	2
實際型	3	事業型	3	自以為是型	3	獨立型	3
學者型	4			改革型	4	理想主義者型	4
理性型	5			追求權力型	5		
無企圖心型	6			自私型	6		
開放型	7			學者型	7		
管理型	8			理性型	8		
改革型	9			激進型	9		
自私型	10						
激進型	11						
先鋒型	12						
聖人型	13						

　　性格除了受基因因素影響外，尚受文化的影響。文化會透過家庭、學校和社會等，影響到一個人性格的發展。台灣是一個發展迅速的華人社會，其特徵是都市化、經濟繁榮、女性主義、平等的教育機會和政治民主化。Lasswell 的八種社會生活基本價值及各價值的享受形式（Lasswell & Kaplan, 1965； Lasswell, Lerner, & Montgomery, 1976），或許可用來檢視台灣知識份子的行為和性格。八種基本價值分別是權力、教化、技術、財富、幸福、尊敬、公正和情感。這些價值的享受形式是安全感、自由、平等

和成長。依照我個人的參與觀察，台灣知識份子賦予八種價值的重要性，以及各價值的享受形式，其排名如表 4.2 所示。

表 4.2 台灣知識份子對 Lasswell 的八種基本價值賦予的重要性以及享受這些價值之形式的排名

基本價值	排名	享受價值的形式	排名
尊敬	1	安全感	1
財富	2	成長	2
教化	3	自由	3
技術	4	平等	4
權力	5		
情感	6		
幸福	7		
公正	8		

　　中國人是個非常「愛面子」的民族，不論年齡、性別或教育程度如何，他們最重視的都是「尊敬」，在表 4.2 排名第一。他們認為尊嚴、地位、名氣、榮譽、榮耀、聲望、認同或聲譽的重要性高於一切。財富、教化、技術和權力不過都是使臉上有光或贏得他人尊敬的途徑罷了（Ho, 1980）。情感（愛、友誼和忠誠）和幸福往往會伴隨著尊敬而來。不過諷刺的是，公正（所作所為皆以道德規範為準則）雖然是儒家教育很重視的一環，在台灣這個聲稱要復興中華文化的華人社會裡，卻不太重視這個價值。

　　享受各種基本價值時首重安全感，假如缺乏安全感，一切價值也是枉然。成長在基本價值（尤其是尊敬、財富和權力）當

中，都還比不上安全感的重要性。接著才是自由和平等。雖然兩性皆尋求尊敬和財富，但男性比較熱中於權力、成長和自由，而女性則對情感、安全感和平等比較有興趣。

拿大陸和台灣作比較時，我們發現既有相異亦有相似。之所以相似，一方面是因為二者擁有相同的歷史文化，一方面是因為二者均受西方文化衝擊。差異主要來自於不同的經濟和政治制度，兩岸自從 1949 年後，就分裂成兩個社會。不過兩個社會的相同文化傳統依然有跡可尋。即使在 1996 年的第一屆總統直選選舉過後，Pye（1985）依然認為台灣的政治仍受傳統權威專制文化的影響，儘管社會和政壇已經變得較民主化和多元化了。

至於相似處，各種類型的人在兩岸皆有之。假如我的受訪者未提到某種特質（例如先鋒型或追求權力型），不見得就代表此特質在該地區不存在。沒有提到可能是因為此特質在該地區未受重視。舉例來說，大陸太需要先鋒型的人來使大陸現代化了，因此受訪者們不可能忽略這一型的人。事實上，為了使國家迅速發展，兩岸均需要先鋒型的人才。

反觀相異處，我們發現大陸有較多安靜、實際、學者和無企圖心型的人，而台灣則有較多自以為是、改革、追求權力和自私型的人。關於價值的追尋以及享受價值的形式，兩岸的華人均同等偏好尊敬、教化、安全感和自由。不過，大陸較重視情感、技術、幸福和平等，而台灣則對財富、權力和成長較感興趣。同時，近年來，由於政府的經濟政策有所改變，因此大陸不論是高級知識份子或教育程度較低的人，都開始越來越追求財富。雖然兩岸政府偶爾會提醒人民「公正」的重要性，不過這卻是這兩個社會多少較忽略的一項特質。關於自己的利益，兩岸的華人（尤

其是大陸人）均仰賴有權有勢的人來達成個人目標。

相當多中國人（尤其是男性）是非常自戀的。美國精神醫療協會（APA, American Psychiatric Association）（1980；Raskin & Terry, 1988）對自戀人格的臨床診斷準則，可以適用於台灣很多的男性知識份子。他們以自我為中心、以自己為重、不切實際、愛炫耀、剝削榨取、防衛心重，而且無法忍受批評。因為一個人的臉部即代表了自己，因此中國文化的「愛面子」首重對自己的愛，特徵是自我陶醉、自我迷戀和自我放大。本章研究三及書中別處內容也都支持這個觀察結果。

研究三　海外華人及整體華人

本研究是於 1997 年以前進行的，當時香港仍是英國的殖民地。本研究的「海外華人」一詞指的是香港和美國的華人。此處的「整體華人」一詞泛指整個中華民族，包括四區（中國大陸、台灣、香港和美國）被研究的華人。

本研究的目的有二：第一，透過問卷調查和傳記式訪談蒐集來的資料，歸納出香港及美國之海外華人知識份子的性格類型與特質。第二，以參與觀察蒐集來的資料，分析出整體中國人共通的性格特質。

回答問卷的受試者，在香港有 57 名男性和 35 名女性，在美國則有 16 名男性和 14 名女性。本書第一章描述過 MTPI 問卷，他們都是受試者之一。傳記式訪談的受訪者包括了 16 位移民至美國的華人知識份子，其中包含了六對夫妻。參與觀察的對象涵

蓋了整個中華民族，觀察時不考慮其教育程度和社經地位，我是
以參與者的身份，在中國大陸、台灣、香港和美國等地進行觀察
的。

　　這些受試者作答的問卷及開放式問題，和本章研究一的問卷
屬於同一份。分析資料的方式也和研究一的分析方式相同。稍後
將對 16 個美國華人的個案研究作簡單的描述，以進一步瞭解美
國華人知識份子的心態和性格。就參與觀察的部份，我對中國民
族既作了系統性的觀察，也作了非系統性的觀察，對象主要是受
過高等教育的成年人，我親身參與他們的日常生活，參與的時間
不等，中國大陸為 4 個月系統性觀察和 4 年非系統性觀察，台灣
為 6 年和 21 年，香港為 4 年和 9 年，美國為 2 年和 4 年。我對系
統觀察加以記錄並分析內容，至於日常的非系統觀察只是留下印
象，透過系統觀察印證。

□海外華人的性格類型和特質

　　由香港及美國受試者對 MTPI 問卷開放式問題的作答，共分
析出十三種性格類型，其中有九種是香港及美國華人皆擁有的，
另外四種中有二種（改革型和自以為是型）只適用於香港華人，
有二種只適用於美國華人。共通的九種類型包括自我保護、保
守、學者、激進、自私、實際、管理、無企圖心和適應。前五種
也是中國大陸和台灣皆有的特質，故可視為是本研究中四地華人
知識份子最普遍的特質了（許多安靜型的大陸華人，也可被歸在
自我保護型）。

　　實際型、管理型和無企圖心型的人在大陸也是存在的。在台

灣有越來越多管理型的知識份子，只不過我的 MTPI 受試者未提及罷了。美國有安靜型的華人，大陸同樣也有，而香港有自以為是型的華人，大陸和台灣也不乏其人（很多大陸保守型的人也可視為是自以為是型的人）。不過，有兩個類型只出現在香港和美國華人身上，分別是困惑型和適應型。適應型可適用於香港及美國華人，而困惑型只適用於美國華人。總括而言，四地華人共有十八種性格類型，如表 4.3 所示。

香港和／或美國華人若有類型與大陸和／或台灣華人的相同，其特質在研究一和／或研究二已經描述過，在此不再重複敘述。以下呈現的是只適用於香港和／或美國華人的兩種類型。

1. 適應型（香港及美國華人均適用）

適應力強	事業順利
實際	身份清楚
有彈性	善於和西方人相處
獨立	中、西方的朋友皆有
理性	口語英文流暢
外向	適當地西化
合作	情緒穩定

2. 困惑型（只適用於美國華人）

內向	人際關係差
被動	事業發展不順
自憐	抱怨許多事情
情緒不穩定	覺得自己無法融入美國文化
缺乏自我瞭解	能力平庸

自我身份混淆　　　　在美國過得不快樂，卻不願返鄉
生活沒有目標

表 4.3　四種華人知識份子的個性類型

性格類型	中國大陸	台灣	香港	美國
安靜	✕			✕
自我保護	✕	✕	✕	✕
保守	✕	✕	✕	✕
學者	✕	✕	✕	✕
激進	✕	✕	✕	✕
自私	✕	✕	✕	✕
改革	✕	✕	✕	
實際	✕		✕	✕
管理	✕	✕	✕	✕
先鋒	✕			
聖人	✕			
無企圖心	✕		✕	✕
開放	✕			
理性	✕	✕		
自以為是	✕	✕	✕	
追求權力		✕		
適應			✕	✕
困惑				✕

註：✕表示該類型是存在的。

□美國的華人知識份子

目前在美國居住的華人，已經不是如十九世紀末、二十世紀初的未受教育勞工了，今日的美國華人主要是中產階級知識份子。自 1949 年共產黨執政後，很多中國人離開了大陸，前往台灣、香港和美國（Wang, 1991）。而且，去了台灣、香港和東南亞的中國人，後來有些又去了美國。美國總統尼克森（Nixon）放棄對中共的圍堵政策，並於 1972 年造訪北京後，亞洲華人開始加速移民美國，並持續至今。這一波華人移民包括了學生、專業人士和商人。六四天安門的悲劇又促使另一波華人（主要為知識份子）逃離大陸，去美國尋求庇護。

1949 年以前和 1949 年之後抵達美國的華人，有相當大的不同。前者多選擇返鄉，後者多選擇永久居留美國。然而近年來，台灣人在美國拿到文憑後多選擇回到台灣，因為美國的就業市場萎縮。此外，有一些台灣人和大陸人返鄉乃受愛國心所趨。

美國華人就像其他國家的華人一樣，都是分散的。大多人只和自己人聯繫——即少數好友和親戚。除非工作上有需要，不然華人很少和外人聯繫或合作。過去一個多世紀以來，他們一直受到種族歧視，不過今日歧視已不那麼嚴重了，因為美國人改變了對華人的看法。大多美國華人不論多麼成功地適應了美國文化，依然感到自己處在邊緣，無法進入核心。他們不在乎自己是否失去了祖國的國籍，但他們無法忍受失去顏面或尊嚴。為了讓讀者進一步瞭解他們，我接下來將簡述這十六個美國華人知識份子個案。他們的姓名以英文字母代表。

　　A 和 B 都在中國大陸出生和長大，他們是一對婚姻美滿的夫妻，年紀六十多歲。 A 是一位實際而情緒穩定的男性，於史丹福大學取得博士學位。他是一位傑出的大眾傳播學學者，且有六本著作。他的太太 B 是一位外向而活力充沛的女性。她是一位不動產經濟人兼業餘歌劇演唱者。三十年前， A 在台灣當記者，對自己的工作很滿意，是 B 勸他去美國尋找更好的事業。他在史丹福大學有兩位非常支持他的良師益友，他們對他研究所的學業和事業的發展幫助很大。 A 和 B 都說美國讓他們更能實現自己的理想。然而， A 又說不論華人在美國多麼成功，仍不免感到有隔閡。 A 的口語英文能力無可挑剔，但他和美國人的接觸只限於工作上的聯繫。 A 和 B 有兩個女兒和一個兒子，他們都表現不錯。

　　C 的年紀 50 歲，他太太 D 比他小三歲。 C 有魄力、有企圖心，而且精力旺盛， D 則迷人、溫順而有耐心。兩人都在台灣出生、長大和受教育，並在美國的大學取得心理學博士學位。 C 在加州大學教了二十多年的書，並在 37 歲晉升為教授。他發表過五十多篇文章，並主持過六十多次學術會議。他的太太 D 也是研究者，並和他合著過許多論文。三年前 C 決定回台灣但有些猶豫，因為他們唯一的孩子不喜歡台灣的教育。 C 的兒子就像大多美國華人的子女一樣，都覺得受美國教育比較快樂。然而， C 仔細考慮並和 D 討論後， C 終於決定辭去美國的工作，返回台灣任教於中南部一所公立大學。 C 和 D 如今在台北同一所大學任教。他們的兒子就讀於當地的美國學校。 C 說為自己的國家服務，在道德上、社會上和情緒上都是比較令人欣慰的。

　　E 是一位主動、有耐心，且信仰虔誠的女性。她是教育單位的行政人員。她和美國人及中國人都相處融洽。她的丈夫 F 是一

位核子工程師。他們都在美國政府做事。E 為 54 歲，而 F 為 59 歲，兩人皆在大陸出生，在台灣和美國受教育。F 的個性誠懇、謹慎而內向。不過不論 E 做什麼事（例如社區服務和美國亞洲人組織的活動），他都很配合和支持。他們兩人有一個重要的共同點，就是他們均從國中時期就產生了人道和民族主義的精神。他們移民到美國不久，就在紐約組織了一場示威運動，以抗議美國警察殺害一名中國年輕人。最近，他們成立了一個基金會，希望為大陸鄉村地區的圖書館募款。他們反對共產主義，同情大陸人民。他們有兩個女兒。

G 和 H 是一對夫妻，年紀約六十多歲。兩人都是在大陸接受訓練的中醫醫師，於 1982 年移民美國。他們的兩個兒子十年前便以難民的身份從大陸去了美國。他們和未婚的長子住在加州。結了婚的么子住在附近，一星期探望他們一次。兩個兒子都是普渡大學的學士。去 G 和 H 那兒看診的病人並不算多，他們的收入也不優渥，不過他們並不期待兒子供養自己。他們說華人來美國多半是為了經濟和政治因素。他們想念家鄉，因為工作較有成就，而且人際關係較佳。在美國的生活安定又平靜，但戶外活動不多，較乏味。沒有病人上門時，他們就休息、看電視。G 比丈夫 H 要來得樂觀、隨和。

J 是一位社會科學的教授。他聲稱自己已經完全美國化了，但他非常節儉。他用自己賺來的錢買了四間房子，一間自己住，三間租人。他有魄力、精力充沛，善交際。1949 年他從上海一所大學畢業後去了台灣。幾年後他去美國攻讀研究所，並取得博士文憑。然後他開始在大學教書。他 45 歲時娶了一位來自台灣的女孩，八年後與她離婚，因為她無法生育而且性冷感。他有時

會和美國女人做愛。他 58 歲時在香港娶了一位來自大陸的 28 歲女孩，不到兩年就生了兩個兒子。1970 年晚期後，他開始常常去大陸，通常是為了作研究，他以導遊的身份帶領美國同事和學生，他也趁空檔和大陸的母親及親人團聚。

K 是一位 58 歲的哈佛人。他在華聖頓 D.C.附近的一所大學教授國際法律。他 13 歲時隨父母和手足從大陸到台灣，在台灣讀了高中和大學，然後他去美國讀研究所。他對台灣的中華民國忠心耿耿，從來不曾申請美國國籍。他和祖國及海外的許多華人一樣，都希望兩岸能在民主政府的統治下和平統一。他身材修長、長相俊美，個性積極而嚴謹，他是美國支持中華民國之社會科學家的主腦。他是大學法律學院研究委員會的主席。他寫過和編輯過十多本書。K 一直想為台灣作些什麼，並曾在台灣服務過兩次。有一次他受邀加入內閣，不過以辭職收場，因為他的大陸政策和有些同事的看法相左。他的太太是一位生化學家，也是哈佛的博士。他們有一個兒子。

L 和他的太太 M 分別是一家小電信公司總裁和副總裁。兩人都是 37 歲。兩人都在台灣出生和長大，雙親都來自大陸。他們小時候在台北念同一間幼稚園時就相識了。他們 24 歲時一同赴美攻讀研究所。L 一拿到碩士文憑後，就被一家美國企業聘僱為設計工程師。他和許多中國人一樣，都想當自己的老闆，於是在 32 歲時自行創業。他底下的員工既有美國人也有中國人，股東也是台灣人、美國人都有。為了拓展事業，L 經常到美國以外的地區洽談。M 在研究所念的是比較文學，畢業後便協助先生管理公司。她是一位賢妻良母，育有一兒一女。她是基督徒，經常禱告。她的性格良善，不過有時事情無法掌控時，會對先生及子女

發火。L和一般中國男性不太一樣，他極有耐心、非常理性。L和M都喜歡在美國生活及工作，他們也對住在台灣的父母非常孝順。

N和她的先生O都來自台灣，都是35歲。N的父母來自大陸，而O的父親是台灣人，母親是日本人。O像他父親一樣節儉，像他母親一樣脾氣好。他是生化學博士，並在生物科技公司裡擔任資深科學家。N的性格和善，她是在台灣和美國接受職業訓練，在加州通過法律考試，目前在美國的律師事務所擔任律師。然而，她比較希望在台灣工作，因為那樣就能使用自己的母語。但是語言對於美國的華人科學家而言，並不算是障礙，因此他先生比較喜歡在美國工作，至少要等到他能夠在台灣成立自己的科技工廠，才會考慮回台灣。N是家中五個孩子中年紀最小的，又是唯一待在國外的子女，所以她認為回台灣工作可以就近照顧年邁的父母。她說不久的將來她要和她先生及女兒一起返回家鄉。

P是聯合國一位45歲的資深官員。他在大陸出生、在台灣長大，在台北唸完大學後去了美國。他是政治科學博士，在替美國聯合國做事之前，曾在大學任教。他目前的收入不錯，也對這份工作很滿意，只不過每天去上班要開三小時的車。P不像一般中國人那樣內向，他既開朗又好客；他很健談，且笑口常開。他的太太也善於交際，不過脾氣沒有他好。P的父親過世時，他才13歲。他的母親偶爾會從台灣來看他，但無法和他太太和平相處。他非常希望母親能和他同住。但就像大多不會說英文的中國人一樣，P的母親覺得住在異鄉很不習慣。他太太是兼職工作。他們有兩個兒子。

Q是一位中國大陸來的民主運動領導者，他44歲。他和大多知識份子一樣愛國；也和六四天安門那些遭遇不幸的學生一樣地堅決而無懼。十一年前他辭去了在北京的醫師職位，從此開始在美國組織反共產黨的活動，以推動他的理念——使中國民主化。他國三的時候首次開始產生民主的概念，後來決定致力於社會改革。他說大陸有很多大學生談論民主運動，但都只敢私底下講；很少有人敢公開講。他希望他在海外的努力，能對中國的民主化有幫助。他會在適當的時機返回大陸。大多中國大陸人（尤其是知識份子）都期望有朝一日中國能變得繁榮而民主；但很少有人像Q這樣付諸行動。不過，大陸本土和海外仍有一些中國人是支持共產黨的。

□整體中國人的性格特質

我觀察整體中國人（不考慮其教育程度和社經地位）的時候，發現有一些特質一再出現。雖然我們不能說所有中國人都具有這些特質或特徵，但我們大概可以說絕大多數中國人，或50％以上我觀察到的知識份子，具備了大多以下的特質。

A.**主要特質**。主要特質（即性格向度）共有四個，如以下所示。

1. **自戀**。中國人的愛面子即代表了自戀。中國人通常很愛面子（即愛自己）而且以自我為中心。他們展現出來的自戀特質（Raskin & Shaw, 1988；Raskin & Terry, 1988）包括了以自我為中心、自以為大、具有剝削人際關係的傾向、

想藉炫耀贏得注意和欣賞、無法容忍批評，而且需要外界的認同。他們在演說或寫作時，較常使用第一人稱的單數代名詞（他們常說「我」或「我個人」），而較少使用第一人稱複數代名詞，這反映了自戀的特質（Raskin & Shaw, 1988）。他們經常嫉妒和批評他人，卻很少感激他人。

2. **成就動機**。中國人的成就需求很高（Atkinson, 1977；McClelland, 1961），即成就動機很高。自儒家時期後，中國人便拼了命地要表現超群、要跑在前頭、要在競爭中脫穎而出。雖然孔子教人要在「仁」上用功（Chan, 1963），但大多中國人卻勤奮追求財富、權力、功名、學位、社會地位、大眾的喝采，和／或家人或朋友的認同。中國人的成就動機主要在於個人利益，和自己家族的利益；很少是為了社稷的福祉，故常意味著中國人欠缺公益精神。

3. **權威專制**。許多中國人都有某種程度的權威專制症候群（authoritarian syndrome）（Cherry & Byrne, 1977）——墨守成規（conventionalism，附和既有價值觀，儘管多少接受了西方價值觀，尤其是美國的價值觀）、服從（submission，服從權威角色，雖然有時憎惡權威）、攻擊（aggression，言語或肢體攻擊，主張違反成規者需受懲罰）、憤世嫉俗（cynicism，對人採負面的看法、不信任他人）、迷信（superstition，相信鬼神）和投射心態（projectivity，過度關切和性有關的道德議題，把自己的性動機投射在他人身上）。權威角色（例如父母、老師、政府官員）常常濫用權威。對權威的厭惡或挑戰往往被壓抑或被打壓。

4. **內向**。中國人大多是內向的。以 Eysenck（1967）的形容

詞來描述，中國人是安靜的、被動的、不善交際的、拘謹的，謹慎的和僵化的。他們有些人情緒不穩定（焦慮、衝動、有攻擊性），有些人則情緒穩定（自律、冷靜、自在）。他們不善社交。他們欠缺演說技巧。他們的朋友不多。他們很少和陌生人交談。他們偏好獨立作業，較不願意與他人合作。他們既不是好的領導者，也不是好的跟隨者。

B.**次要特質**。次要特質共有十五個，多少和上述的一個或數個主要特質有關。以下是簡單的描述。

1. 保守 —— 保守、謹慎的中庸、傾向於反對方法和法令的改變。

2. 有毅力 —— 對目標、自我利益、生存或崇高理想鍥而不捨，排除萬難。

3. 依賴 —— 依賴父母、子女、親戚、前輩、朋友、上級、團體、政府和任何外在的影響因素（包括和有力人士建立關係）。

4. 強勢 —— 傾向於控制或領導他人，但厭惡被控制或被領導。

5. 有攻擊性 —— 權威專制式的教養和教學方式，再加上權威專制的政府，通常（尤其在男性）會形成權威專制式的性格，這種人較容易有攻擊行為，並訴諸懲罰來控制他人的行為。

6. 情緒化 —— 情緒化、反應過度、不理性、主觀，受挫時容易以言語或肢體攻擊他人。

7. **雙面個性**——虛偽、不誠懇、自我監控、在不同的情境或對不同的人（例如對上級和下屬，對自己人和外人）會有不同的表現、言行不一致。

8. **雙重標準**——嚴以律人、寬以待己；愛批評、挑剔、自我保護、很少承認自己的錯誤、高估自己的能力、很少讚美他人（尤其是同儕和下屬）。

9. **勢利眼**——非常重視權威、權力、財富和社會地位；對上既愛慕又奉承，對下則以恩賜態度相對。

10. **既有優越感又有自卑感**——看到有人不如自己，便有優越感，看到某些方面（例如事業、財富、社會地位等）優於自己的同儕，又感到自卑、嫉妒、沒有安全感。

11. **過度懲罰**——受挫或犯錯時，傾向於責怪他人或對挫折來源展現攻擊性。

12. **膚淺**——膚淺、只關心明顯可見的事物、不透徹、不深入、不明確、不願費心力、不精準、沒效率、名氣比實質更重要。

13. **有使命感**——許多華人知識份子內心深處都有這個特質，但只有少數人表現出來。他們愛自己的祖國或愛整個世界，也希望對自己的國家或人類有所貢獻，但很少人採取具體行動。

14. **有正義感**——這是中國人的一個潛在特質，但實際表現出來的人並不多。他們痛恨不公平的事情，但大多行動力不夠大。

15. **利他主義**——許多人都有這項潛在特質。時機適當時就能看到這個特質。表現出來的時候，通常帶有宗教意

味。很多傳統型的母親願意為子女犧牲自己,而且不求
回報。

C.**一個核心特質**。假如只能用一個詞來代表華人文化和性格
的核心特質,我會選擇權威導向的(authority-directed),而不選
情境集中的(situation-centered)(Hsu, 1981)、社會導向的
(social-oriented)(Yang, 1981)、集體主義或個人主義(Triandis,
McCusker, & Hui, 1990)、傳統導向、內在導向或他人導向的
(Riesman, 1961)。我是從四區華人皆有的明顯性格特質(保守型
和自我保護型)的共通特質(例如服從、尊敬權威角色)和整體
中國人的主要特質(權威專制、保守、依賴和勢利眼),歸納而
得此一特質。我在台灣、香港、大陸和美國居住時,觀察到的結
果也是這樣。這種例子在中國史上處處可見。文化革命就是個鮮
明的例子,群眾的行為由最高權威毛主席所指使。

按 Friedman(1990)的說法:

> 有「權威」可能有兩種意涵。一種是「有權位」,
> 代表他具有某種職位、階級或地位,使他能夠決定他人
> 應如何如何。但另一種意涵可能是指某人「是一位權
> 威」,意味著他的看法或見解受人敬重。(p. 57)

在中國社會裡,這兩種意涵的界線並不明顯;有權位的人往
往就被當成是一位權威。所以家長、老師、專家、政府官員或宗
教／意識型態領袖就享有權威;他既是一位權威,也是擁有權位
的人。官職、階級或地位越高,他就越權威。Finnis(1990)在
探討權威需求時,作了以下的論述,我希望把他的「一致的看法」

（unanimity）一詞，改成「共識」（consensus）以符合我的論點：

> 作最後的分析時，欲從多種選擇中找出最符合整個
> 族群利益，或找出整體共同的目標，只有兩種方式。一
> 種是一致的看法，一種是權威。沒有其他的可能性。
> （p. 175）

中國人多半以自我為中心、自戀，且權威專制。每個人多半相信他的見解比別人的更好，因此很難達成共識。在華人社會裡，為整體共同的目標奉獻心力，往往和自己的利益與愚笨是密不可分的。在這樣的社會裡，人民是權威導向的，因為權威往往是唯一能使行動一致的方法。然而，權威常常被濫用。有時甚至成了誤導、挑釁或叛亂。Solomon（1971）透過訪談取得的資料，在今天依然適用，他說中國人對權威的態度很矛盾——既渴望見到強勢的領導者，又厭惡權威勢力加諸個人身上。

□討論

也難怪幾乎香港、台灣，及美國華人的所有性格類型，都與大陸華人有13或15個（假如把自我保護和自以為是加進去的話）類似的類型。這是因為所有中國人（尤其是受過高等教育的人）都擁有相同的歷史文化。本研究中四個地區的華人就有六個類型（自我保護、保守、學者、激進、自私和管理）是相同的。很多安靜型和無企圖心型的大陸學者，都可以被歸在自我保護型，而許多保守型的大陸學者也可被視作自以為是。所以研究一的大陸類型可擴充成15型。

　　台灣、大陸、香港和美國的管理型知識份子有逐漸增多的趨勢。所以研究二的台灣類型可以添增成 10 型（再加上管理型）。但是，類型與類型之間的界線並不是很清楚，因為有些特質分屬兩種或多種類型。事實上，所有的類型在四個地區的華人身上都能見到蹤跡，但有些類型在某些地區比較明顯。

　　表4.3列舉的 18 種類型裡，最後三種是大多大陸觀察者比較沒有注意到的，分別是台灣華人的追求權力型、香港及美國華人的適應型，和美國華人的困惑型。這是社會差異所致。追求權力型的人在台灣很常見，因為台灣正在從權威專制轉型成民主政府，而且人民有較多機會參與政治、取得權力。在香港和美國較常看到適應型的人，因為這些地方的華人必須適應西方文化。困惑型在美國較明顯，因為華人在美國算是少數。華人不論在移民地適應了多久，大多仍覺得有些隔閡。他們對自己的身份多少感到困惑。美國仍有種族歧視。

　　就我所觀察到的一般中國人，尤其是我特別有機會接觸到的華人知識份子，我認為他們有四個主要特質、十五個次要特質，再加上一個核心特質。核心特質和主要及次要特質大多偏向負面。這項結果不僅和本章的研究一、二的結果一致，也和兩位著名華人作家柏楊（1986）和孫隆基（1985）的觀察相當符合。柏楊寫的《醜陋的中國人》在兩岸都很暢銷。

　　我大膽假設，或許中國人的成功和失敗，是本研究的主要、次要和核心性格特質和一些其他因素所造成的。成功：中國擁有世上最悠久的歷史文化，而且經濟成長迅速。失敗：國家一分為二，而且不如西方及日本來得先進。不過，這個大膽的假設仍須作進一步的研究。

研究四　依地域、性別和觀察來看性格差異

先前的研究一、二和三都是量化研究，但本研究主要的資料是來自 MTPI 問卷的質化作答。本研究有些質化資料是透過訪談和參與觀察而來，但只限於地域因素的性格差異。

性格的性別差異是一個廣受探討的主題（Brabeck, 1983；Brody, 1985；Coates, 1974；Schiedel & Marcia, 1985；Stewart & Lykes, 1985；Veroff, Reuman, & Feld, 1984），但是和地域及知覺有關的性格差異則不那麼受重視。這裡我們先描述中國大陸和台灣不同地區、地域或省分之人民的性格差異。接著再介紹性別的性格差異。

☐ 性格隨地域而易

文化會隨地理位置的不同而不同，性格也是。本研究發現，不論居住的是哪一個城市或省分，城市居民和鄉村居民確實有其性格上的差異。據大陸受訪者的看法，都市人比鄉村人來得見多識廣、考慮周延、現代化、思想開放、自私、冷漠、機靈，且謹慎小心，而鄉村人則比都市人來得天真、和善、誠懇、單純、直爽、忠誠、溫順、友善、好客、傳統、保守、利他、熱心，且勤奮。舉例來說，在都市，鄰居之間很少往來，人們大多只是點頭之交，但在鄉村的人則經常串門子、談天說地，並彼此幫助。加入軍隊的鄉村男人比入伍的都市男孩要多。他們比較忠誠、服

從、勇敢和為國家犧牲。在都市，親子關係和夫妻關係較平等。

問卷調查的結果進一步支持了城鄉的這一項性格差異。我把我在大陸和台灣的男性及女性受試者，區分成兩個年齡層（30歲或以下，及30歲以上）和三個地域族群——鄉村、小鎮和都市（依12歲以前居住的地方為準）。我以單向ANOVA來處理我MTPI問卷裡122道題目的答案。我依受試者的性別、年齡和地域族群分別加以分析。MTPI的122道題目裡，在統計上呈現顯著差異的題目，其顯著程度多在.01，我們發現有顯著差異的共有26個題目，大多和城鄉差異有關。

問卷作答的統計分析結果發現，以F（ANOVA）再加上Scheffe檢定後，26個題目（即性格特質）之間的顯著程度（p）從.0006到.0451不等，平均為.0178。舉例來說，比起台灣鄉村的年輕男性而言，台灣都市的年輕男性比較願意嘗試新事物，但比較不切實際。而比起大陸的都市老年女性，大陸鄉村的老年女性較不民主但較溫順；她們對神祇的信仰也比較虔誠。細節如表4.4所示。

性格也會隨著居住的省分或地區不同而有所不同。以下是各省籍受訪者觀察到的現象，我們可以藉此一窺省籍或地域的性格差異：

1. 上海人通常比較獨立、見多識廣、脾氣溫和、自律、包容、情緒穩定，且學習和反應都較敏捷。他們也比較機靈、愛面子，並且瞧不起不是上海人的人。上海女人尤其任性、執拗，因此上海男人大多怕老婆。

2. 一般而言，內陸人和鄉村人一樣，比沿海人來得天真和單

表 4.4 以性別、年齡和成長地區，看大陸和台灣人的性格特質

性格特質	大陸				台灣			
	男性		女性		男性		女性	
	年輕	年長	年輕	年長	年輕	年長	年輕	年長
有彈性						V<C		
大膽	V<C							V<C
民主			V<C					
被動								V<C
偏好異國事物	V<C					V<C		
注重實踐	V>C							
對金錢有興趣	V<C							
實際			V>C		V>C			
能言善道			V<C			V<C		
自我保護	V<C							
有優越感			V<C					
有自卑感						V>C		
默默工作	V>C					V>C		
好吹噓			V<C					
有想像力					V<C			
信仰神祉			V>C					
作風低調	V>C							
有領導才能			V<C					
善交際							V<C	
焦慮	V>C					V>C		
順從		V>C	V>C					
願意嘗試新事物					V<C			
經常自我反省						V>C		
容易接納新事物		V<C			V<C			
高估自己			V<C					
主張嚴格管教子女		V>C				V>C		

註：年輕＝年輕世代，年齡在 30 歲或以下；年長＝年長世代，年齡在 30 歲以上。V＝在鄉村長大，C＝在都市長大，「>」代表多於，「<」代表少於。

純。舉例來說，甘肅人就不如浙江、福建和廣東人來得伶俐、考慮周詳和機靈。山東以西或福建以北的人，就比山東沿岸或福建沿岸的人來得保守和單純。

3. 整體而言，比起南方人而言，中國北方人較不自私、多慮、伶俐和機靈。舉例來說，北京和上海是中國兩個最大的城市，一個在北方，一個在南方。兩市都比一般大陸城市來得現代化，而且兩市的人民都比一般中國人來得外向。但對待外地人時，北京人比上海人來得誠懇、友善和慷慨。

□性別上的性格差異

現在我們來談一談性格的性別差異。我們按照問卷的 122 道題目歸納出的九種性格因素，對 MTPI 的男性和女性受試者作了一個比較。我們把四個地區的樣本，進一步區分為兩個年齡層，年輕的（30 歲或以下）和年長的（30 歲以上）。樣本大小在第一章已經提過。以 t 檢定得到的統計分析結果，如表 4.5 所示。由 6 點量表的結果看來，所有的華人知識份子認為自己普通外向、相當自律、有些民主或不權威專制、普通服從、普通謹慎、相當他人導向、有些獨立、相當現代化，和相當健康或不神經質。

在統計上呈現顯著的性格差異主要有兩個，分別是獨立和他人導向。就自我知覺的分數來看，不論年齡和成長地區為何，男性知識份子比女性知識份子來得獨立，不過後者比前者來得他人導向。這和之前的西方學者研究結果一致，在稍後將詳細討論。有些性別差異在某些樣本為顯著，但在某些樣本則不顯著。譬如不論年齡為何，香港男性比香港女性更現代化，且較不傳統。香

表 4.5　四區年輕及年長華人知識份子在性格上的性別差異

性格因素	年齡	大陸			台灣			香港			美國		
		M	F	T	M	F	T	M	F	T	M	F	T
外向	年輕	3.97	3.81	2.15*	3.86	3.86	.02	3.88	3.76	2.27*	3.86	3.99	-.90
	年長	3.78	3.93	-2.17*	3.79	3.80	-.12	3.83	3.81	.16	3.99	3.85	1.16
自律	年輕	4.39	4.38	.04	4.19	4.29	-1.39	4.22	4.30	-1.94	4.33	4.32	.04
	年長	4.51	4.55	-.73	4.58	4.51	1.07	4.35	4.34	.12	4.45	4.50	-.52
權威專制	年輕	2.99	3.05	-1.17	2.97	3.00	-6.4	3.11	3.08	.84	2.99	2.91	.97
	年長	2.91	3.06	-2.59*	2.80	2.92	-2.07*	3.09	3.14	-.71	2.99	2.99	-.06
服從	年輕	3.36	3.37	-.01	3.43	3.45	-.31	3.48	3.53	-1.24	3.45	3.64	-1.71
	年長	3.72	3.79	-1.29	3.69	3.74	-.77	3.54	3.69	-1.87	3.56	3.65	-.81
謹慎	年輕	3.34	3.51	-2.51*	3.66	3.58	1.18	3.66	3.61	1.11	3.52	3.53	-0.5
	年長	3.45	3.26	2.65**	3.67	3.64	.45	3.64	3.50	1.34	3.43	3.60	-1.35
他人導向	年輕	4.26	4.41	-2.75***	3.93	4.09	-2.66**	3.88	4.04	-4.21***	3.91	4.01	-9.4
	年長	4.35	4.51	-2.39*	4.22	4.29	-1.10	3.89	4.11	-2.39*	4.00	4.23	-2.42*
獨立	年輕	3.92	3.63	5.11***	3.68	3.54	2.06*	3.72	3.33	8.82***	3.77	3.33	3.63***
	年長	3.97	3.75	3.75***	3.92	3.69	3.32**	3.77	3.37	4.22***	3.91	3.49	4.13***
現代化	年輕	4.06	3.90	2.73***	3.80	3.77	.41	3.71	3.54	3.84***	3.79	3.81	-.19
	年長	3.83	3.76	1.20	3.67	3.54	1.84	3.71	3.45	3.06**	3.87	3.63	2.53*
神經質	年輕	2.83	2.95	-1.89*	3.06	3.09	-.37	2.99	3.29	-6.35***	2.89	3.07	-1.80
	年長	3.01	3.15	-2.36*	2.94	3.09	-1.99*	3.02	3.26	-2.43*	2.94	3.05	-.97

註：*p<.05，**p<.01，***p<.001。

港和大陸女性比同地區的男性來得不健康或神經質。有一點值得
注意，就是大陸年長組的男性比女性更謹慎，但年輕世代則相
反。這和研究一的結果一致，而且顯然是因為兩個年齡的社會和
政治背景不同所致。其他樣本之性格因素的性別差異並不顯著。

□觀察自己和觀察他人的性格差異

在 MTPI 的 122 道題目中，每一題都有兩個小題：一題是觀
察自己的部份，由此得到一個自我分數，一題則是對一般知識份
子的看法，由此得到一個他人分數。122 道題目歸納出的九種性
格因素當中，四區華人給自己打的分數通常比給他人打的分數
高，其中有七種因素尤其明顯。如表 4.6 的 t 檢定（顯著程度設
定在 p< .01）顯示，幾乎所有男性和女性都認為自己比較外向或
較不內向、較自律、較不權威專制、較溫順或較不強勢、較不謹
慎或較具冒險心、較他人導向，和較不神經質。至於另兩項因素
（獨立和現代化），觀察自己和觀察他人之間的差異並不顯著或不
一致。

□討論

研究一、二和三是量化研究，本研究（研究四）則提供了一
些質化資料。我們經常聽到因成長地區不同所造成的個體差異，
但很少有人對此進行調查。本研究的結果為常識添增了實證基
礎，並有助於瞭解中國各地及住在海外的中國人。

華人性格在性別上的差異和過去西方的研究結果（Stewart &

表 4.6 四區男性及女性華人觀察自己及觀察他人發現的性格差異

性格因素	性別	大陸			台灣			香港			美國		
		自我	他人	t	自我	他人	t	自我	他人	t	自我	他人	t
外向	男	3.85	3.54	8.8*	3.80	3.63	4.2*	3.87	3.67	5.0*	3.94	3.40	7.6*
	女	3.87	3.59	5.2*	3.82	3.75	1.0	3.74	3.73	.4	3.96	3.48	5.5*
自律	男	4.45	4.23	8.6*	4.48	3.76	17.6*	4.25	3.91	10.5*	4.41	3.72	12.5*
	女	4.46	4.38	1.7	4.36	3.87	9.7*	4.30	3.98	8.1*	4.41	3.84	7.4*
權威尊制	男	2.94	3.35	-15.7*	2.86	3.57	-19.7*	3.10	3.61	-16.2*	3.00	3.67	-12.6*
	女	3.06	3.28	-4.7*	2.98	3.55	-13.4*	3.09	3.65	-18.1*	2.97	3.64	-8.7*
服從	男	3.57	3.49	2.8*	3.63	3.43	5.8*	3.49	3.40	2.5*	3.52	3.57	-.7
	女	3.51	3.43	1.7	3.55	3.35	3.9*	3.55	3.35	5.5*	3.66	3.66	-.1
謹慎	男	3.42	3.90	-13.8*	3.65	3.84	-4.7*	3.66	3.77	-3.1*	3.47	3.90	-5.9*
	女	3.37	3.92	10.0	3.58	3.73	-2.7*	3.59	3.82	-4.9*	3.62	3.99	-4.4*
他人導向	男	4.31	3.86	16.2*	4.14	3.36	20.1*	3.89	3.41	13.8*	3.96	3.17	12.6*
	女	4.46	4.01	10.1*	4.16	3.42	16.7*	4.04	3.45	15.8*	4.12	3.33	9.6*
獨立	男	3.95	3.99	-1.4	3.82	3.68	3.9*	3.73	3.73	-.2	3.83	3.47	6.0*
	女	3.69	3.95	-6.0*	3.59	3.64	-1.2	3.33	3.71	-9.4*	3.44	3.47	-.6
現代化	男	3.92	3.75	5.7*	3.71	3.74	-1.0	3.71	3.71	-.2	3.83	3.59	4.0*
	女	3.82	3.77	1.0	3.68	3.85	-3.4*	3.52	3.73	-5.1*	3.70	3.53	2.2
神經質	男	2.95	3.20	-8.6*	2.98	3.26	-7.4*	3.00	3.25	-7.9*	2.94	3.44	-9.1*
	女	3.03	3.22	-4.5*	3.08	3.27	-4.8*	3.28	3.27	.4	3.01	3.38	-5.3*

註：*p<.01。

Lykes, 1985）一致。在九種性格向度（即起源特質）當中，經過
t 檢定發現，四區的男性和女性華人知識份子只有兩項差異：男
性比較獨立，而女性比較他人導向。這和西方的研究結果一致，
女性比男性更重視人際關係（Gilligan, 1979, 1982），而男性比女
性更在乎自由（Witkin & Goodenough, 1977）。女性對他人需求的
關心和敏感度，在傳統上被認為是女性「好的」特質（Brabeck,
1983；Gilligan, 1977）。他人導向不但是華人女性的特徵，也是
西方女性的特徵。由於女性較依賴她們和他人的人際關係，所以
他們也不像男性那麼獨立。

　　Borkenau（1990）曾說：「列出特質詞彙的主要用意，與其
說是描述人們，不如說是評估人們。」（p. 394）因此觀察某人的
性格特質，也就等於在評估此人。觀察自己其實就是評估自己，
而觀察他人就是評估他人。Messick、Bloom、Boldizar 和
Samuelson（1985）曾經研究人們觀察自己和觀察他人時是否公
平。他們的研究顯示，人們列舉自己的行為和他人的行為時，自
己的良好行為多過他人的。Allison、Messick 和 Goethals（1987）
亦發現了類似的現象。我的研究四也觀察到這種自我美化的傾
向。四區的華人知識份子不論性別如何，都認為自己九種特質中
有七種優於他人。這項發現支持了一個假設（Beggan, Messick, &
Allison, 1988；Myers & Ridl, 1979），就是人們喜歡相信自己是
在一般水準之上。這種傾向也可看做是自戀的象徵，本章的研究
三便發現自戀是中國人的基本特質之一。

　　第六章的研究二和三將進一步闡述中國人在年齡、性別和地
域上的性格差異。

□總論

性格學的分類取向，主要目的在於找出性格的類型或類別。
自 Block 之後，以分類取向研究成人性格的人寥寥無幾（例如，
Pulkkinen, 1996； York & John, 1992）。假如我們想分析華人知識
份子的性格（尤其是男性知識份子），我們將發現可以歸納出多
達 18 種類型，如本章研究三的表 4.3 所示。但最普遍的類型只有
六種，分別是自我保護型、保守型、學者型、激進型、自私型和
管理型。不過，純粹屬於某種類型的人其實不多見；大多人同時
具備多種類型的特質。譬如說，某個學者型的人可能既保守又自
我保護，而另一個學者型的人可能既激進又自私。中國人的性格
似乎複雜難懂，但假如我們掌握了研究三描述的主要和次要特
質，我們便不難瞭解一般中國人是如何。一個中國人不見得具備
所有的主要和次要特質，但他們往往具備當中不少的特質，而且
有幾個特質會特別明顯。一般而言，教育程度較低的鄉下人（尤
其是女性），通常比較天真、單純和不自私。

值得注意的是，由於中國人和西方人一樣，都有自我美化的
傾向，因此常認為自己優於他人（見研究四）。所以中國人並不
如問卷結果顯示的那麼外向、自律、民主、服從、有冒險心、他
人導向和不神經質。我的參與觀察支持了這樣的假設（見研究
三）。大陸一組以明尼蘇達多向度人格測驗（MMPI, Minnesota
Multiphasic Personality Inventory）為研究工具的研究小組也局部
支持我的這項假設。該大陸研究（Song, 1985）發現，中國人是
保守的、內向的、三思而後行的，且謹慎的。

　　有人可能會質疑，為什麼我在研究一以一位女性幹部提出的架構為分類依據。理由如下：第一，她的意見乃累積了多年親身觀察的經驗而成。第二，她對大陸女性的分類，和我對台灣女性的分類相通——她的事業型、家庭型和矛盾型的女性，分別可對應至我的獨立型、傳統型和困惑型的女性。第三，她七型男性中有六型和我的男性分類相通——她的衝動型可對應至我的激進型、她的狡猾型可對應我的實際型、她的狂妄型可對應我的自以為是型、她的追求權力型可對應我的追求權力型、她的捍衛辦公室型可對應我的自我保護型，而她的失望型可對應我的無企圖心型。至於她的雜交型（雖然這樣的男性華人並不多，尤其是知識份子），因為他們受過高等教育，而且自律得當，且／或太太管得嚴，我發現這樣的男性，幾乎在我的每個類型都找得到（除了聖人型）。最後，分析台灣的領導者時，我找不到比這位女幹部之分類法更好的分類法了，而且我發現平庸型的領導者比其他型都來得多。我也發現，有些領導者同屬好幾型；譬如說，有些領導者既獨裁又操弄。

　　我們從研究三的 16 個個案可以看到，大多住在美國的華人感到有隔閡。他們多少有一點身份認同的困惑。幸好，大多人都能夠適應當地社會，並在某種程度上戰勝身份認同的危機。我的受訪者說，他們之所以選擇留在海外，主要原因如下：祖國的政治局勢不穩定、居留國家的生活條件和工作條件均較佳，而且子女在美國能接受較好的教育。就我個人的觀察，另外還有一個重要、大家心知肚明的原因。就是在家鄉（台灣、香港和中國大陸）的親朋好友眼中，在美國生活是一種地位的象徵，那裡是很多華人眼中的天堂。

第五章
一生的性格發展

以一生性格發展為主題的性格研究（Baltes & Schaie, 1973；Lamb, 1978；Veroff, Reuman, & Feld, 1984）非常的多。Erik Erikson（1963, 1968）大概是最具影響力的理論家之一。以一生或生命階段為主題的性格研究，基本上主張「生命中某些任務必須在個人具備某種程度的體悟之後方可達成，因此有些性格結構在不同的時期會展現出不同的強度。」（Veroff et al, 1984, p. 1143）Erikson 認為人生主要可分成八個階段（Erikson, 1963, 1968）。過去的性格研究，不論是質化的或量化的，多半是由西方學者以西方人為研究對象作的研究（例如，Haviland, 1984；Helson, Mitchell, & Hart, 1985；Levinson et al, 1978；Ochse & Plug, 1986；Veroff et al, 1984），未曾有過以華人為樣本的性格研究。

本章包括了兩個研究，目的在於驗證 Erikson 的理論。研究一探討的是性格發展的前三個階段，簡單描述了 38 個香港個案（14 名男性和 14 名女性）。研究二則較深入探討了 6 個大陸案例，包括 3 名男性和 3 名女性。6 個案例中有 2 個進展到性格發展的第六個階段了。另外 4 個案例則八個階段均已經歷過。為了方便起見，我在下面把 Erikson 的理論簡單介紹一下（Bee &

Mitchell, 1980 ； Erikson 1963, 1968 ； Ochse & Plug, 1986 ； Owen, Blount, & Moscow, 1981 ； Woolfolk & Nicolich, 1980）。

□Erikson 的性格理論

Erikson 的理論緣起於心理分析學派，不過他把重心放在自我（ego），也就是有意識的自我。他認為一個人的一生，透過一系列的**心理社會**（psychosocial）階段，發展出**認同感**（sense of identity）。每個人一生都會經歷八個分明的發展階段，每個階段都有一個特定的發展任務、危機或自我特質，那是一個雙向的性格向度，例如第一階段的信任 vs.不信任。

因為每個階段都有新的個人需求和社會要求，這二者彼此產生衝突，危機於是形成。危機是正常現象。它相當於生命中的轉捩點。一個人解決危機的方式，將深深影響他或她對自己的看法，以及對社會的看法。因此成功的解決途徑能產生正面影響，而不成功的解決途徑將對日後的發展或日後面對危機時的態度留下負面影響。另一方面，後面的階段若得以健全發展，那麼或許可以修正或調整之前的不良發展。

現在讓我們來看看 Erikson 的八個發展階段，請見表 5.1 。該表格也列舉了每個階段大致對應的年齡，以及各階段主要涉及的人生角色。每個階段的年齡只是大概的數值。有的人或許較早或較緩，要看個人本身如何，及身處的社會如何。

1. 信任 vs.不信任（0~1 歲）

第一次的發展任務（即危機）在人生的頭一年出現。此時期

表 5.1 Erikson 心理社會發展的八個階段

階段	大約年齡	所涉及的重要角色和機構
信任 vs.不信任	0~1	母親角色（母親或母親代理者）
自主 vs.羞恥與懷疑	2~3	父親角色（父親或父親代理者）
主動 vs.罪惡感	4~5	父母、玩伴
勤勉 vs.自卑	6~12	父母、老師、玩伴
自我認定 vs.角色混淆	13~19	家人、學校，和同儕
親密 vs.孤立	20~40	配偶、朋友，和熟人
創發性 vs.停滯不前	41~60	家人、朋友，和工作環境
統整 vs.失望	60 以上	家人、朋友，和人類

最好能多建立一些信任，因為信任是未來一切性格發展的基礎。
這關係著孩子是否能對世界可預料的部分培養一份基本信心，這
也關係著他或她影響身邊事物的能力。母親或代理母親角色在這
個階段的表現，對於孩子是否能成功度過此危機非常重要。能在
一歲以前培養出堅定信心的孩子，其父母和／或其他照顧者通常
都充滿愛心，而且能適時而可靠地回應孩子的需求。若照顧者的
態度不穩定或很嚴厲，則孩子可能變得不信任自己，也不信任他
人。

2. 自主 vs.羞恥與懷疑（2~3 歲）

第二個階段是從兩歲到三歲。這個階段最大的不同在於孩子
的活動能力增強了。孩子現在可以自主地四處活動，並獨立完成
一些事情。這是自主感（即獨立感）的基礎。假如孩子試著展現
自主能力，卻受到限制且缺乏適當引導，那麼可能會使孩子產生

羞恥與懷疑感，因為他或她未能善用自己的活動能力和探索機會。同時，此時的排泄訓練很重要。假如太早訓練，或訓練太嚴厲，都可能使孩子未能自由而逐步地掌控自己的腸胃和膀胱，因此阻礙了自主意志的發展。過度責罵或不當的排泄訓練，都可能使孩子感到羞恥與懷疑。

3. 主動 vs. 罪惡感（4~5 歲）

這個時期可以稱為遊戲的年紀。語言和活動能力讓孩子的想像力空間更大了。他們活力十足、好奇心強，且富侵略性。他們喜歡和其他孩子玩耍、打架。他們逐漸形成是非的概念（即良心），並因攻擊他人、失敗受挫，或情色幻想而感到罪惡。主動就是積極地玩耍或行事。父母應允許孩子主動採取行動和發問，且不因此嘲笑或責罵他們。父母也應協助子女學習自律。假若主動的行為被過度限制或被嘲笑，孩子可能會產生罪惡感。這樣的孩子長大後，其道德觀念可能變得殘酷而具壓迫性，使得他們評判自己和／或他人時太過嚴苛。

4. 勤勉 vs. 自卑（6~12 歲）

這段時期相當於六年的小學生活。孩子此時比之前更能學習新技巧（認知的和社會的）、更能分擔義務、更能製作事物，且更能因自己的勤奮、能力和生產力贏得他人的認同。此階段的危機是自卑感。這可能是因為之前衝突尚未圓滿解決：孩子可能仍比較想要媽媽，而較不想學習新知識和技巧；他或她可能仍想待在家裡當小寶寶，而不想去學校當大孩子；男孩可能會拿自己和父親作比較，女孩則和母親作比較，而由於伊底帕斯（Oedipus）情結所致，這樣的比較會引起罪惡感，同時也引起自卑感。

5. 自我認定 vs.角色混淆（13~19 歲）

童年時期在這個階段結束。個體通常到了青年時期時才在生理、認知和社會發展上逐漸成熟，也才經歷到認同危機。青少年需要花上一段時間才能適應先前累積的身份。假如未能適應這些不同的角色或身份，那麼可能會導致角色混淆。尋找自己的身份或自我感時，先前每一次的成就都是很重要的。假如先前建立了穩固的基本信心，那麼青少年此時就會尋找能信任的人或想法。童年時期形成的自主感，將協助青少年決定未來的事業和生活方式。性格主動的青少年將能夠扮演多種不同的角色，並在未來展現其中一個角色。小學時期培養的勤勉性格，能使青少年相信自己的能力、相信自己能對世界有所貢獻。

6. 親密 vs.孤立（20~40 歲）

某些危機可能會在青少年時期後的階段再度出現。其中的第一個就是親密感。只有當一個人的自我認同相當成熟後，才有可能培養出真正的親密感。親密的定義是，願意和另一個人培養深層的關係，此關係不僅只是滿足彼此的需求而已。性行為只是親密感的一部份。友誼、情色際遇，或共同的靈感同樣都可能是真正的親密感。在此時期未與他人建立親密關係的人，可能會感到孤獨。所謂的孤獨，是指「無法以自己的身份培養真正的親密感，這樣的抑制心態往往又被親密的後果——後代和照顧——所增強。」（Erikson, 1968, p. 137）

7. 創發性 vs.停滯不前（41~60 歲）

創發性「主要在於繁衍及引導下一代。當然，有些人……並不直接以繁衍後代為要，但他們亦會表現出其他形式的利他行為

和創造力。」（Erikson, 1968, p. 138）中年時期的任務就是「一切形式的創造……子女、產品、想法，和藝術創作。」（Erikson, 1974, p. 122）任何有助於造福他人的活動或創作，都能增強一個人的創發性。那些沒有體驗到創發性的人，不論是因為他們未以Erikson 的方式創發，或是因為他們對自己創發的東西不滿意，都可能經歷到停滯不前的感受。

8. 統整 vs.失望（61 歲以後）

統整指的是前七個階段的種下的果實已逐漸成熟，「此時漸漸老去的個體正開始照顧其他人事物，假如有必要的話，他也必須適應因後代和自己所創造的事物與想法，所帶來的勝利或失望。」（Erikson, 1968, p. 139）這代表接受自己生活至此的一生，及接受曾對此生命有意義的人。這也就是接受自己的一生是由自己負責的，假如希望過去的某些人或某些事情能有所改變，那是徒勞無益的。假如缺乏統整感，可能會感到絕望並害怕死亡。絕望指的是，「覺得時光飛逝、生命太短暫，短到不足以展開另一段生活，無法踏上另一條統整的路途。」（Erikson, 1968, p. 140）

研究一　二十八個香港個案簡述

以 Erikson 理論為基礎的研究，多半是與青少年和年輕人有關，有些研究也試圖驗證青少年時期至老年時期的理論效度如何（Ochse & Plug, 1986）。本研究是以 28 個香港華人案例，驗證Erikson 前六個性格發展階段的效度。

受試者為 14 名男性（年齡從 22~35 歲，平均年齡 26 歲）和 14 名女性（年齡從 21~30 歲，平均年齡 25 歲）。他們全都至少受過兩年的高等教育。我曾在香港中文大學開過一門發展心理學的課程，他們大多是上過這堂課的研究生。

我在這門發展心理學的課程中，要求學生以作業的方式遞交一份回溯式的個案報告，以驗證 Erikson 性格理論的效度。學生們多半是以自己以為主角，少數人寫朋友或親戚的性格發展。我建議他們去詢問主角的父母及其他家庭成員，以取得進一步的參考資料，尤其是關於性格發展的前三個時期。我總共挑選了 28 篇佳作，個案包括 14 名男性和 14 名女性。透過我之前研究生的協助，我們把這 28 份報告依 Erikson 的發展階段作內容分析。

這 28 份個案報告的分析方式是，把對個案本身的觀察及其家庭成員（主要是父母）的觀察加以計分。假如正面的分數較高，那麼性格發展就屬正面，反之亦然。性格發展最好是偏向正面，而不是偏向負面，一如第一個階段時，「信任最好多過不信任」（Erikson, 1968, p. 105）。假如負面分數較高，則性格發展便屬負面。假如正負面的分數無顯著差異，則性格發展屬於綜合。

個案在每個階段的發展和結果，如表 5.2 所示。六個階段各自的正面和負面經驗，以及表現出來的明顯行為，在下面詳述之。接著將回顧其中的四個案例（二佳、二劣），以瞭解各發展階段造成正面和負面結果的因素。

□每個發展階段的主要經驗和行為表現

階段一（0~1 歲）

表 5.2　香港 14 名男性和 14 名女性之 Erikson 前六個階段
（自嬰兒期至青年期）的性格發展

14 名男性														總和		
階段	男1	男2	男3	男4	男5	男6	男7	男8	男9	男10	男11	男12	男13	男14	正	負	綜
1	正	正	負	正	正	正	正	正	正	正	正	正	負	正	12	2	0
2	正	正	負	負	正	正	正	正	正	正	負	綜	負	負	8	5	1
3	綜	綜	綜	綜	正	綜	正	正	負	正	綜	綜	正	正	6	1	7
4	綜	負	正	正	負	負	正	綜	綜	正	正	負	負	綜	5	5	4
5	綜	綜	綜	正	負	負	正	負	正	正	負	負	正	正	6	5	3
6	負	負	負	負	正	負	負	正	綜	正	正	負	綜	正	5	7	2
14 名女性														總和		
階段	女1	女2	女3	女4	女5	女6	女7	女8	女9	女10	女11	女12	女13	女14	正	負	綜
1	正	正	負	正	正	正	正	正	正	正	綜	正	正	負	11	2	1
2	正	綜	負	綜	正	正	負	綜	負	正	負	綜	正	負	5	5	4
3	綜	正	負	負	綜	正	綜	正	正	正	負	正	正	綜	7	3	4
4	正	正	綜	負	綜	正	綜	正	負	正	綜	正	綜	綜	6	2	6
5	正	負	負	負	綜	正	綜	負	綜	綜	綜	綜	綜	綜	2	4	8
6	正	負	綜	綜	正	正	負	負	負	負	綜	正	綜	負	4	6	4

註：正＝正面發展，負＝負面發展，綜＝綜合發展。

　　正面發展：如表 5.2 所示，此階段有 12 名男性和 11 名女性
的發展是正面的，他們建立的信任多過不信任。他們大多受到母

親或母親代理者良好的照顧，飲食也很規律。他們也都睡眠良好
且排泄正常。

負面發展：2 名男性和 2 名女性在此時期的發展是負面的，
要不因為母親太忙碌且／或太窮困而無法好好照顧他們，要不就
因為嬰兒本身因疾病而在睡眠、飲食和／或排泄上產生障礙。

綜合發展：有一位女性在此時期的階段是綜合的，因為她是
早產兒，而且由奶媽帶大，雖然她的雙親也很愛她，但他們太忙
碌，多半沒時間陪她。

行為表現：行為表現包括了信任他人和自信（正面行為）；
以及不信任他人或懷疑他人和欠缺自信（負面行為）。

階段二（2~3 歲）

由於嬰兒在生命初階非常脆弱，因此他或她通常都會受到很
妥善的照顧，以避免任何可能的危險或傷害。當孩子兩歲以後，
抵抗力開始增強，父母對他或她的照顧就較不那麼仔細了。這種
無意的忽略會對孩子的成長造成某種程度的傷害。因此，從
Erikson 的第二個階段起，孩子的成長過程通常不如第一個階段那
麼平順。

正面發展：在第二階段，有 8 名男性和 5 名女性的發展屬正
面的，他們的自主都勝過羞恥和懷疑。

負面發展：5 名男性和 5 名女性的發展屬負面的，也就是羞
恥和懷疑多過自主。

綜合發展：其他的 1 名男性和 4 名女性屬綜合發展。

正面經驗：本階段的正面經驗包括包容而逐步的排泄訓練、
父母關懷和讚美，這些對發展都有正面影響。

　　負面經驗：父母在幼稚園時期的責罵、懲罰、過度管制、太早訓練排泄，和嚴苛的管教，都是會導致負面發展的負面經驗。

　　正面行為表現：獨立、自律和開朗都是本時期培養出來的正面行為表現。

　　負面行為表現：依賴、焦慮、苦惱、退縮、過度謹慎，和過度關心「面子」，都是因此階段負面經驗導致的負面行為表現。

階段三（4~5歲）

　　正面發展：在本階段有6名男性和7名女性的發展屬正面。

　　負面發展：1名男性和3名女性的發展屬負面發展：

　　綜合發展：綜合發展的有7名男性和4名女性。

　　正面經驗：本階段的正面經驗包括了，和同儕玩耍的自由和機會、就讀幼稚園、受到父母或長輩的讚美和／或鼓勵，及開放的教養風格。

　　負面經驗：在本階段的負面經驗包括了，缺乏玩耍的自由和機會、懲罰、因遊戲造成的傷害、被排擠、父母對活動過度管制或限制。

　　正面行為表現：代表正面發展的行為，包含勤勉、主動、外向、有冒險心、勇敢、樂觀、好奇、毅力和想完成事情的動力。

　　負面行為表現：本階段的負面行為有罪惡感、悲觀、自我中心、恐懼感、害羞和沒精神。

階段四（6~12歲）

　　正面發展：5名男性、6名女性。

　　負面發展：5名男性、2名女性。

　　綜合發展：4名男性、6名女性。

　　正面經驗：學業成就、誇讚、獎項、新朋友、父母的關愛、好老師、被提名或當選班長、教會活動、有好榜樣。

　　負面經驗：考試成績不理想、老師太兇、被父母或老師忽略、和同儕相處不佳、手足競爭、父母或親密的家庭成員過世、在家裡或學校受到懲罰、搬家到一個沒有朋友的新環境、家庭狀況變差、身體形象不理想、家庭衝突、父母離婚、生病。

　　正面行為表現：用功、和同學相處良好、喜歡讀書和／或學校功課、成為基督徒、幫忙做家事、照顧弟妹、在班上當風紀股長、有自尊感、認同努力工作的父母、展現好奇心、有成就動機、有責任感、孝順、合作、喜歡運動。

　　負面行為表現：未發揮學習潛力、感到自卑、有學校恐懼症、逃家、有自殺的念頭、嫉妒同儕或手足、四處鬼混、情緒不穩定、感到挫折或沮喪、叛逆、緊張、逃避活動或社交互動、過度敏感、自我意識強。

階段五（13~19 歲）

　　正面發展：6 名男性、2 名女性。

　　負面發展：5 名男性、4 名女性。

　　綜合發展：3 名男性、8 名女性。

　　正面經驗：課業成就、進入著名學校就讀、好老師、誇讚、獎項、品行端正、宗教信仰、友誼、良好人際關係、工作經驗、學生活動、成為班長、父母鼓勵、交際圈加大、基督教友、家庭條件改善。

　　負面經驗：老師太兇、父母太嚴、與父母關係不佳、考試成績不佳、學校成績不佳、大學聯考失利、戀愛失利、手足競爭、

和同儕關係不佳、家庭衝突、父親事業失敗、父親或母親過世、窮困、偏好男性（指父母偏好兒子，對女兒是負面經驗）、長青春痘、過胖或過瘦。

正面行為表現：高成就需求、努力、認同父母、開始對某職業感興趣、進入大學、享受學校功課、參與學生和／或教會活動、成為基督徒、自我形象改善、找到生活目標、對自己的角色滿意、有良知且有責任感、為自己而努力工作。

負面行為表現：嫉妒手足或同學、與父母或同儕起衝突、不喜歡活動、對現狀極度不滿、對自己的角色或形象感到困惑。

階段六（20~40歲）

正面發展：5名男性、4名女性

負面發展：7名男性、6名女性

綜合發展：2名男性、4名女性

正面經驗：大學和／或研究所教育、教書和／或工作、職業身份、基督教信仰、親密朋友、父母詢問自己對家庭事務的意見、教書時受學生愛戴、課外活動、教會活動、情緒發洩、與父母和或同儕關係良好、交友廣泛、有明確的生活目標、社區服務、在學校競賽得獎、戀愛順利、在校住宿、受洗、去國外旅遊、找到好工作、結婚。

負面經驗：大學生活乏味或孤單、父母或手足過世、戀愛失敗、孤獨、貧窮、課業成績平庸或不佳、找工作不順、與父母或岳父母起衝突、喪失自信、無法交到親密朋友、缺乏歸屬感、人際關係不順、與家庭或同事關係不佳、無法建立親密關係、不滿意的調職、配偶嘮叨、單戀、對工作或他人失望。

正面行為表現：存錢出國留學、改善與家庭或同儕的關係、相信上帝、與異性朋友的關係改善、參與學生或社交活動、在教會活動扮演積極的角色、贏得社會支持、找到人生目標、參與社區服務、交到親密朋友、出國旅遊、享受婚姻生活、在延伸家庭中扮演資助者的角色、孝順父母、接受現實。

負面行為表現：逃避異性或社交活動、對親密關係又愛又怕、沈溺於對異性的幻想、壓抑對異性的興趣、工作和遊戲時被動、變得懶散、在社會適應上有障礙、與父母爭吵、喪失自信、感到自卑、與親密朋友分手、叛逆、感到不耐煩、焦慮、害羞、孤獨，或迷失。

□四個案例

表 5.2 呈現的 28 個案例當中，有一男一女的發展是最理想的，也就是六個階段皆屬正面。另外也有一男一女的發展是最不理想的，亦即六個階段中有四個為負面的。我們不妨來看看這四位個案的六個發展階段。

個案 1：男 10，30 歲。男 10（男性＃10）出生於貧窮家庭，前三個階段時，父親無工作但母親關愛且有耐心。到了階段 4 時，雙親都有了工作，但父親沈溺賭博。幸好，在母親適當的引導下，他獲得足夠的時間遊戲及學習。他在家是個孝順的兒子，在學校是個上進的學生。階段 5 時，他遇到一位啟發式教學的老師，助他培養廣泛興趣並鼓勵他繼續念大學。他也把幾位成績優秀的同學當作榜樣。他住在學校宿舍，而且高中畢業後開始

183

工作，使他得以更獨立。階段六的時候，他進入大學並兼職教書。他試圖交女朋友，但失敗了。在他母親的鼓勵與引導下，他終於結了婚，既樂在家庭生活也樂在工作。

個案 2：**女 6，23 歲**。女 6（女性 ＃ 6）她是父母的獨生女。她在前兩個階段很健康地長大，並在父母的關愛及照顧之下，建立了基本信任和自主感。同時，她有一隻可愛的小狗作伴。然而，自信滿滿的她稍嫌固執任性。她於第三個階段進入幼稚園，開始有較多的玩伴，而且也受到老師的喜愛。她既主動又自信，不過有些固執任性。她在第四個階段時很勤勉，常被老師誇獎。當她父親的事業遇到困難，而父母無法撥出太多精力時間關心她時，她學會自己照顧自己。她是一個開朗、活潑，而樂觀的女孩，不過第五階段進入女子高中時有些任性。她很喜歡學校生活，並參與許多學生活動。父親的脾氣變得不太好，因為事業不順利，她因而變得和母親比較親近。到了階段六，她覺得大學同學都相當友善，而且參與許多課外活動，享受和朋友之間的親密感。23 歲時，她是個外向、自然、熱情，且負責任的女孩。

以上兩個案例闡明了前六個發展階段的正面發展：接下來的兩個案例，在六個階段中有四個是負面的；前兩個階段都是負面的，因此對後來的發展產生不良影響。

個案 3：**男 13，25 歲**。男 13（男性 ＃ 13）在第一個階段的進食不太正常，他常常餓醒，因為家中共有六口，而父母正與貧窮搏鬥。到了第二階段，家中又誕生了一位妹妹，所以又多了一口嗷嗷待哺。由於必須照顧五個小孩，母親很沒耐心，經常打罵他，而且排泄訓練很嚴厲。這使他感到羞恥且懷疑，並變得固執

而苦惱。不過他在第三個階段時，享有充足的自由去玩耍和到處跑，且逐漸建立起是非觀念。到了第四個階段，他的課業成績不佳，常被老師責罵，他感到自卑。同時，又有一位弟弟誕生了。全家搬到一個新環境，他的新朋友不多。第五個階段時，他父親過世了，母親依然嚴厲，他變得畏縮，並暗戀一位女老師，促使他想成為一名老師。不久後，他開始與教會有一些往來，並在階段五的晚期進入大學。當時他是一個有自知之明、溫順，而有禮貌的年輕人。然而，他一直到下一個階段才完全確認自己的身份，當時他從大學畢業後，在工作上找到了成就感。有一位女朋友和一些大學室友不斷鼓勵他、勉勵他。但他在準備畢業考時疏離了女朋友。25 歲時，他再度感到孤獨和寂寞。

個案 4：女 3，23 歲。女 3（女性＃3）的情形和男 13 的很相似。她家中有六個人，包括四個小孩，所以小時候她母親無法給予她充分的照顧和注意。她和男 13 一樣，睡眠狀況都不是很理想。所以她逐漸對世界感到不信任和悲觀。到了第二個階段，她母親以羞辱當作訓練她排泄的手段。當她試圖以哭泣吸引父母的注意時，雙親甚至不准她哭，她因此深深感到羞恥和懷疑。第三個階段的遊戲對正常發展很重要，但她卻被禁足在家裡不准出門。她父親討厭愛打扮的女生，因此她的主動感未能充分發揮。到了第四階段當她開始上學後，她母親必須外出工作，很少有機會親近她。她幫忙做家事，學校課業也有進步。然而，在學校的表現卻未引起父母的注意。父親甚至像往常一樣打罵她。他們搬家到一個新環境，她被迫與朋友及鄰居分離。她也因為父母偏愛弟弟而感到難過。她瞭解到自己必須用功讀書，但仍不免感到自卑。所以此階段她的發展屬綜合的。到了下一個階段，青少年時

期的她有了更多朋友和更多老師可以和她互動。她的課業成績因努力而優異，但仍無法得到來自父母或手足的誇讚。她的父母重男輕女。她和兩位哥哥及一位弟弟的關係逐漸惡化。她有一位男性朋友，但友誼並未持久。她開始避免與男生接觸，她感到自卑又困惑。她現在變得非常敏感、沈默。到了階段六，她分別從她導師和父親那兒學到了正面和負面的教訓。她在尋找職業上遇到障礙。她教了一陣子的書，又改作護士。隨後又返回教職，因為無法適應醫院環境。她大概是因為意識到兒時父母忽略和管制對自己造成的傷害，故對待學生時較寬鬆，並受學生愛戴。她終於交到了一位男朋友，並期望同時達到身份認同和親密感，不過到了目前23歲的這個年紀，她仍感到有些孤獨和困惑。

□討論

雖然樣本不大，無法強調其代表性，但我們依然可以從中看到發展的趨勢。在這四個案例當中，最理想和最不理想的發展歷程各佔一半。就男女雙方的大多個案看來，第一個階段多半是平順的，結果也是正面的，三個類型的分佈人數都差不多（正面個案有 12 名男性和 11 名女性，負面個案有 2 名男性和 2 名女性，綜合個案則女性 1 名、無男性）。然而，接下來五個階段的發展就不那麼順利的。大概是因為第二個階段的排泄訓練，女性受到的訓練較嚴厲，且較常被責罵，此階段的自主培養對女性比較困難，因為男性有八個正面個案，女性卻只有五個。

另一項性別差異出現在第四個階段。本階段男性的負面個案比女性的多出了三個（5 名男性和 2 名女性）。這大概是因為父母

對兒子的課業成績施予的壓力較大，而使得男孩們在小學時期較容易感到自卑。到了階段三，之前的五個負面男性案例中，有三個已經轉成綜合發展，另外的兩個也成為正面發展。

第三項主要的性別差異可見於階段五，此時已經成功解決身份認同危機的男性比女性多（6 名男性和 2 名女性）。這種差異有兩種詮釋方式。第一，女性整體而言，在身份認同上遇到的障礙可能比男性來得多。假如我們把社會期許考慮進去，女性的發展過程就更複雜了（Franz & White, 1985）。許多女性在找到配偶之前，可能必須先隱藏自己的某些部份（Evans, 1967）。換句話說，許多女性就像我研究中大多的女性樣本一樣，必須把親密議題擺在身份議題之前，而男性卻較能順應 Erikson 的階段逐步成長，把身份認同放在親密之前（Schiedel & Marcia, 1985）。

第二，可能女性的「身份認同成長模式是雙相的（diphasic）」（Schiedel & Marcia, 1985, p. 158）：有些人追求的是事業且／或意識型態導向的路徑，並在 20 歲以前就完成的初步的身份認同；有些人則依循偏向家庭導向的路徑（O'Connell, 1976），並一直到扮演了妻子和母親等社會角色後，才開始形成自我建構的身份（Marcia, 1980）。除了這兩群女性之外，也有一些人試圖同時把兩種角色（事業女人和家庭女人）都扮演好，不過通常不成功。雖然華人社會的職業婦女人數正在增加中，但大多女性就像我樣本的女性一樣，都比較家庭導向或偏向家庭，或頂多是「現代式的傳統（modern traditional）」（Helson et al, 1985）。

我的發現和 Ochse & Plug 的（1986）不太一樣。他們的結果顯示，他們南非女性樣本中的白種女性解決身份認同危機的年齡，比白人男性來得早。他們提出兩種解釋。其一是女性很早就

能預知自己的身份（她們接納了妻子和母親等傳統角色時，便預知了自己的身份）。另一種解釋是「到了形成身份的關鍵時期時，親密和創發性已經發展到某個程度了，在這方面女性勝過男性。」（Ochse & Plug, 1986, p. 1249）他們的研究結果，證實了一般所認為的「白種女性的親密發展比白種男性要來得早，而且到了青少年時期時，她們對親密感已經相當熟悉了。」（Ochse & Plug, 1986, p. 1249）他們的發現和我的不同，大概是因為我香港樣本裡的大多華人女性，既沒有比香港男性提早預知自己身份，也沒有比男性更早發展出親密感。我樣本中的女性個案，青少年時期仍然在學校裡讀書，她們大多尚未對未來的職業作規劃，也沒有親密朋友（尤其是男朋友），因為父母和老師都不鼓勵在這個年齡交男朋友。大多數華人（尤其是華人知識份子）在青少年時期都需要一段緩衝時間，才能適應童年時期被賦予的身份元素。對華人男性及女性，尤其是 Ochse & Plug（1986）所強調的男性而言，自我認同的危機是在青少年時期之後發生的事情。這或許可以解釋為什麼我香港樣本中的大多男性和女性未能在青少年階段解決自我認同危機。

然而，就算在青少年時期或之後解決了自我認同危機，也不見得就一定能完成親密感。舉例來說，有兩名男性（男4和男7）在階段五完成了身份認同，但並未在階段六建立親密感。在階段五未能解決自我認同危機，可能變成在階段六同時完成自我認同和親密感，如男5和男8這兩個案例。未受過高中或大學教育的華人，可能反而比受過高等教育的華人，更成功地解決自我認同和親密感的危機，因為他們可以預見（不用經歷太多的追尋和質疑）自己的身份，也因為他們往往早婚。

階段六，男女在三個類別（正面、負面、綜合）的分佈人數都差不多；男性和女性在此階段多半未能達到滿意的親密感。只有一名女性（27 歲）和四名男性（平均 28 歲）結了婚，但婚姻並不保證有親密感。已婚的女性（女 4）和四名已婚男性其中的一位（男 9）僅局部解決親密危機；他們在此階段屬綜合發展。解決了親密危機的四名女性和五名男性中的兩位（男 8 和男 14）都是未婚的。

整體而言，綜觀 28 個案例以及細看的四個案例，都支持了 Erikson 的性格理論。由於 Erikson 認為一生當中，所有的性格元素都會發展到某種程度，故這些元素會相互影響，也會平行地發展到某種程度（Ochse & Plug, 1986）。上述的個案研究也支持了這樣的說法，例如女 3（女性 # 3）希望儘快同時解決自我認同和親密感的危機。身份的形成並不侷限於青少年時期，那是一生經驗累積的結果（Erikson, 1968）。一些研究者（Conger, 1973；LaVoie, 1976；Adams & Jones, 1983）發現，不同的教養風格，既有可能使自我身份認同的過程更加順利，也有可能使它更加困難。女 6（女性 # 6）的案例支持了這個想法，她和雙親的關係多半是溫暖而正面的。女 6 的案例進一步顯示，獨生子或獨生女不見得會如中國大陸一胎化政策下被寵壞的孩子那樣，注定要發展出負面的性格（Jiao, Ji, & Jing, 1986）。

研究二　六個中國大陸個案詳述

本研究探討的是六個中國大陸個案，包括三名男性和三名女

性。前兩個案例如研究一一樣,主要是前六個心理社會發展階段。後四個案例則包含了一生的八個發展階段。我將個別呈現六個案例,並討論各個案例的心理社會發展情形,以驗證 Erikson 的理論。

前兩個案例是一位年輕男性和一位年輕女性,他們大約處在第六個心理社會發展階段的中段。另四個案例是兩男兩女,他們已經進入 Erikson 性格發展八階段中的最後一個。四位個案中有三位已經六十多歲了,有一位男性已經 91 歲了。六位個案都是受過高等教育的成年華人。

我曾以客座教授的身份,在中國大陸東部的一所大學教授發展心理學的課程,那兩位年輕個案就是我當時的學生。他們寫了一份個案報告,那是課堂上要求的作業。那四位較年長的個案,則是我任教於中國南方的另一所大學時的訪問對象。他們其中三位是旁聽我發展心理學課程的學校職員。另一位男性則是一位化學工程師,我認識他已經四十多年了。六位個案至今都仍與我保持聯繫。兩位年輕人的個案報告,以及四位年長個案的訪談內容,再加上他們的信函,共同組成了本研究的主要資料來源。

六個案例如下所示。每個案例某些階段的資料較豐富,因為個案提供的資料內容不均。

個案 1（女性,27 歲）:先獲得親密感後才完成身份認同

L 是一位 27 歲的心理學家。她的父親是醫生,母親是護士。她是家中的老么,也是唯一的女兒,她上面有兩個哥哥。她出生之後,她母親請了一位褓母來帶她。因為母親的奶水不足,她也曾經給鄰居的一位媽媽哺過乳。她三歲後被送到鄉下交由外婆照

顧。她的外公外婆比一般住在鄉下的人都來得富裕。他們住在大庭院裡。外婆對鄰近的小孩和對 L 都很慈祥。所以 L 有不少玩伴。他們經常在大院子裡玩耍。L 固執任性又愛吵架。外公婆都疼她；他們對她既沒有太嚴格也沒有太放縱。L 和他們一起居住了將近三年。

到了六歲時，L 搬回去和母親一起住，此時母親已經從文化革命安定下來，在一間省立醫院裡工作。L 像以前一樣任性，不管母親去哪她都要跟。父親被派往別處工作，二哥和祖父母一起居住，大哥則和外公婆一起住。兩位哥哥分別在一年和兩年後，搬回去和母親一起住。L 七歲開始上學。她主動又活潑，但仍然任性。她變得好勝又好強。她既和同儕玩，也和年紀較大的孩子玩。

小學從一年級到五年級，L 都是當班長。她也參與課外活動，如桌球、美術和籃球隊。她在許多方面都表現優異，所以產生了優越感，並成為老師和同儕目光的焦點。然而回到家以後，她和鄰近小孩玩耍時，她變成追隨者而不是領導者，因為鄰居小男孩、小女孩都比她大了一、二歲。她因為常常和男生（包括她的兩個哥哥）一起玩，使她有點男孩子氣。

L 和同儕玩耍時雖有些粗魯，但她仍黏著母親不放，而且和大人聊天時，常常靜靜聽大人說話。當時在大人的眼中，她是個安靜而沈默的女孩。從小學三年級起，她開始喜歡閱讀小說，她哥哥們會從學校借書回來，母親也會從醫院借一些。她藉由閱讀小說，大大拓展了對人事物的瞭解。

L 小學畢業的那一年，政治環境有了很大的轉變，激進的四人幫已被解散。當她進入國中時，大陸又回到像文革以前那樣，

重新重視課業了。國二能力分班下，她被分到「超快」班，這種班級必須在一年之內完成國二和國三的課程。她雖然已經名列前茅，但由於導師過度苛求，她仍不免遭受批評。批評反而令她感到驕傲而非羞恥，因為她獲得更多的注意，那正是她所需要的。

L為了使人認為自己很聰明，她假裝對平常小考毫不在意，但成績卻非常優異。14歲時，L被封為共黨青年軍的一員，那是中共表揚傑出青年的一個象徵。一年之後，她省立聯考的成績使她得以進入該地區最頂尖的高中。

進入高中後，每個人似乎都「埋在書堆中」，全都努力用功為競爭極激烈的大學聯考作準備，班上的氣氛因此變得很枯燥。但是，L和班上的一些同學卻沒有這麼用功。晚上別人在用功的時候，她甚至還看電視。高中兩年的生活（當時大陸高中大多都是兩年）很快就要結束了，L對大學聯考根本還沒準備好。結果她聯考失利了，並感到丟臉。她在複習班級又努力用功待了一年，終於以17歲的年紀，進入中國東部最好的大學之一。

選擇主修的科系時，她父親建議她學醫，但她不願像父親一樣當醫生。她高中時選擇理組，因為理組學生比文組學生來得威風。她選擇理組的另一個原因是，為了反駁女生不適合念理組的傳統觀念。然而，她終於作了一個折衷的選擇，決定主修心理學，她認為這個科系兼具文、理組的優點。

L在進入大學以前，不論去哪兒都有大人陪著。她頭一次去大學校園也是由母親帶她去的。來到大學所在的都市後，她逐漸看到人與人之間的自私和不公平，使她對這個世界感到有些失望。她也覺得大學和過去的小學、國中和高中有所不同，因為她不再是眾人矚目的焦點。她現在的同學也都是其他縣市的菁英。

因此，身旁的人不再特別注意她，她覺得有點自卑，待人處事時也比較謹慎了。

雖然 L 的性格在表面上有點改變，但她基本上沒有變。她表面上對校園裡發生的事情不在乎，但內心裡仍然有著強烈企圖心和崇高自尊。大一的時候，她是班上少數按照客座教授之規定交出作業的學生。幾年後，亦即 1991 年時，她是唯一以近年生活經驗為課業報告交給那位教授的舊學生。

L 於 1986 年、當她 21 歲時，繼續就讀該大學的研究所，並在三年後拿到了博士學位。然後開始在同一個都市裡的師範大學展開教職生涯。同時，她計畫參加托福考試，去美國唸書。她 24 歲時頭一次談戀愛，對象是一位同事。這位男士是北京來的一位藝術講師，他在六四天安門運動中，積極支持政治改革。當她發現這個男人既花心又不負責任的時候，她曾經想懸崖勒馬，但是卻無法自拔，一直到他一年後回到故鄉北京，愛上了一位美國女孩後，這段戀情才宣告結束。這樣不愉快的結局，當然深深傷害了她。她希望自己可以透過這一段經歷而變得更成熟。接下來這一年，在親朋好友的驚訝之餘，她和一位同鄉、就讀於美國加州某大學的博士研究生閃電結婚。她兩年前就認識這位男士，他也返回大陸完婚。她相信這個男人比那位藝術講師合適自己。她於 1992 年到國外與丈夫團圓。一年後，也就是她上次寫信給我的時候，她正在申請加入加州大學認知心理學系的研究計畫。

個案 2（男性，29 歲）：同時達到親密感與身份認同

H 是一位主修教育哲學的的 29 歲男性研究生。他家是三代同堂：祖父母、父母、兩個哥哥和兩個弟弟。祖父是個賭徒，把所

有的家當都敗在賭博上。父親是一家醫院的院長，後來醫院變成國營機構。母親就在這家醫院工作。因為家中共有八口，因此經濟狀況有些拮据。然而，生活相當平靜，家裡氣氛很和諧。

祖父既權威專制又不理性，但是對孫子很寬鬆，家中所有的大人都怕他。祖母因宗教信仰而吃素，她很少去管他人的事情，也從不會發脾氣。H 的祖父很嚴格，脾氣也不好，因此 H 的父親個性內向且有些叛逆。他青少年時出去作學徒，後來當了十年的紅衛兵，隨後返回家鄉。和祖父相較，父親是一個對家庭負責任的人。他鼓勵子女要誠實、謙虛，而且要腳踏實地。

母親來自於一個 1949 年以前之「舊社會」的富裕家庭。她被教導要在新社會裡當個賢妻良母和好工作者。她很愛子女，但沒有空好好照顧他們。H 嬰兒時期的餵食並不是很規律。母親雖然對子女管教寬鬆，但她脾氣並不好。H 寧可多和父親待在一起。由於 H 和父母的關係良好，尤其和父親關係甚佳，因此 H 成為一個外向、自信、獨立、勇敢、幽默，且有安全感的人。他是家中唯一唸過大學的小孩。

母親太忙碌時，就把 H 交給一位奶媽帶，因此 H 嬰兒時期的發展偏於負面，他吃得不好、睡得不好，而且整天常常哭。後來他在階段 3 時得了重病。他在病床上讓大人們都大吃一驚，他用唱歌來安慰憂心的父母，唱之前還說：「別擔心，我沒事的。假如不相信，我唱歌給你們聽。」從那之後，父母就比較細心照顧他了。而且，從他兩歲起，家人就開始教他說話、唱歌和數數兒。他的整體發展從此趨向正面，只不過此時的他體重不足。他現在又高又瘦。

到了第三階段，他充滿了好奇心和想像力。他的語言能力勝

過常來他家找他玩的同儕。因為父母兩人都在工作，他們便請外婆幫忙帶小孩和做家務。不過，外婆太忙於做家事，不太有空注意他。所以他獲得相當多的時間和空間來建立他的主動感。

第四個階段初，在七歲進小學之前，H的學習慾變得很強。他向大人們問很多問題，並在鄰近學校的教室外面聽老師講課。他把從大人那兒（大多從父親那兒）聽來的故事說給同儕聽。他勤勉的特質發展得相當好。從一進小學起，他就是個表現傑出的學生。他每年都當班長，老師誇他，父母疼他。當班長更喚起了他的責任感，他認為自己必須當同儕的榜樣，並在每一方面都跑在前頭。

四年級起，他開始讀小說，並把讀到的內容講給同學聽。他的閱讀、口語和寫作能力都因此大有進步。他很快就成為全校的學生代表，每次學校有全國性的節慶（例如勞動節、國慶日），都會指派他參加。他變得更自信且感到光榮。回到家裡，他也是附近同儕中的孩子王。他在校內、校外都交了一些好朋友。

國中是一個新的發展環境，他從國小高年級時就在期盼上國中。他再度被導師選為班長。到了國二他被分到「快」班。此時他變得傲慢狂妄，成為同學們嫉妒的對象，以及老師們偏袒的對象。不過，他還是交到了一些好朋友。這些朋友至今都還有聯絡。高中聯考對他是一個困難的關卡，為了幫助他越過這道關卡，他父母幫他請了一位家教老師複習功課。

進了高中，H發現課業競爭變得更激烈了，父母的壓力也更大了。理由很簡單：每個人都想進大學，但僧多粥少。這是H第一次離家去別的城市讀書。他因此必須學著獨立生活、自己照顧自己。高二時（也就是當時中國大陸大多高中的最後一年），H

愛上了班上的一位女同學，這是他的初戀。這在當時是很少見的事情，因為高中很不鼓勵與異性交往。雖然他的戀愛很甜蜜，但課業卻一落千丈。他和他美麗的女朋友都沒有考上全國性的大學聯考。

　　幸好，他父母、老師、朋友，尤其是女朋友，都持續鼓勵他、支持他。他女朋友轉而工作，H則準備在下一年重考。但是由於考試時緊張，他高分落榜。他想放棄，但是他父母不准。為了換個環境，父母安排他搬去和姑姑住，進入另一所學校的複習班就讀。兩次的考試失利，對H的性格產生深深的衝擊，至少目前是如此。他變得內向、失去自信和榮耀感。他對他女朋友的興趣也減退了。

　　努力用功了一年，體重也減掉了五公斤左右，H終於通過全國大學聯考，進入了自己家鄉一個大城市的著名大學。然而他對這次的成功，並不覺得有什麼值得興奮的。他一開始甚至不願參與校內的學生活動。不過他的性格很快就穩定下來。他在社會規範之內，隨心所欲地發揮自己。他在課業上的表現不錯，自認可以符合大學生之身份。他相信即使自己的能力再差，把自己所學貢獻給人類，是他的責任所在。在人際關係上，他覺得沒有像高中時那麼快樂，因為他在大學找不到真正的朋友。他和女朋友也吹了，因為她沒有繼續讀大學。他的父母多少不太贊成他們繼續交往，他們的意思是那個女孩配不上他。雖然H仍愛著她，但他覺得她不再是他從前熟悉的她，他想大概是工作環境改變了她。

　　大學三年級時，有三件事情讓H的心理社會發展更有進展：他和班上的一位女同學戀愛了、他被選為學生會的會員，而且他參加了主修科系的實習課程。他在這三件事情上的表現都很傑出

——他是一個快樂的戀人、一個有效率的學生活動企劃者，也是一個成功的實習老師。這些正面經驗恢復了他的自信；他再次感到自信和自傲。畢業後，他女朋友繼續在同一所大學攻讀碩士學位，他則被派任到另一個城市的大學工作。他在該大學擔任人事行政人員的職務，過去培養的所有能力和優點，幾乎全都派上用場。在該大學工作的三年當中，他成功地和各式各樣的同事融洽相處，也盡可能地遵循自己的原則。他的老闆很賞識他，且想幫他升職，但他決定辭職，去應徵母校的一項研究計畫。他作此決定，有三個原因：為了和女朋友結婚且住在同一個城市裡、為了把自己工作時受的訓練和準妻子的訓練作結合，以及尋求學者或大學講師的身份。

因此 H 在外地工作三年後，回來作畢業後研究，他女朋友也已經成為大學講師。他們在四年的相知相惜後結為夫妻。這段感情肯定比高中的那一段感情來得細膩。在這四年當中，他學會為自己所愛的女人犧牲、包容和忍讓。他目前的這段親密關係，對他此後的性格發展是最有幫助的了。

1991 年，H 來信說他預計 1992 年 7 月能拿到博士學位。他希望在當地找一份工作。假如無法和妻子在同地工作，他計畫申請她研究機構的博士研究計畫。他比較想當教授或講師，不想當行政人員。雖然他對複雜的人際關係都能處理得宜，但他在另一所學校工作時，對那麼多充滿敵意和自私的人感到厭倦了。

個案 3（男性，91 歲）：延伸的創發性

W 是一位 91 歲的退休教授。他父親是不識字的農夫，母親是不識字的家庭主婦。W 是家中的次子，他有一個哥哥、一個弟

弟和兩個妹妹。他 12 歲開始上學，小學時上學兼打工。 17 歲時
進入一所師範大學免費就讀。接著在國中教了四年半的書。他 22
歲的時候結了婚， 26 歲以前都與父母同住， 26 歲時靠國民政府
的公費前往日本留學。六年後他返回中國大陸，任教於一所高
中，後來在該校當了 18 年的校長，直到 1949 年共產黨掌權為
止。然後在「革命大學」完成了一年的意識型態研究後，他被派
到一所師範大學任教，直到 1987 年他於 86 歲的年紀退休為止。

　　W 在嬰兒時期和童年初期都受到母親相當好的照顧。母親很
嚴格，尤其是對女兒。父親的脾氣比母親的脾氣好。他們偶爾罵
他，但從不打他。 12 歲開始唸書時，他開始討厭富人、同情窮
人，因為童年時期有錢人欺負他們家。父親把他送去唸書，為了
提升他自己的社會地位。父親比母親對他期望更高。他把唸書的
目的設定在拯救國家和他家，並決定成為教育家， 17 歲時進入
師範學校就讀。

　　他教書教了 62 年，從 1950 年起就當教育系副教授，一直到
1987 年退休為止，從來沒有申請升職，他認為正教授或博士學
位，並不比副教授或沒有博士學位要來得好。他對名利不太重
視。這大概也是他到了 91 歲身心都還很硬朗的原因之一。他身
心都很健康的原因可能也因為他從 31 歲起就每天晨跑， 47 歲起
就洗冷水澡， 71 歲起開始唱革命歌曲。他晚上九點上床睡覺，
早上三點起床，下午會午睡半個鐘頭左右。他和小兒子及媳婦住
在一起，從不抽煙、喝酒，而且從不和太太吵架。

　　他太太比他小四歲，享年 78 歲。她是個未受過教育的農
婦，透過父母的安排相親結婚。他把太太教到小學的程度。他們
有兩個兒子，兩人都過高等教育，在大學裡任教。他太太脾氣很

好，從不罵或打子女。兒子小時候比較調皮時，他會罵他們，但從不打他們。家人關係還不錯，不過兒子們結婚後對父母就不是那麼好了。他說：「有了媳婦，就沒了兒子。」

W非常高興看到有些從前教過的學生如今成了大學校長，而且順道經過時還會來拜訪他。他88歲時寫信告訴我，正式退休近兩年後，他愉快地過著「第二春」的生活。他試圖做一些從前沒有機會做，而有意義的事情。譬如說，他把自己的積蓄（大約9000元人民幣，相當於1800美元）捐給一些學校和教育組織，並撰寫了一份關於他家鄉鄉村教育的觀察報告，附有改良建議。自78歲起，他編譯了三本書，並寫了許多有關教育的論文。他以一些長壽、到了八、九十歲仍對社會有所貢獻的華人或西方學者（例如蕭伯納和羅素）為榜樣。他說91歲的他仍是活躍的。

個案4（男性，66歲）：反叛的身份和遲來的親密感

C是一位66歲的退休化學工程師。他父親只受過兩年、由家教老師指導的非正式教育，後來成為私人銀行職員。C的母親不識字。他是家中四個兒子裡最小的，他有兩個姊姊和一個妹妹。他和父母一起住，一直到他們過世（父親享年76，母親享年70）。他的兄姊妹們到結婚前也都一直住在家裡。父親相信命運之說，他偏好老大和老三，因為他們的運勢比較「好」。C打一出生就不得父親的寵，因為算命的說C的運勢很「壞」。他小時候常被父親打。

母親愛每一個小孩，也同情C，但是無法阻止父親打他。C是對母親最孝順的孩子，但他恐懼且怨恨父親。全家人都相信命運，而C則不太懷疑地接受了自己的「運勢」。父親的舉止行為

有如暴君，但對女兒不如對兒子那麼嚴格。三個女兒後來比兒子對父親更孝順。七個孩子當中，只有大兒子接受過四年的高等教育，因此也最得父親寵愛。

父親對待母親也一樣粗暴，但母親就像許多傳統中國婦女一樣，非常包容他。祖母既嘮叨又挑剔，而且對母親和 C 的態度都不好。她在 C 24 歲時過世。由於社會環境不穩定，C 的六年初等教育共經歷了兩種形式和四所學校。有兩年是請家教老師在家中單獨授課，其餘的四年則分別在四所不同的學校裡度過。在學校他的畫畫、歌唱，和登台表現都相當不錯，並贏得老師的誇獎。後來日本人侵入中國，使他有兩年沒去學校上學。大約 14 歲的時候，他撞見二哥的色情圖片。從此之後的三十多年，C 的身心都飽受夢遺之苦。

C 於 15 歲時進入國中就讀。他的課外活動表現優異，很受同學歡迎。到了國三快要畢業時，他為了自認為是正確的事情，起而反抗校方。他在校內、校外都交到一些不錯的同性朋友。其中有兩個朋友至今仍有聯絡。當中有一人於 1949 年離開大陸，去了台灣。另一個朋友才華洋溢，C 常常和他分享想法、理想、喜悅和憂愁。

C 顯然覺得專心讀書並不容易。C 回想這段時期，他覺得自己有音樂和藝術表現方面的天賦，卻未能有機會發揮它。當時，學業成績依然是爬上教育階梯主要的、甚至是唯一的途徑。由於功課準備不夠充足，C 的高中聯考失利，在家裡待了一年。後來日本投降，國民黨和共產黨的內戰爆發了。由於 C 自認沒有能力繼續追求正規教育，他選擇進入了一所會計學校，希望以後能透過父親的管道到銀行工作。然而念完了一年的會計課程之後，他

卻無法如願進入銀行工作。他感到羞愧，在家裡又待了兩年，直到 1949 年共黨軍隊佔據了他的家鄉。他那時 24 歲。

為了找一條出路，C 在父母的反對之下，加入共黨軍隊。他在軍中教士兵們唱歌，並負責康樂活動。三年後，軍隊推薦他參加一所科技學院的入學考試。他獲准就讀一個為期兩年的化學工程課程。他覺得該課程很困難，但在同學的幫助下，他還是畢業了。畢業後，他在北京當了四年的技師，接著被派到中國西北方偏遠的一個省分。他在那裡熬了七年的苦日子後，才在從前北京上司的幫忙下，在中國東南方的山區地帶找到一份工作。他在一間工廠當了二十五年的化學工程師後，於 65 歲被迫退休。

C 是一個好人，有時候好得太天真了。他常常以金錢或其他方式幫助朋友和親戚。他對他人慷慨，自己卻很節儉。他信任他人，卻缺乏自信。他很在意自己，尤其在意自己禿頭。大概是因為父親惡言相向產生的心理壓力，以及夢遺導致的生理疾病，C 從二十多歲起就開始掉髮，三十歲左右時就完全禿頭了。他從那時起就養成了戴帽子的習慣，不論去哪兒他都戴著帽子，唯恐被他人嘲笑。雖然帽子對他而言是個沈重的心理和生理負擔，但不論天氣有多熱，他都沒有勇氣在眾人面前脫下帽子。

還有一件事情值得注意，就是 C 遲來的戀情。C 從 22 歲以前就渴望愛情。在那之前他暗戀過幾個女孩，從沒有勇氣表白。但在其他方面他並不害羞。22 歲念會計學校時，他相當活躍。他那時候很愛唱歌、打排球，和每天早上朗讀英文，這相當吸引同儕注意。有一天晚上，一位女同學和他一起散步時對他表示好感。從那之後，他們就戀愛了。這是第一次有女生喜歡他，他感到甜蜜得不得了，整顆心都被他女朋友所佔據了。這女孩想和他

結婚，但他遲遲未做出決定，因為他沒有足以養活一個家庭的經濟能力，他在心理上也還沒準備好。女孩在失望之餘和他分手。

　　C後來又相繼和兩位女孩交往，但都很快就吹了。他等了又等，等姻緣注定的女孩出現。他的親戚朋友比他還著急。1969年有一天，他那時44歲了，他和他姪女在回家過農曆新年的路上遇到兩名年輕女孩，她們走在他們後面。年紀較小的女孩較害羞，年紀較大的女孩二十多歲了，比較健談。一路上，C和她們聊天、說笑話、唱歌給她們聽，大約過了半個多鐘頭才各自離去。他答應寄一些他知道的歌給她們，並取得了她們的住址。年紀較大的女孩回信時以「叔叔」稱他。半年內書信往來了三、四次。後來又更頻繁了。女孩的家庭是地主，在當時共黨的統治下，這種身份是非常不受歡迎的。文化革命時，女孩高中畢業就被送到鄉下勞改。在那些苦澀的歲月裡，C給予她很大的鼓勵和安慰。

　　兩年後，也就是1971年的農曆年，C邀請他的女朋友來家鄉看他的家人。這是他們第二次相見。但C不敢有任何非份之想，因為兩人年齡差距不小（他已經46歲了，而她才24歲）。他們之後仍保持書信往來。連續通信了三年之後，他們變得相當瞭解彼此的內心。他的誠懇、由衷的關心和溫暖的信函，都贏得了她的好感、感激和愛情。1972年又是農曆年假期，他們第三次見到了彼此。這一次女孩邀請C去見她的家人。為了避免不必要的流言，C請姪女陪他一起去。他和她的家人共處了三天。她父母顯然對她的男朋友很滿意，也沒特別在意年齡的問題。終於，C鼓足勇氣吻了她女朋友。這是她的初吻。

　　後來C在他工作的省分，幫女朋友爭取到一份工作。她的表

現受到讚賞和推薦。於是她成為該地的鄉下學校老師。 1974
年，C 在 48 歲的時候，終於在親朋友好友的驚訝之下，迎娶了
他 28 歲的女朋友。三年後的 1977 年，也就是四人幫垮台一年
後，大學入學考試又重新舉行。C 的太太參加了考試，並成功上
榜。她以優異的成績念完師範學校兩年的課程，該校邀她留下繼
續服務，老師們則鼓勵她繼續接受訓練。不過，她婉拒了他們的
好意，因為她認為她先生需要她。所以她寧可在 C 工作的地方，
教當地的小孩唸書。從那時起，她對丈夫無微不至，並全職擔任
工廠附設學校的教師。

　　C 因為未能受到完整的正規教育，而且工作的地點離市區很
遠，因此他對自己的事業相當不滿意。但他覺得自己雖然晚婚，
能遇到這麼好的太太卻是三生有幸。他說：「上帝很眷顧我，賜
我這麼一個善解人意的好太太，不過在其他方面卻不是很公
平。」大概是三十多年來的夢遺所致，C 無法使太太懷孕。C 和
他太太，在他人好奇而懷疑的眼光下度過七年之後，在朋友的建
議下領養了一個三個月大的男嬰。

　　由於 C 的父親極粗暴又有偏見，因此 C 很自卑。他很衝動、
沒耐心，而且對他人的反應非常敏感。但另一方面，他又樂於幫
助親戚朋友。尚未結婚以前的二十多年中，他把三分之一的收入
都給了二哥，因為二哥收入較少，子女又較多。

　　64 歲正式退休時，C 仍每天都去辦公室，盡一切力量幫助有
需要的人，直到一年後完全退休了才停止。他整天待在家裡感到
孤單，因為太太和兒子都在學校。有時候他感慨生活不夠豐富，
自己的理想也未能實現。他說假如有下輩子的話，他會選擇不同
的生活，不過仍會娶同一個太太，並且像這輩子一樣全心全意愛

著她。為讓自己的退休生活過得更有意義，他開始大量閱讀、種花蒔草，並幫太太做家事和帶小孩。過去十四年裡，他和1949年去了台灣的那位老朋友又見過三次面。自從上次相見後，C就不斷唸著要再見面。他常常和這位朋友聯絡。上一封信於1997年四月寄到台灣。

個案 5（女性，64 歲）：完成身份認同而無親密感

Y是一位64歲的心理學女教授。他祖父是位有錢的商人。父親在德國念化學研究所時精神崩潰。母親是位小學老師。Y是父母唯一的小孩。母親必須照顧先生和女兒。她既嚴格又衝動，不過大多時候還算理性。Y國中時，母親得了肺結核。Y必須照顧同時生病的雙親。父親的心智疾病，使她從高中起就對心理學產生興趣。雖然現在沒有從前那麼內向了，但Y的性格（內向、敏感、有良知、愛國）基本上沒什麼改變。

Y從幼稚園念到大學，一路接受了完整的教育，念的學校全都是美國或英國教會在中國創辦的學校。就在大學即將畢業、共產黨掌權的前夕，Y離開大陸，前往香港，到叔叔那兒尋求庇護。兩年半之後，她基於孝心和愛國心獨自回到大陸。她自高中時期，大陸被日本軍隊佔據的時候，就決心要拯救祖國和國人。她的意識型態，也因閱讀了同學推薦她的俄國翻譯小說而更加強化。她的愛國心加上她對共產黨的信念，促使她從香港返回家鄉。此外，她的孝心也更促使她回家，她雙親因疾病纏身，未能和叔叔們飛往香港。

Y在南方的一所師範學院完成了高等教育，接著又去北京的一所師範大學讀了兩年半的研究所。27歲時，她被派到南方的

另一所學院教書，一直到二十四年後，她又回到研究所母校教書。她31歲時結婚，丈夫是之前的同學，他們認識八年後才結婚。她從來沒交過別的男朋友。她結婚是因為母親不斷催她。中國人傳統的觀念是女人應該趁年輕盡快嫁人。她向來念的都是女校，一直到大學四年級轉校時才認識了丈夫。由於沒有受過性教育，也很少與異性接觸，她甚至到了二十歲都還不知道怎麼生孩子。她說她一直到研究所之前都對異性沒什麼興趣。

結婚後，她對性的興趣缺缺，先生對性生活並不滿意。大半的時間他們兩人分隔兩地工作和生活。由於無法生小孩，Y在母親的提議下，未經先生同意就領養了一個兒子。Y和她先生只在一起七年，也就是兩人都在母校任教的那七年，她57歲後就申請轉調到另一個城市的一所名校，她母親和領養的兒子都住在那裡。所以她又再度拋下丈夫。領養的兒子如今已成為一名老師，從被領養起就和母親Y住在一起，很少看過Y的先生。

Y是一位成功的大學老師，廣受學生歡迎。58歲時，透過美國一位友人的協助，她得以去美國一所著名大學，以客座學者的身份作研究。一年後返回中國。她的老師國際聞名，她翻譯了老師的一本著作，在中國發行，當時她61歲。從那時起，她個人的心理學教授聲望開始提升。雖然在中國，女性應於55歲退休，男性應於60歲退休，但1992年她64歲時，依然熱中於教學和研究，幾乎毫不顧慮婚姻生活。1993年，她編輯了一本在全球發行的心理學書籍，而且立刻告訴我這本書上市了。

個案6（女性，66歲）：**艱難地完成了身份認同**

F是一位66歲的大學心理系退休教授。他父親是農夫兼鄉下

家教，母親不識字。Ｆ有兩個哥哥、兩個姊姊和一個弟弟。在她出生的那個鄉下社區盛行大男人主義，女性不論在戶內或戶外都需比男性更辛勞工作，而且通常沒有受教育的機會。由於她出生時已經是第三個女兒，父親又巴望生兒子，因此她變成家中沒人要的小孩。兩個哥哥都念了大學，弟弟在父母的反對之下，高中一畢業就加入軍隊。兩個姊姊都沒受過什麼教育。Ｆ想去唸書，但父親不同意。然而，她很堅持，母親也暗中支持她。所以她去上學了，並在週末假日工作。父親要求她高中畢業以前，都必須到山裡砍柴，再拿到城裡賣錢。為了保住面子，她到街上賣柴的時候，儘量避免被老師和同學看見。

父親對Ｆ非常嚴厲，而且常常打她。母親和所有的子女都畏懼父親。Ｆ自童年起就痛恨女性受到的不平等待遇。她對父親的粗暴感到很憤怒，但沒有公然反抗他。她旁聽父親的課程時，學到一些基本知識。雖然父親反對，但是她仍想辦法在12歲的時候，從四年級開始展開正規教育，並於21歲的時候高中畢業。她把教育視為是提升家庭以及自己之社經地位的一種方法，也是唯一的方法。大學聯考她考了三次。她失敗了兩次，但第三次時得以進入一所師範學院，那時她25歲。大學時，她跟隨了共產黨號召的新任務——為祖國服務。

大學畢業後，她在同一所大學裡擔任了三個月的助理，接著獲准去北京的一所師範大學，在俄國教授的指導下，進行心理學方面的研究計畫。兩年半以後，她回到原先的學院。她34歲的時候從助教升格為講師，在這個職位上待了二十六年，然後於60歲的時候成為副教授。隔年她從該學校退休（該校已成為師範大學），她在那裡共服務了約三十年。她在同一城市的一所私立高

中擔任了一年半的兼任老師，直到該校不再需要她後，才完全退休。她一開始很感慨必須幾乎整天待在家裡，為了降低這種空虛和寂寞的感覺，她決定參加一些由大學退休人員社團舉辦的戶外活動（例如太極拳和踏青），並閱讀和做做家事。三年之後，也就是 1992 年她來信時，說她現在很適應退休生活，並且義務擔任青少年的諮詢顧問，和替老年人設計團康活動。她 66 歲，很少感到孤獨或空虛。

F 在結婚前就已經認識丈夫七年了。他是她的初戀。她 30 歲時，在北京研究所畢業後結婚。丈夫是一位生物學研究者。他們有兩個兒子，兩人都念到大學。她對兒子很寬厚，先生則對他們較嚴格。她下定決心不要像父親那樣對待子女。先生個性衝動，而她個性固執。雖然偶爾有爭吵，但他們的婚姻很幸福，性生活也美滿。他們一向住在一起，除了 1970 年初期文化革命時，她被送到鄉下，不過幾個月後先生就與她團圓了。

由於 F 的父親作風很大男人主義，對她很嚴厲，又因為她必須和富裕家庭的同學打交道，因此 F 即使成為大學講師後，仍然對他人的反應非常敏感，唯恐被人瞧不起。另一方面，她也對自己感到驕傲，因為她童年或青少年的同儕中，不論有錢或沒錢，不論父母關愛或嚴苛，都很少有人能像她這樣一路念到大學。

☐討論

以下將逐一討論這六個案例。

個案 1（L，女性，27 歲）：先獲得親密感後才完成身份認同

　　L 在生命中的前三個階段都發展得相當好。她的任性反映了她強烈的自主，而她的好鬥個性則反映了她的主動。客座教授要求呈交一份個案報告，而她是班上唯一完成此作業的學生，由此就可以看出她的基本信任很健全。

　　從 L 在校表現出來的主動和活潑、她好勝和好強的心態、她對小說的熱愛，以及小學時連續當了五年的班長，就可以看到她第四階段的勤奮。她的勤奮繼續延伸到下一個階段，因為國中時的能力分班，她被分到「超快」班。老師的批評非但沒有使她受挫，反而使她驕傲，她不但沒有感到自卑，反而需要他人的注意。被徵召加入青年軍，以及得以進入該省分最好的高中，在在印證了勤奮是 L 的主要特質之一。

　　然而，L 進了高中後就不那麼勤奮了。所以她大學聯考落榜了一次，到了隔年 17 歲時才考上。在尋找身份的過程中，她作了一個折衷的選擇，所挑選的科系（心理系）恰好介於父親推薦的醫學系和一般資優生父母偏好的科學／科技學系之間。

　　L 念大學時對身份感到困惑。一方面，校園裡其他人已經不再像以往那樣地注意她。另一方面，大都市裡人與人之間的不公平和自私令她失望。她因此對校園及社區裡的人，失去了一些信心。她也多少感到有些自卑，因為大學同學們都是菁英中的菁英。她仍然希望自己與眾不同。她信任了一位來自外地的客座教授，並呈交了一份其他同學都未能完成的指定作業。此外，她多年後仍與這位教授保持聯繫，並描述了自己近年來的發展。

　　L 於 21 歲進入研究所。她在 24 歲教書的過程中嚐到了創發性，並在 25 歲初戀時體驗到了親密感。那段戀情並未持久，因為男朋友背叛了她。一年後她和兩年前認識的另一個男人結婚

了，不過兩人聚少離多。這個男人是美國一所大學的博士研究生，她認為他就是她的最佳選擇。她和一位她認識不算很深的人結婚，顯示很容易信任他人，並願意為有意義的生命目標冒險。她準備去一所著名的美國大學留學，顯示她的勤奮並未減退。她這樣的決定，更加強了她取得心理學家身份的決心。

個案2（H，男性，29歲）：同時達到親密感與身份認同

　　H在生命的前兩個階段顯然發展得不太好。不過，他這兩個階段的發展也不是負面的，因為他3歲時還能在病床上唱歌安慰他父母。由於他的發展在比例上以正面的居多，所以應該是之前的負面發展獲得了補償。譬如說，他像他女同學個案1一樣，都信任他人，故日後能達成客座教授要求的作業；而且他為了念研究所而辭去行政職務，由此可以看出他的自主。

　　H第四個階段的勤奮是在小學時期培養起來的，他愛讀小說、講故事，和當一個好班長。第五階段時，勤奮依然是他的一個中心特質，一直到他18歲愛上班上一位漂亮女同學為止。雖然暫時嚐到了親密感，他卻因接下來的兩次大學聯考落榜經歷到身份認同危機。他不想再重考，但父母不允許。即使他終於考上了，也仍然不快樂。不過，他很快又恢復活力。下一個階段初，當他21歲時，他因決心成為一名為人類貢獻心力的知識份子，而確認了自己的身份。雖然他的人際關係並不是很理想，尤其又和第一任女朋友分手，但他整個人是往正面發展的。所以大學四年級當他22歲時，他在人際上和課業上的表現又如從前一樣好了。此時他交了新女朋友、成為學生會委員，而且課業成績優異。所有這些正向經驗都有助於他的身份認同，雖然他比Erikson

的進度要慢了一些。

　　H 在一所大學的人事室待了三年，使他有充足的緩衝時間去適應他先前累積的身份認同元素（基本信任、自主、主動和勤奮），並在選擇未來事業時，審慎考慮所有的相關因素。即使升職指日可待，他也毅然決定辭去人事室的工作。他寧可當學者或大學教授，大概因為他討厭應付各式各樣的人，尤其當中許多人既有敵意又自私。他開始念研究所沒多久後，就與相戀四年的女朋友完婚。我們應該可以說 H 在 25 歲時，同時完成了身份認同和親密感。

個案 3（W，男性，91 歲）：延伸的創發性

　　W 似乎每個階段都發展得不錯。他接受一位客座研究者的採訪，並在這位研究者離開大陸後持續保持聯絡，由此可以看出他的信任和自主皆健全。小時候他必須餵牛和種田，因此第三階段時，他透過與同儕及大人遊戲和工作，應該有相當多機會建立主動的個性。雖然他一直到第四階段晚期才開始上學，但他在幫忙父親的過程中（例如餵牛和種田工作），應該培養了相當的勤奮性格（透過學習技巧、分擔義務，和贏得認同）。

　　到了第五階段，W 變得討厭富人、同情窮人。他把上學視為是拯救家庭和國家的辦法。他也在 17 歲進入師範大學就讀時，下定決心成為教育家。他 22 歲時在父母的安排下相親，繼而結婚。他太太不識字但脾氣好。他把太太教到小學的程度。他們有兩個兒子，家庭氣氛相當和諧。W 在人生的第六個階段時，無疑享有真正的親密感。

　　到階段七時，兩個兒子長大了，念了大學，而且結婚了，W

正在享受創發性。他不但引導兩個兒子也成為大學講師，自己有許多學生也成為大學校長，他非常引以為傲。他創發性的感覺一直延伸到生命的最後一個階段。他沒有在一般的年齡退休，因為到了86歲別人仍然需要他。他60歲以後依然繼續教書、寫書、編書和譯書。他甚至於86歲退休後，展開了「第二春」，並且做一些從前沒有機會做的事情。他依然想對社會有所貢獻，且以中國和西方史上長壽而有貢獻的知識份子為榜樣。W的案例顯示，即使到了生命的第八個階段，任何能對他人有貢獻的活動或創作，都能使自己的創發性更加旺盛。

個案4（C，男性，66歲）：反叛的身份和遲來的親密感

由於C自一出生就受到迷信而粗暴之父親的不當對待，因此他前六個階段的發展都不是很好。但母親既疼愛他又包容他，所以他的困苦發展過程至少受到某種程度的平衡。他的六個發展階段兼具正面及負面的元素。雖然他很信任他人，他對自己卻不是很有信心。從他在意自己禿頭的程度，就能看出他缺乏自信。雖然他有充足的自主感，敢忤逆父親去加入紅衛兵，但當他對自己的學術生涯產生懷疑時，也展露出羞愧和懷疑。

C的主動感被父親過度限制，因此他心中雖有愛慕的女孩卻不敢表白。另一方面，他的主動感又反映在他對歌唱的熱愛，以及反叛學校權威的行為上。學生時代，C的發展也屬於綜合的，因為他經常換學校、換老師。到了第五個階段，他經歷到身份混淆，尤其是在即將成年之際、未能進入高中接受正規教育的時候。他有音樂和表演方面的潛能，卻沒有管道發揮。他瞭解到自己欠缺成為學者的條件，便決定攻讀會計，但又未能找到這方面

的工作。

下一個階段，身份混淆的問題依然存在，他 24 歲時企圖以加入共產黨軍隊尋求不同的出路。他這樣的舉止也是在反抗他的「壞」運。三年後軍中推薦他去一所科技學院修習兩年的化學工程課程。他覺得課程很難，但仍然想辦法畢業了。雖然他似乎從此以化學工程師為身份了，但他始終覺得自己不是很適合這份工作。

第六個階段時，C 一直沒有和異性維持長久的親密關係，不過他倒是有一、兩位非常要好的同性友人。他一直到第七階段時才和一位女性發展出真正的親密感，但根據 Erikson 的時間表，此時應該已經進入創發性的時期了。他 44 歲時認識了未來的太太，兩人於四年後結婚。他的創發性確實於第六階段形成，因為他以經濟協助了育有四子的二哥。之前 C 自己沒有小孩，他一直到 55 歲時才領養了一個兒子。不過他對自己所做過和所創造過的事情不甚滿意，因此多少有一點停滯不前的感覺。

到了發展的最後一個階段時，C 在退休之後仍希望對社會有所貢獻，以延伸他的創發性。因為他的養子才 11 歲而他已經 66 歲了，所以 C 仍然可以當他的人生導師，發揮他的創發性。另一方面，C 仍因自己的運勢不佳而感到絕望。他不認為自己是欠缺才華的人，但他相信自己未能有機會發揮潛能。他對於工程師的生涯並不滿足，他認為他應該可以在別的領域，對人類做更大的貢獻。Erikson 說每個人都應該為自己所處的狀況負責，但 C 反而希望歷史可以重寫、人生可以重來（不過他母親和太太的部份除外）。

個案 5（Y，*女性*，*64 歲*）：**完成身份認同而無親密感**

　　Y 是父母唯一的小孩，母親雖嚴格但理性，因此她在前五個階段中的正面發展多過負面發展。Y 從幼稚園到大學讀的都是教會學校，這在中國大陸並不常見。她父親的精神疾病、日本軍隊入侵中國，再加上她讀到的俄國翻譯小說，使她在第五階段建立起職業身份（心理學家）和意識型態（共產黨追隨者）。她的文化身份（孝順）甚至更早就形成了，因為她在青少年時期就必須照顧生病的雙親。雖然她在 23 歲時遇到丈夫，並在 31 歲時和他結婚，但兩人聚少離多，她很少有機會體驗真正的親密感。Y 的養子是由她母親帶大的。所以 Y 的創發性主要來自於教書和指導學生。她的創發性從第七階段繼續延伸到第八階段，因為她到了64 歲仍在教書和發表著述。她生命的最後一個階段雖然才剛開始，不過統整性應該不是問題。回顧她到目前為止的發展，唯一的負面發展大概只有第六階段時的孤獨感，但那並沒有對她造成太嚴重的影響。

個案 6（F，*女性*，*66 歲*）：**艱難地完成了身份認同**

　　因為 F 出生時父親並不歡迎她的到來，所以她的前五個發展階段都相當辛苦。她一直到第四階段晚期、當她 12 歲時，才開始接受正規教育，不過她之前在父親的私人課堂上學過一些基本知識。在母親的關愛和體諒下，F 的發展正面部分多過負面部分。她的基本信任反映在她日後願意接受一位來自外地、到大陸做研究之客座教授的訪問。她堅持去學校唸書，以及她在學校的好學不倦，分別顯示出她的自主和勤奮。假如主動的意義如Erikson 所說的，在於積極地遊戲和做事的話，那麼 F 可能在這方

面稍嫌不足，因為父親非常嚴格且常懲罰她。

當第五個生命階段開始時，F 開始接受遲來的正規教育，她決定要成為高級知識份子，以提升她家庭和她自己的社經地位。這麼做的時候，她必須利用到先前累積的身份元素（基本信任、自主和勤奮）才能達到目標。她考了三次大學聯考，且第三次終於成功，由此明顯可見她取得學者身份的決心。除了個人的企圖心之外，她念大學時也建立起對社會的責任感——為祖國效力。

她 25 歲自大學畢業，她藉此為了自己、家庭和國家，達到了她期望的女性知識份子身份。她大約在同一時期展開了親密關係，並在 30 歲結婚。她 34 歲時，職業身份已經相當穩固，她那時已是成熟的大學講師。

F 同時戰勝了身份認同和親密感的危機，因此她的第七階段可說是相當順利。她透過引導下一代——即她的兩個兒子和她的學生——獲得了創發性。F 在最後一個階段退休後，可稱是具備統整感了，因為她很自傲自己唸過大學，而且從前的同儕不論貧窮或富有，很少有人能像她這樣。雖然她無法如願成為正教授，不過她在退休之前成為副教授。66 歲時（亦即退休六年後），她對退休生活適應得相當良好，並對目前生活感到很滿意。

□總論

研究一探討了香港個案的前六個生命階段，把 14 位女性個案和 14 個男性個案作分析比較。在第一階段（0~1 歲），男性和女性的發展幾近一致，其中 12 名男性和 11 名女性屬正面發展，只有 2 男 2 女為負面發展，1 名女性為綜合發展。從第二階段開

始（2~3 歲），性別差異就逐漸浮現了，因為孩子的疾病抵抗力增強，所受到的照顧便不再那麼仔細和公平了。最大的差異出現在第五階段（青少年時期），成功解決身份危機的男性比女性多出了四位（6：2）。這項性別差異的主要原因之一，可能是由於女性必須在處理身份議題（階段五）前，先把親密議題（階段六）處理好，Erikson 在他的理論中並未提到這種現象。

Ochse 和 Plug（1986）認為形成身份認同的關鍵時期，遠在青少年時期之後。Erikson（1968）也說，建立身份是一輩子的事情，不特別侷限在青少年時期。這或許可以說明為什麼我的香港個案，大多（28 個案例中有 20 個）未於青少年時期解決身份認同危機。值得注意的是研究二的前兩個中國大陸個案。這兩個大陸人和研究一的香港個案年齡相仿。雖然兩方所處的政治環境不同，但兩方的發展趨勢很相近。譬如，他們都沒有在青少年時期解決身份認同危機。換句話說，大陸個案和香港個案一樣，都經歷到發展延緩（Marcia, 1980）。

然而，研究二的四位年長大陸個案中，有三位是在階段五完成身份認同。這大概是因為，老一輩大陸人出生和成長的年代，比較接近 Erikson 提出理論的時代，那時整個世界多少比較相似。年長中國人的發展可能比年輕中國人的發展更早成熟。中國社會和其他社會下的年輕人，就像我的香港受試者和兩位年輕大陸個案一樣，可能在心理社會發展上都比較晚熟，因此也比老一輩的人更晚達成身份認同。

唯一未於第五階段克服身份認同危機的年長個案（研究二的個案 4），他父親很暴虐。即使是五十多年前，在那一般父親都很嚴格的年代，這樣暴虐的父親仍是很少見的。這大概可以說明為

什麼這個特殊的案例會遭遇身份認同上的困難。他一直到了第七階段才結婚和享有真正的親密感。 1997 年，即使已經到了生命的最後一個階段，他依然渴望情感和社交支持，不斷要求台灣的老朋友和他再度相見，雖然自從兩人 1949 年分離以來，已經在十四年中見過三次面了。

　　總括而言，我們可以說這兩項研究整體上是支持 Erikson 理論的，不過有些地方持保留態度。他的理論似乎更適用於男性，更適用於二十世紀前半出生的老一輩的人。除了身份的形成之外，創發性亦非僅限於 Erikson 設計之特定時期。當一個人的身心狀況都允許他創造事物時，它通常會繼續延伸至生命的最後一個階段。四位年長大陸人中，有三位到了生命的最後一個階段，依然試圖提升他們創發性的感覺。為了趕上這個瞬息萬變的世界， Erikson 的理論似乎需要做一些調整，尤其是他為每個階段設定的年齡。

第六章
價值觀與性格

　　價值觀指的是個人或團體所喜好或偏好的導向（Zavalloni, 1980）。價值觀是一種「會影響在既有行動方式、手段和辦法中做抉擇之傾向」（Kluckhohn, 1951, p. 395）的概念。價值觀反映了文化和性格（Zavalloni, 1980）。價值觀會和國家的發展交互影響（Lasswell, Lerner, & Montgomery, 1976；Singha & Kao, 1988），價值觀和性格息息相關。文化學派和性格學派（Benedict, 1946；Mead, 1953）認為價值觀既是社會文化的表現，亦是個人性格的表現。依 Spranger（1923）的說法，透過人們的價值觀最能瞭解人們的性格。Rokeach（1973, p. 21）主張，性格是一組特質的集合，這些特質「可以依內化、現象化的角度，重組成一個系統，也就是價值觀。」舉例來說，Erikson（1963, 1968）的八項自我特質（信任、自主、主動、勤奮、身份認同、親密感、創發性、統整性）被某些心理學家（例如，Franz & White, 1985）稱為價值觀或美德，有些人（例如，Ochse & Plug, 1986）則稱之為性格特質或性格向度。因此，我們若想瞭解人們的性格，就應該一併瞭解人們的價值觀，而研究性格特質也有助於我們更深入理解價值觀。價值觀可能意味著某種社會文化或某人性格的需求

或缺乏。譬如說，很強調或很重視包容的時候，可能表示既有的包容並不充足。這種說法也符合 Rokeach 提出的「價值觀不僅代表了個人在認知上的需求，也代表了社會和公共團體在認知上的需求。」（Rokeach, 1973, p. 20）

有關人類價值觀的研究相當多，主要使用的工具是 Rokeach 的價值觀調查表（RVS, Rokeach Value Survey），這是一個西方工具（Braithwaite & Law, 1985）。Hofstede（1980）描述了他實證的價值觀研究，並發現價值向度會隨文化而易。不過，他研究的結果（即和工作相關的價值觀）可能只適用於某些文化而已。他指出「只有在其他生活背景下長大的人，才能幫我們找出我們自己的短處。」（Hofstede, 1980, p. 374）Bond 等人發展出一套華人價值觀調查表（CVS, Chinese Value Survey），以研究全球華人的價值觀（Chinese Culture Connection, 1987；Bond, 1988）。他們發現四項文化價值因素中，有三項和 Hofstede 四項中的三項有高度相關（Chinese Culture Connection, 1987）。Bond 也把 RVS 和 CVS 加以比較，他發現 CVS 有一些價值向度是 RVS 所沒有的（Bond, 1988）。

本章包括六個關於華人價值觀和性格的研究，所使用的研究工具與從前研究者的工具都不同。研究一探討的是華人的價值觀，資料來源是中國大陸 120 位的男女受試者，年齡從 19 歲到 91 歲不等。研究二使用的工具是一份問卷（MTPI），研究主題是華人的性格向度，對象包括四個地區（中國大陸、台灣、香港和美國）年齡不等的男性和女性華人。研究三以 MTPI 探討性格特質，也談到價值觀，受試者和研究二相同。研究四的主題是企圖和期許，我希望藉此瞭解華人知識份子的個人或文化價值觀，資

料來源與研究一相同。研究五是從研究一和四的120位受試者當中，挑選一些個案，描述他們的性格轉變。

研究六主要探討擇偶條件，這也反映著文化價值觀，研究資料來自於29位中國大陸和台灣的未婚大學生。研究一、四和五都是深度訪談的質化研究。研究二和三皆使用同一份問卷做量化研究，不過分析資料的方式不同。研究六則對訪談內容作簡單統計分析。這六個研究彼此都有著直接或間接的關連，因為它們全都在探討華人的價值觀、性格和相關變項。

研究一　文化價值觀

本研究之目的在於透過受訪者在言談中所提到的相關話題，推論華人個人及社會的價值觀。受訪者是我在第一章描述過的那120位年齡不等的男、女大陸華人。

我訪問時，並未問及任何與價值觀有直接關連的問題。我是從他們談論的相關內容中，抽取出和價值觀有關的部份，包括他們的態度、喜好、性格特質；他們的希望和願望；他們對他人的看法；他們父母對他們的要求和期許，和他們對自己子女的要求；以及他們如何對待他人，和他人如何對待他們。

為了把價值觀加以歸類，我借用了 Rokeach（1973）的終極價值（terminal values）和工具價值（instrumental values）的概念。工具價值指的是最期望的言行舉止方式，而終極價值指的是最期望的最終存在狀態。它們又可細分為社會價值和個人價值。個人價值是以自我為中心或個人內在的價值，而社會價值是以社

會為中心或人際之間的價值。然而，這樣的分類只是一種嘗試，因為欲清楚區分何謂工具價值、何謂終極價值，或何謂個人價值、何謂社會價值，是非常困難的，甚至是不可能的。

我從 120 位受訪者提供的內容，一共歸納出 17 項終極價值（社會 7 項、個人 10 項）和 52 項工具價值（社會 32 項、個人 20 項）。這符合 Rokeach（1973, p .11）所說的「人的終極價值比工具價值來得少」，雖然他在價值觀調查表中，列出的終極價值和工具價值數量一樣多（各 18 項）。我分析出的 69 項華人價值，將在以下個別描述。

□終極社會價值

1. 和諧。中國人很重視人與人之間的和諧，如朋友間、親戚間、同事間，和任何團體或組織之間的和諧。中國俗話「家和萬事興」可適用於各種團體，包括國家在內。譬如，我們可以說國家太平則萬事興。和諧意味著和平。就個人及國家的發展而言，中國既需要和平也需要和諧。為了達到和諧，中國人不鼓勵個人主義，而強調團結就是力量。

2. 不攻擊。不攻擊主要是為了求和諧。不過中國人還是有些攻擊性。攻擊或暴力在家庭、學校或政治上都時有耳聞。不攻擊或和平是中華文化非常需要的一個元素。

3. 受他人尊重。像中國這樣一個權威專制且階級式的社會裡，人們一直要到長大成人或擁有一份正當工作後，才能獲得應有的尊重。兒童無法像成人一樣獲得尊重。因此，人們非常努力尋求他人的尊重。尊重與否涉及了一個人的成就、品行、權勢或

社經地位。

4. **超越他人的成就**。雖然中國人強調團結的力量，不過個人的成就仍受一定的重視，尤其是超越他人成就的時候。極多父母鼓勵子女超越同儕。假如在課業成績或事業成就上落後他人，那會是一件很丟臉的事情。

5. **對社會有貢獻**。一個人應該要當一個有用的人，不然就會被視為是社會的米蟲。「服務人民」雖然是一句老掉牙的話，但這句中國共產黨的口號大概是最具代表性的了，每個人都期望能對國家或人民做一點有意義的貢獻。

6. **面子或臉**。面子是華人文化非常著名的一項價值觀。它代表尊榮、身份、名譽、地位和權勢。在這個羞恥導向的文化下，中國人非常在意面子問題。他們極努力保留、保護和提升自己的顏面，並設法不要丟臉。

7. **民主**。民主是一種現代化的生活方式，人們在政治上越來越偏好民主而捨棄權威專制，知識份子尤其如此。自 1919 年的五四運動後，西方的民主思想逐漸在中國擴散，1989 年六四事件時再度受到重視。

□終極個人價值

1. **安全**。兒童在生命早期常因安全之故受到過度保護。譬如說，父母常幫他們穿很多衣服，以免著涼。他們不許游泳。女孩不許單獨出門。男孩和女孩都被警告不准交壞朋友。這或許可以解釋為什麼中國人的冒險心不如其他民族來得旺盛。

2. **安全感**。安全感的意涵比安全更廣泛；它意味著免於恐

懼、焦慮、危險、懷疑和需求等苦難。許多世紀以來，內亂和外患及不穩定的經濟和政治環境，使得中國人缺乏安全感，尤其是老一輩的中國人。長期以來的不安全感，使得安全感成為一項極重要的價值。

3. **名氣**。許多年輕知識份子都期望能在某個領域出人頭地（例如，成為著名數學家或作家）。雖然過去並不鼓勵追求聲望，因為這是個人主義的表現，不適合集產社會的生活，但如今已不如從前那麼壓抑了。傳統上，「名」和「利」常被視為是人類努力的主要動機之一。

4. **財富**。追求財富比追求名氣的人更多。一般來說，教育程度較高的人對名氣較感興趣，反之，教育程度較低者較偏好財富。然而，兼具名氣和財富是再理想不過的了。傳統上，「富」和「貴」常被視作華人文化最突出的價值觀。在現今社會裡，政府和民間最大的共同願望，就是締造一個富強的中國，財富和權力的價值觀由此可見一斑。

5. **高社經地位**。這是中國人「貴」的現代名詞。傳統上，「富」和「貴」一直是華人文化中合併出現的兩個價值。雖然今日較少提到「貴」，因為此字具有階級意涵，但高社經地位已變成「貴」的代名詞。

6. **事業上的突破**。許多人希望能在事業上有所突破，尤其是在中年時期或退休前後。中國人把 retirement 稱為「退休」，但常常可以聽到有些人是「退」而不「休」。那些退而不休的人，甚至仍努力想在事業上有所突破。

7. **自給自足**。假如一個人有充足的資源，能夠自給自足而不需要他人幫助的話，那麼他的自信便會提升。自給自足意味著獨

立和有能力依靠自己。雖然華人，尤其是華人知識份子，也重視自給自足，但事實上大多仍較偏向依賴他人。華人父母並不注重子女獨立自主的教育，但他們卻又期望子女長大後能自給自足。

8. **中庸**。中庸是中國人的黃金定律。過多或不及都是應該避免的事情。譬如說，人不應該太主動或太不主動、太外向或太內向、太驕傲或太謙卑、企圖心太強或毫無企圖心。即使是女人都不該太美麗，因為俗語說「紅顏薄命」。

9. **婚姻美滿**。婚姻幸福是許多年輕人的夢想，年輕女性尤其如此。在傳統的中國社會裡，這個夢想並不容易實現，因為從前的婚姻多靠媒妁之言。今日的年輕人雖可自由戀愛，但大多數人仍須經過父母同意才能結婚。父母的同意有助於保護年輕人不要踏入不幸福的婚姻，也能使家庭生活更美滿。

10. **不離婚**。假如婚姻無法幸福，妻子或丈夫通常會盡力避免走上離婚之途。離婚將是一件羞恥或丟臉的事情，尤其是對妻子而言。然而，現今在西方文化的衝擊下，中國人雖然仍不希望離婚，但離婚率卻有增加的趨勢。

□工具社會價值

1. **謙虛**。正如中國古訓說的，「謙受益，滿招損」。在中國這樣一個自戀的社會裡，謙虛的人比較容易被他人所接受，自大的人往往引來他人的不滿。不過，大多中國人是對外謙虛，但私下自大。

2. **不自以為是**。假如想做一個謙虛的人，就不該太自以為是。自以為是的人非常自信，而且非常堅持己見，並要求別人認

同他的看法。在中國這樣一個權威專制的社會裡，這種人通常不太受歡迎。中國人認為，人應該默默耕耘且不居功。

3. 互利互惠。為了維繫良好的人際關係，人們認為接受他人的好處（例如禮物或拜訪）就該有所回報。「禮尚往來」就是這個意思。

4. 孝道。雖然在文革期間，孝道一度被打入冷宮，因為孝道被視為是一種封建社會下的價值，不過今日中國人依然重視孝道，只是重視的程度和從前不同了。在傳統中國社會裡，人們認為孝道是所有美德中最重要的一項，也就是所謂的「百善孝為先」。

5. 報答父母養育之恩。這項價值和互利互惠、孝道均有關連。它一方面象徵了互利互惠，一方面代表了孝道。報答父母的養育之恩是對父母關愛和照顧表達感激的一種具體作法。大多子女都認為這是一種道德義務。

6. 服從。服從父母的意見是盡孝道的一個基本條件。在中國這樣一個強調階級關係的社會裡，服從其他權威角色也是很重要的。幾乎所有上司都喜歡聽話的下屬。人們常常說「恭敬不如從命」。

7. 謙恭有禮。謙恭有禮或禮貌的行為是中國的一項傳統美德，不過今日在台灣和香港比在大陸更盛行，大概在文革期間，謙恭有禮被視為是封建體制的特質之一。謙恭有禮主要的目的在於維持和諧的人際關係，並給他人留下良好印象。

8. 慷慨。慷慨象徵友善和好客。雖然中國人絕大多數都很節儉，但對朋友和客人卻很慷慨。慷慨是保住顏面的一種方式；假如對他人吝嗇很可能會失去面子。許多人可能對家人很小氣，卻

對鄰居很慷慨。

9. **開朗**。許多中國人既內向又悲觀，但他們喜歡假裝友善和開朗，為了給他人留下良好印象，並維持和諧的人際關係。雖然許多年輕人討厭表裡不一的人，但他們卻發現假如不偽善，將對自己不利。

10. **容忍**。為了確保和諧的人際關係，容忍成為重要的美德。

11. **自制**。自制或自律是建立在許多相關特質或美德上的一種價值。一個自制的人必須不自以為是、謙虛、服從、容忍、清廉，而且遵守法規。自制或許可以視為是社會適應良好的人必有的表現。

12. **遵守法規**。這是任何文明社會的美德。有些人說只有在權威專制政府的統治下，中國人才有可能遵守法規，因為中國人已經習慣了權威專制的統治了。有人則說民主的政治制度，比較能讓中國人遵守法律和秩序。這個爭論至今尚無定論。

13. **清廉**。幾世紀以來，中國的公僕一向以貪污聞名。因此，清廉或公正是中國非常欠缺的。這是作為公務員的基本條件，公務員應該要誠實、正直，而且不可接受賄賂。

14. **榮譽**。榮譽或榮耀非常受重視。傳統上，中國人總是想做一些重要或有價值的事情（例如通過高、普考）以光宗耀祖。如今他們可望做一些有意義的事情，以為國家、家族或自己贏得榮耀（例如贏得奧運金牌、進入著名大學）。

15. **忠誠**。在過去，「忠」和「孝」一向是分不開的兩種價值。今天在共產黨的執政下，對國家忠誠變得比對父母盡孝更為重要。其實，人不但應該對國家忠誠，也應該對上司、同事、朋友、親戚和配偶忠誠才是。

16. **愛國心**。有些知識份子聲稱他們愛國家就像愛母親一樣。愛國心是政府、執政黨和知識份子非常強調的一種美德。愛國心表現在國民的言行舉止上，有助於使人民為了國家的福祉而團結一致。

17. **團結**。執政黨和政府經常強調這項特質，因為中國長期以來飽受內憂外患之苦。這也是許多愛國作家喜愛抒發的主題，他們怕自己的同胞變得太自私。常常有人把孫中山先生說的「中國人是一盤散沙」拿來砥礪國人，鼓勵國人更團結。

18. **正義感**。中國人重視正義，心中也有正義感，但一般中國人大多道德勇氣不足，而不會對自己痛恨之事採取具體行動。

19. **誠懇**。一個人必須要誠懇才能獲得他人的信任。中國人不是一個很誠懇的民族；這對他們的社交生活有相當大的影響。他們會為了自我保護而粉飾太平，他們答應的比真正做到的還多，結果導致彼此不信任。誠懇很受重視，因為中國非常需要它。

20. **良心**。良心是中國人常掛在嘴上的一個詞彙，其意涵是親切、和善以及同理心。基本上，它指的就是「好心腸」。假如某人不親切或很殘酷，我們會說這人「沒良心」。

21. **利他**。中國這個集體社會很重視利他行為，以平衡一般人自私的心態。政府和共產黨尤其宣揚助人行為。但在一般大眾的心裡，利他行為的價值正在貶低中。

22. **真情**。這是中國民族由來已久且普遍力行的一個價值，只不過沒有一個通俗的用詞。我在這裡把它稱為「真情」。它指的是以親切、救助、善意、互利互惠、偏愛、私交和同理心等態度，來對待他人和處理人際事務。它也代表著給人恩惠、致送禮物或展露善意。真情固然溫暖人心，有時卻使人有失公正。

23. **遵從長輩或上司**。遵從長輩、上司或師長，在中國仍是一項受到重視的價值，雖然這項價值在文革期間稍受貶低。

24. **偏好老么**。中國人喜歡年輕的、小的。中國人特別偏好家中的老么。在一胎政策下，獨生子女集父母兩人和祖父母、外公婆四人的寵愛於一身。

25. **子女的成功**。子女的成功就是父母的榮耀。中國人傾向於以學業成績的好壞，預測孩子未來是否成功。許多父母太渴望子女成功，以至於子女在平時考試和升學時受到極大壓力。

26. **兄姊要忍讓弟妹**。吵架或爭執時，父母常告訴年紀較大的子女要忍讓年紀較小的孩子。這是因為兄姊應該要照顧弟妹，並當弟妹的好榜樣。古訓說：「兄友弟恭。」

27. **重男輕女**。這種現象從家庭就能看得到，中國鄉下地區特別重兒子輕女兒。中國的鄉下地區比較傳統，主要因為農村社會比較需要男性勞力。雖然社會主義的口號說「男女共享半邊天」，但重男輕女依然是個常見的心態。

28. **當個賢妻良母**。這是中國女人的傳統美德，不過已經不如從前那麼強調了。雖然現代化女性可能不喜歡這種角色，不過這仍是一般中國人偏好的女人形象。

29. **權威**。權威就是發號命令、影響他人，或做最終決定的力量或權力。擁有權威或權力較大的人，比沒有權威或權力較小的人更受人尊敬。假如在其他條件均等的情況下，老年世代通常比青年世代和中年世代更具權威。

30. **權力**。權力就像權威一樣，是中國人熱切追求的目標之一，那些希望控制或影響他人的人對權力特別有興趣。有權力的人經常是他人阿諛奉承的對象。雖然在文化革命後的頭幾年裡，

許多人（尤其是知識份子）都儘量迴避權威或權力，以免遭受迫害，不過這種恐懼有逐漸降低的趨勢。

31. **領導權**。領導者享有權威和權力。由於權威和權力很受重視，領導權自然就不在話下。不幸的是，中國人（尤其是男性）大多希望當領導者而不願被人領導。中國知識份子寧可當領導者也不願當追隨者。他們自認為不比其他領導者的能力來得差。

32. **人際管道**。中國人非常重視關係。這表示某人能夠聯繫上具有影響力、有權威或有權力的人，來達成自己的目標。在一個執法不嚴的社會裡，人們習慣「靠關係」來滿足自己的需求。中國人把靠關係稱為「走後門」。

□工具個人價值

1. **健康**。健康是一項基本的價值，對於老年人尤其如此。它是許多其他價值的基礎。沒有健康的身體，就難以達成人生中的其他目標。中國的氣功和西方的慢跑在中國都非常流行，由此可見保持健康的重要性。健康和長壽有關，長壽是中國人很重視的一項價值。中國年輕人寫信給親戚時，常在信中祝福長輩「身體健康，壽比南山」。

2. **自我保護**。中國人傾向於不信任他人。父母常教導自己小孩要保護自己，父母嚴格的管教也促使孩子學習保護自己。這種種因素使得中國人成為一個謹慎的民族。

3. **羞恥感**。中國文化或許可以視為一個羞恥文化，也就是以羞恥為導向的文化。這種文化的民族通常自己就有羞恥感，假如沒有的話，就會被人家罵「不要臉」。羞恥感也意味著良心和自

重，它是人們心中的一把道德尺。

4. 道德品行。道德或品行是學校評量學生的三種標準之一，另外兩種是「智」（課業成績）和「體」（體育）。道德品行不容易評估，雖然它是三者中的第一項，但通常其份量遠遠不及第二項「智」。

5. 教育。中國人長久以來就重視教育，它是通往「富」和「貴」的途徑。在現今的中國社會，年輕人覺得光是在本土受教育還不夠，因此越來越多人出國留學。高學歷（尤其是國外的高學歷文憑）有助於找到好工作。

6. 知識。透過教育取得的知識是一種地位的象徵。這就是為什麼在中國，知識份子或教育程度較高的人，比教育程度較低的人受人尊重。

7. 學位或文憑。學位或文憑代表一個人的知識或教育程度。有了學位或文憑，就比較容易找到理想的工作。共產黨政府曾經取消學位和文憑的制度，不過 1980 年起又恢復了。

8. 以科學或科技為職業。科學和科技課程或科系比較吸引學校裡的優秀學生，因為科學家或工程師享有的社會地位較高，而且事業生涯也比其他職業來得穩定。

9. 在大城市裡工作。在上海或北京這樣的大都市裡工作有許多好處（例如生活條件較佳）。在都市裡工作也是社經地位的象徵。

10. 物質財產。任何值錢的物質財產都是地位的象徵（例如當冰箱或電視尚未普及以前，這些東西就代表了地位）。這不僅是舒適生活的必需品，也具有心理上的價值。

11. 與配偶門當戶對。對準備結婚的人而言，與配偶門當戶

對是婚姻幸福很重要的一項條件。論及婚嫁的人大多會注意到這一點，不過不如從前那麼要求。

12. **有兒子和孫子**。這是和重男輕女有關的一項價值。子孫滿堂表示晚年生活幸福又美滿。兒子和孫子被視為是父母和祖父母的福氣，女兒和孫女則被視為是別人家的。前者可傳宗接代，後者則否。

13. **資歷**。資歷是事業發展的一項重要條件。資深的工作人員通常可優先升職和加薪，雖然他們得到的尊重不見得和他們的年齡成正比。這具有降低競爭與促進同僚和諧的效果。

14. **勤勞**。中國俗語說「勤能補拙」，意味著讀書和工作時，勤勞是很重要的。換句話說，持續的努力比能力或才智更受他人的重視。

15. **節儉**。節儉和勤勞一向是肩並出現的兩項價值，中國成語說「勤儉持家」。中國人也常常以「清廉公正」勉勵公務人員不要貪污。

16. **女人的美貌**。共黨政府曾經貶低女性美貌的重要性，視之為封建社會下的價值。不過中國人在文化革命之後再度重新重視美貌，尤其是年輕一代的女性。

17. **男人的才華**。才華之於男人，正如美貌之於女人。這就是為什麼中國人認為郎才女貌是絕配。不過，近年來，「才」一字的意涵有延伸的趨勢，有時也暗示著財富、地位和權力。

18. **女人的安靜**。傳統文化認為女人不該太多話。中國男人較喜歡安靜的女人。

19. **女人的溫柔**。女人應該要嬌柔溫和。中國男人較喜歡溫柔的女人。

20. 男人的剛強。 中國文化中的男女角色各有其刻板印象：男人要剛強而女人要溫柔，即所謂的「男剛女柔」。

研究二　性格向度

　　本研究的目的在於把四地不同年齡層之華人樣本的性格加以比較。透過 MTPI 的 122 道問題的答案，共歸納出九種性格類型（即向度），我就是以這九種向度來比較這些華人。

　　受試者是第一章介紹過的四地華人男性及女性。我把他們分成 21 組：12 組男性（大陸 4 組、台灣 4 組、香港 2 組和美國 2 組）和 9 組女性（大陸 3 組、台灣 2 組、香港 2 組和美國 2 組）。我們因為年長受試者人數不足，因此樣本的四個年齡層未必男女受試者皆具備。

　　如第一章描述過的，所有受試者都作過 MTPI 問卷。受試者的答案隨後以斜交轉軸法進行因素分析，共得九種因素（即性格向度）。首先把每一組的平均分數，和同一樣本中其他組同性別受試者的平均分數作比較，再和四個樣本之其他 20 個年齡組的平均分數作比較，分析的工具是變異分析（ANOVA）、Scheffe 檢定或 t 檢定。舉例來說，先把四個大陸男性樣本依 ANOVA 作比較，假如有必要的話，再以 Scheffe 檢定作比較。每一組的平均數是以 t 檢定和其餘 20 組的平均數作比較。為了降低第一類型錯誤（Type I errors），顯著水準的 α 值設定在 .01。

　　統計分析結果如表 6.1 所示。以下是分析後發現的相異處和相似處：

表 6.1 四地華人之 21 個年齡組別的九個性格向度比較

族群	性別	組別	年齡	樣本大小	性格向度								
					E	D	A	S	C	O	I	M	N
大陸	男	1	19-30	240	3.95+++	4.43*	3.00	3.38***	3.30**	4.30++	3.97++	4.69+++	2.93**
		2	31-40	153	3.75*	4.55++	2.88**	3.71+++	3.46	4.34++	3.99+++	4.46*	3.08
		3	41-50	173	3.78	4.48	2.97	3.72+++	3.46	4.41++	4.00++	4.42*	3.06
		4	51-65	86	3.72*	4.62+++	2.89	3.74+	3.42	4.42++	4.03++	4.40*	3.08
	女	1	19-30	128	3.80	4.43*	3.04	3.43***	3.47+	4.40+	3.68	4.52++	3.08*
		2	31-40	52	3.85	4.70+++	2.94	3.71+	3.35***	4.57++	3.75	4.37	3.21
		3	41-58	68	3.92	4.53	3.03	3.75+	3.38***	4.45++	3.82	4.35	3.31+++
台灣	男	1	20-30	105	3.82	4.23***	3.00+	3.50*	3.63	3.89***	3.67*	4.44	3.12
		2	31-40	144	3.78	4.54+++	2.86*	3.71+++	3.68++	4.16+	3.85++	4.31	2.94**
		3	41-50	96	3.77	4.60+++	2.75***	3.79+++	3.67	4.23+	3.91+++	4.23	3.07
		4	51-65	51	3.72	4.57+	2.80**	3.65	3.49	4.25+	4.03+++	4.27	3.00
	女	1	20-30	157	3.83	4.31***	3.02	3.52*	3.54	4.07*	3.56	4.39+	3.15
		2	31-55	87	3.87	4.56+++	2.93	3.75+	3.62	4.27+	3.68	4.16***	3.17
香港	男	1	20-30	326	3.86	4.24**	3.08++	3.58	3.63	3.86**	3.73	4.34	3.02
		2	31-53	103	3.79	4.36	3.03	3.59	3.61	3.90**	3.78	4.32	3.05
	女	1	20-30	290	3.73	4.33	3.05++	3.61	3.57	3.99**	3.34**	4.15**	3.35++
		2	31-42	50	3.81	4.39	3.04	3.73	3.49	4.04	3.40	4.04**	3.27
美國	男	1	20-30	65	3.83	4.36	2.98	3.52	3.50	3.89**	3.80	4.41	2.95
		2	31-58	105	3.90	4.47	2.99	3.54	3.40	4.02	3.91++	4.50	2.98
	女	1	20-30	48	3.91	4.35	2.91	3.64	3.52	4.00	3.36*	4.41	3.15
		2	31-45	44	3.85	4.52	3.01	3.71	3.58	4.17	3.57	4.19	3.06
平均					3.82	4.42	2.99	3.61	3.52	4.13	3.75	4.34	3.10

表 6.1 註： E ＝ Extraversion ，外向； D＝Self-Discipline ，自律；
A ＝ Authoritarianism ，權威專制； S ＝ Submission ，服從；
C ＝ Cautiousness ，謹慎； O ＝ Other-Orientation ，他人導向；
I ＝ Independency ，獨立； M ＝ Modernism ，現代化；
N ＝ Neuroticism ，神經質。
＋代表該組的平均分數顯著比標有＊之同樣本、同性別組別的平均分數
（s）來得高。＋＋代表該組的平均分數顯著比四個樣本之其餘 20 組的
平均都來得高。＋＋＋代表兼具＋和＋＋兩條件。＊代表該組的平均分
數顯著比標有＋之同樣本、同性別組別的平均分數（s）來得低。＊＊代
表該組的平均分數顯著比四個樣本之其餘 20 組的平均都來得低。＊＊＊
代表兼具＊和＊＊兩條件。

1. 就性格向度中的 E（Extraversion ，外向）而言，大陸男性
的組 1（19~30 歲，平均分數 3.95）不僅比大陸男性的組 2
（31~40 歲）和組 4（51~65 歲）來得外向，而且其平均數也高過
其餘 20 組的平均數。然而，以 6 分量表來看，21 組的分數只略
高過中點（3.50）而已，顯示他們大約處於內向和外向之間，也
就是他們既不算很內向，也不算太外向。

2. 就性格向度中的 D（Self-Discipline ，自律）而言，21 組
的分數全都比量表的中點（3.50）來得高，顯示他們全都認為自
己相當自律。最自律的組別是大陸男性組 4、大陸女性組 2、台
灣男性組 2 和 3，和台灣女性組 2。相對上，最不自律的組別是
台灣男性組 1 和女性組 1，及香港男性組 1 和女性組 1。

3. 就向度 A（Authoritarianism ，權威專制）而言，21 組都
不認為自己權威專制，他們的平均分數全都落在量表中點之下。

4. 就向度 S（Submission ，服從）而言，所有組別中，除了
三組（大陸男性組 1 和女性組 1 及台灣男性組 1）之外，皆只比

量表中點略高一點而已，顯示他們大約介於支配和服從之間，亦即他們既不常支配他人，也不很服從他人。相較之下，服從性最高的組別是大陸男性組 2 和組 3 ，和台灣的男性組 2 和組 3 。服從性最低的組別是大陸男性組 1 和女性組 1 。

5. 在向度 C（Cautiousness ，謹慎），21 組中有將近一半的組別（10 組）比量表中點略高一些，另一半（11 組）則否。

6. 在向度 O（Other-Orientation ，他人導向），所有組別皆認為自己相當他人導向，尤其是大陸的七組。

7. 在向度 I（Independency ，獨立），大陸的四組男性、台灣四組男性中的三組（組 1 除外），以及美國兩組男性其中的一組（男性組 2）都相當獨立，而香港的兩組女性，及美國兩組女性其中的一組（年輕組）則較不獨立。

8. 在向度 M（Modernism ，現代化），每一組都認為自己相當現代化。大陸男性組 1 平均分數高達 4.69 ，不但是分數最高的一組，也顯著比其他三組大陸男性組別和其他 20 組的平均分數來得高。

9. 每個組別在向度 N（Neuroticism ，神經質）的平均分數都比量表中點略低一些，表示所有組別都介於健康與神經質之間。

10. 各組的平均分數（s）雖然不見得與彼此有顯著差異，不過四個樣本的男、女年輕組皆比其他各年齡組更來得不自律、不服從，而且較不他人導向，不過他們比較現代化。年輕（19~30 歲）知識份子的這項共通處，大概反映了他們共同經歷過的心理發展和社會轉變，因為他們成長的時候，所處的三個華人社會全都逐漸現代化（美國受試者是來自中國大陸、台灣或香港，但他們在美國受高等教育）。

11. 相對之下，所有大陸組別都比其他組來得他人導向，這大概是文化差異所致，因為中國大陸是受共產黨統治的集體社會，而台灣、香港和美國的華人則在西方文化的影響下逐漸個人化。

12. 在「獨立」這個性格向度上，各組的平均分數顯示，四組的獨立程度都會隨年齡而變化——即平均分數越高，年齡就越大，男性或女性皆然。換句話說，華人年紀越大、越成熟之後，也會變得越獨立。

13. 就現代化而言，各組的平均分數普遍顯示年齡和現代化成負相關——即年紀越大就越不現代化或越傳統。一般來說，同一樣本、年齡相同時，男性比女性更現代化。

14. 就「神經質」而言，雖然每一組都認為自己相當健康，不過同一樣本、年齡相同時，女性往往比男性來得神經質。雖然以大陸樣本來說，性別相同之年輕受試者比年長受試者來得健康，但是其他三個樣本卻不是如此。這項差異可能意味著大陸年輕人經歷到的壓力不如老一輩的來得大，而且也不如其餘三地華人的來得大。

研究三　突出的性格特質

研究二按照九種性格因素，把四個族群的 21 個年齡組別加以比較，讓我們清楚看到性格向度的性質。本研究的目的是更深入探討華人這九項性格因素，所以特別挑出其中最突出的幾項特質。這些突出的特質應該更能反映出華人的價值觀。

研究對象與研究工具都和研究二的相同。我們選擇以 2.50 及

4.50 為此 6 分量表的分割點，以區分出四地華人的突出特質。由於 MTPI 的 122 道問題的結構是雙極式的，所以每一道題目都有兩個相對的形容詞，以 6 分量表作答。只要分數低於 2.50 或高於 4.50，即符合突出特質的條件，分別以左極或右極的形容詞代表之。基於自戀和／或社會偏好效應之故，突出特質可能也代表受試者偏好的性格特徵和／或社會偏好的價值。因此，突出特質既可能是明顯的性格特徵，也可能是一項重要的個人或社會價值。

表 6.2 列出的各項特質，至少為某一樣本之某一組別的突出特質。這樣的特質總共有 47 個。與各個雙極性格向度有關連的特質數量如下：與「外向－內向」有關的有 3 個，與「懶散－自律」有關的有 13 個，與「民主－權威專制」有關的有 6 個，與「支配－服從」有關的無，與「有冒險心－謹慎」有關的有 1 個，與「自我導向－他人導向」有關的有 11 個，與「依賴－獨立」有關的有 5 個，與「傳統－現代化」有關的有 3 個，與「健康－神經質」有關的有 5 個。

47 個突出特質當中，只有三個是 21 個年齡組別的共通突出特質；分別是「責任感」、「對愛情忠貞」和「誠懇」。這三個特質的前兩個和「自律」有關，第三個和「他人導向」有關。「自律」有 13 個元素為突出特質，名列第一。排名第二的是「他人導向」，共有 11 個元素是突出特質，其中有三個（反對婚前性行為、不勢利眼和誠懇）分別為 14 個、17 個和 21 個年齡組別的突出特質。兩個最搶眼的起源特質或普遍特質（自律和他人導向），或許可以視為最重要的兩個終極價值，而三個共通的特定特質（誠懇、責任感和對愛情忠貞）則可看成是三個最重要的工具價值。

表 6.2 四地 21 個年齡組別男、女華人知識份子的突出特質／價值

突出特質／價值（依各項度分類）	大陸 男 1	2	3	4	女 1	2	3	台灣 男 1	2	3	4	女 1	2	香港 男 1	2	女 1	2	美國 男 1	2	女 1	2
外向（3 個特質）																					
1 親善																					S
2 有許多朋友				S			S											S		S	S
3 善交際	S	S	S	S		S	S						S						S	S	S
自律（13 個特質）																					
4 說到做到	S	S	S	S	S	S	S		S	S	S	S	S								S
5 有原則		S	S	S		S			S	S	S										
6 高成就需求			S	S						S	S			S	S	S	S				
7 實際		S	S	S		S	S	S	S	S	S	S						S	S	S	S
8 有責任感	S	S	S	S	S	S	S		S	S	S	S						S	S		S
9 擇善固執			S	S						S	S	S	S								
10 默默工作		S	S	S	S	S			S	S	S		S								
11 工作專心	S	S	S	S	S	S	S	S	S	S	S	S	S	S	S	S	S	S	S		S
12 言行一致		S	S	S		S	S		S	S	S										
13 自制			S	S					S	S											
14 重視童貞	S	S	S	S	S	S	S	S		S				S	S	S	S	S	S	S	S
15 對愛情忠貞	S	S	S	S	S	S	S		S			S		S	S	S	S	S	S	S	S
16 瞭解自己	S	S	S	S	S	S	S				S			S	S	S	S	S	S		S

特質								
民主（6個特質）								
17 民主	S	S		S	S	S	S	
18 尊重他人	S	S	S	S	S	S	S	S
19 不愛吹噓			S	S				S
20 值得信賴		S		S				
21 有寬恕之心				S				
22 能包容不同意見				S				
服從（無）								
謹慎（1個特質）								
23 中庸				S	S			
他人導向（11個特質）								
24 誠懇	S	S	S	S	S	S	S	S
25 偏好本土事物			S		S			
26 樂於幫助同事				S				
27 勇敢維護正義			S	S				
28 體貼他人	S	S	S	S	S	S	S	S
29 不勢利眼		S	S	S	S			S
30 沒有權力慾望			S					
31 優先考慮團體			S		S	S		
32 重視精神層面					S		S	
33 對異性有興趣				S	S	S		
34 反對婚前性行為	S	S	S	S	S	S	S	S

獨立（5 個特質）							
35 獨立	S	S	S			S		S
36 面對事實	S	S	S			S		S
37 不相信有任何神明的存在	S	S	S				S	
38 實證（實事求是）	S	S			S			
39 容易因感人的故事而落淚	S	S	S	S				
現代化（3 個特質）								
40 富想像力	S	S				S		
41 作風低調	S	S	S	S				
42 容易接受新事物	S	S	S	S		S		
健康（5 個特質）								
43 慷慨	S	S	S	S		S	S	
44 睡得好	S	S	S	S				S
45 心智清醒	S	S	S	S		S	S	S
46 適應力強	S			S	S		S	S
47 身體健康	S		S	S				S

註：標記 S（Salient，突出）的組別表示該組的此特質為突出的。各組別的年齡範圍和研究二表 6.1 的年齡範圍相同。

從表 6.2 以及在此省略的實際分數來看，下列現象值得一提。為了方便起見，表格中把各突出特質加以編號。

1. 香港各組比其他大多組別來得不擅長交際（特質 3）。

2. 大陸和台灣最年輕組（19~30 歲）的男性和女性，以及香港和美國的所有組別（美國最年長的女性組除外），都不認為說到做到（特質 4）是一項突出的特質。換句話說，比起別組，他們大概常是說得多而做得少。

3. 在男性和女性各組中，最年輕組皆不如較年長組的人那麼專心工作（特質 11）。

4. 大陸的每一組皆非常重視童貞（特質 14），不過其他三個樣本的男性組卻不如女性那麼重視。這顯示在和異性的交往上，大陸的男、女性華人，以及香港、台灣和美國的女性華人，均比香港、台灣和美國男性華人來得保守。

5. 台灣六個組別當中，有五組的「民主」（特質 17）為突出特質，另外只有最年長的（51~65 歲）大陸男性組，和較年輕的（20~30 歲）美國女性組認為自己很民主。

6. 包容（特質 22）是中國的一項傳統美德，而中庸（特質 23）是中國儒家的一項傳統美德。只有兩個較年長的（41~65 歲）台灣男性組別認為這是突出特質。

7. 只有三組大陸女性組及最年長的大陸男性組沒有權力慾望（特質 30）。

8. 雖然大陸男、女的所有組別，以及其他三個樣本之所有女性組別都反對婚前性行為（特質 34），不過其他三個樣本幾乎所有的男性組別都不認為這是一項突出的特質或價值。

9. 大陸所有組別都傾向於不相信有任何神明的存在（特質37），但其他樣本則沒有任何組別如此。

10. 雖然本研究樣本的華人，已不再認為中庸是一項突出的特質，但我們的受試者卻大多屬於中庸性格（共有 75 個特質未於表格中列出，因為它們不突出），因為就 MTPI 的 122 道題目看來，四個族群的 21 組華人當中，沒有任何一組達到突出的程度。舉例來說，他們既不很主觀也不很客觀、既不很健談也不很沈默、既非計畫滿滿也非毫無計畫、既不很謙卑也不很自大、既不很競爭也不很合作、既不很順從也不很反叛、既不很衝動也不很冷靜、既不很樂觀也不很悲觀，等等。他們大概是中庸而不自知吧。這當然是從各組平均分數獲得的結果。分數趨近兩個極端的人，其性格無法透過統計數據清楚呈現。

研究四　企圖與期許

「企圖」（ambitions）和「期許」（aspirations）這兩個詞彙常常是互通的。期許指的是強烈的渴望或企圖，或是非常渴望的東西。企圖是指強烈渴望得到某個特定目標，或渴望得到名氣、權力、財富等等。企圖也意味著強烈渴望的目標。一個人的企圖或期許，不僅反映了他的性格，也反映了他的個人或文化價值（Hurlock, 1967）。

許多世紀以來，整體中國文人一直有一種使命感。為社會盡自己的責任，一直是現代中國知識份子的一種強烈動機（Grieder, 1981）。除了照顧自己的家庭外，華人知識份子也期望能對國家

和世界有所貢獻。本研究調查了今日中國大陸華人的企圖與期許,希望藉此能更瞭解中華民族的性格與價值觀。

研究對象是第一章描述過的那 120 位年齡不等、兩性皆包含在內的華人知識份子。他們都接受過訪談或填過問卷。

我主要問這些受訪者,他們過去或現在的企圖、期許、希望或人生目標為何。他們可以針對這個問題自由回答。我再記錄他們的回答內容,並加以分類。

在現今的中國,許多知識份子把目標放在實現自我,以便服務國家和改善社會,不過文化革命(1966~1976 年)多少有些壓抑了他們的企圖心。有些知識份子的期許相當中庸,有些人的期許則高得不切實際。他們的希望和期許或企圖如下:

1. 中國的經濟和政治都將改善。

2. 生活條件將改善。

3. 以後人們不會再那麼自私。

4. 提升自己的身份地位,並為他人所尊重。

5. 找個好工作。

6. 事業成功。

7. 在某領域成名(例如成為名作家、科學家或教育家)。

8. 家庭美滿、丈夫成功(女性的期許)。

9. 繼承父親的事業(例如,成為教授)。

10. 對國家和人民有所貢獻。

11. 為社會的福祉盡力。

12. 女性地位將提升(女性知識份子的期許)。

13. 盡力而為,但未必要爭冠。

14. 當一個有用的人。

15. 切合實際且知足。

16. 出國留學（許多男、女大學生的期許）。

為了更詳細瞭解，我把一些案例列在下面：

1. 研究生，男性，26 歲：「我曾經希望改革中國和世界。如今我知道這是不可能的。」

2. 數學家，男性，44 歲：「我念大學時，期望成為著名的數學家或科學家。」

3. 大學講師，男性，31 歲：「我曾經想成為偉大的教育家。」

4. 助教，男性，25 歲：「我希望去國外留學。」

5. 助教，男性，24 歲：「我希望加強我的英文，並取得更高的學歷。我期望成為正式教授。」

6. 研究助理，男性，25 歲：「我希望創造出適合中國的經濟理論。」

7. 大學四年級學生，男性，20 歲：「我們年輕人大多希望學以致用，但很少人真正做到。我是少數不僅希望如此，而且親身力行的人。」

8. 大學三年級學生，男性，22 歲：「我希望讀研究所。我想成為學者，致力於研究。」

許多大學生未能進入他們理想中的科系，他們必須退而求其次，有一位自由藝術系的研究生就說：「我高中的時候希望能到大學讀理科，但是聯考失利，我只好改變決定。」中國年輕人認

為念理科比念文科更好，因此前者的競爭比後者激烈。

許多女性研究生害怕成功、怕自己以後找不到好老公，但有一位美麗、期望讀研究所的大四學生，卻不認為找好老公會是一件困難的事情。

許多中年知識份子對不切實際的期許幻滅之後，就把目標降低許多──他們只求生活無慮，子女可以平安長大。譬如，有一名中年男性說他曾經想成為學者，但現在認為自己的個性不符合這個目標。在中國，當學者比當老師更受人尊重。

退休之前或之後，有些年老的知識份子仍希望在事業上有所突破。譬如說，有一位退休的中學教師兼書法家，便以鋼筆創造出一種新的中文書寫風格。他試圖在國內外推廣他的創作，也請我助他一臂之力。

一位 60 歲的女教授曾經在美國的一所著名大學，當了一年的客座教授。她接著又翻譯了一本由美國知名教授所著的書籍，並在中國大陸出版這本書。她就像剛才提到的那位退休中學教師一樣，也希望在退休之前有所突破。

然而，另一位退休男性卻說，他大學時曾經希望對國家作一些貢獻，但如今在即將退休的前夕，卻不再有這樣的企圖心。

研究五　性格與價值觀的轉變

性格不但是連續的，也時常在變化。由於性格特質有時反映了價值觀，因此性格的轉變或許也反映了個人或文化價值的轉變。本研究的目的在於瞭解性格的穩定度如何，以及性格如何、

為何與何時產生變化。

本章的受試者是第一章描述過的那 120 位華人知識份子。我請受試者回憶自己的性格是否曾經發生過轉變。假如有的話，我接著問他們這些變化是如何、何時，以及為何發生的。

雖然西方的資料主張性格在 30 歲後趨於穩定（Costa, Jr. & McCrae, 1988），但我從大陸受試者蒐集來的資料卻顯示，性格是於青少年晚期（16~19 歲）或青年初期（20~25 歲）趨於穩定。假如在此之後仍有轉變，那麼有可能是暫時性的，也有可能是恆久性的，但影響並不很深刻。通常是某一種特定的性格層面或特質產生變化，多半是由環境變化（家庭、學校或社會）、生活經驗、人際關係、健康情形或個人認知所導致，也可能是來自於個人目標的成功或失敗。

接下來是 17 個案例（13 名男性和 4 名女性）的性格轉變歷程。我在每個案例結尾的括弧裡，註明了可能的轉變原因。

1. 大學四年級學生，男性，21 歲：喜好文學，卻在父親的要求下主修工程。大三交了一位女朋友後變得切合實際，並準備以工程師為未來的職業。「女朋友的實際主意改變了我的理想主義。」（女朋友的態度）

2. 大學四年級學生，男性，20 歲：小學時活潑又調皮。高中時因為大學聯考的壓力而變得沈默寡言。到了大學仍然很少說話。（課業壓力）

3. 工程師，男性，52 歲：大學時曾經期望對國家有所貢獻。後來屈服於現實環境，逐漸變得沒有企圖心。（挫折）

4. 教授，男性，65 歲：1949 年以前，在高中和大學時期，

喜歡唱歌、打排球、聊天和看電影。1948 年結婚。1949 年共產黨掌權之後變得沈默寡言。（婚姻及社會環境改變）

5. 工程師，男性，43 歲：自高中時期就向哥哥看齊，哥哥在學校是一位用功的學生，在工作上是一位正直的工程師，而且從不抱怨。三年前他哥哥精神崩潰過世，他從此學到教訓，變得不那麼努力工作和正直，但變得更坦率。（從哥哥的死亡學習）

6. 醫生，男性，35 歲：經過了十年的外科醫師生涯之後，在診斷和作承諾時變得比較謹慎。（職業經驗）

7. 助教，男性，23 歲：大學時因為健康狀況不佳而失去信心、感到自卑。覺得無法勝任工作，也感到迷惑。（健康狀況不佳）

8. 大學四年級學生，男性，22 歲：高中時期無視於代溝，總是默默認同父母的意見。進了大學以後，便開始對父母直言不諱，對同儕也比較不再以自我為中心。（地位和認知的轉變）

9. 大學四年級學生，男性，22 歲：10 歲以前很外向，後來因為在家裡和學校遭遇不愉快的經驗而變得內向。18 歲以後同儕關係和家庭條件都改善了。19 歲進入大學後，再度變得開朗和外向。（學校和家庭環境的改變）

10. 助教，男性，23 歲：讀大學以前個性內向。瞭解到外向的優點多過缺點之後，開始變得外向。（個人認知的改變）

11. 大學講師，男性，28 歲：自從大四之後就不再期望超越他人。現在感到快樂，因為「我感到自己有所成就，而且對社會有用。」他在閱讀了許多和生活有關的書籍之後，生活哲學產生了轉變。（從閱讀中學習）

12. 副系主任，男性，57 歲：31 歲以前極度內向，經過了

26 年的副系主任生涯後，變得不那麼害羞和內向。（行政經驗）

13. 系主任，男性，52 歲：學生時代既害羞又內向，擔任教職後逐漸變得外向。（從經驗學習）

14. 研究生，女性，27 歲：自從 20 歲交了男朋友之後，就比較不自卑，也較有自信。25 歲結婚後變得比較開朗也比較健康了。「丈夫很照顧我。」（良好的異性關係）

15. 研究生，女性，26 歲：研究所的頭三年非常積極主動，常常獲選參加兒童節目的表演。後來文化革命爆發，身為商人的父親使整個家族蒙羞。「我從那時起就開始感到自卑，並且羞於在大眾面前表現。」（政治影響）

16. 中學教師，女性，48 歲：進了大學後，為了專心於課業，便變得比較不活潑和較安靜。加入教職行列後又活潑了起來。（生活情境的轉變）

17. 心理學家，女性，63 歲：32 歲以前個性內向，1960 年代（32 歲後）被送到鄉下勞改（由農民施予再教育），從此較常與他人互動。1970 年代初期，她在小學和高中教了三年的書，因此增加許多與他人交談的機會。從那時起就變得不那麼內向了。（社會互動）

研究六　擇偶偏好

　　配偶偏好或擇偶偏好方面的研究，近年來越來越受到重視（Bateson, 1983；Buss and 49 collaborators, 1990；Sprecher, Sullivan, & Hatfield, 1994）。Buss 等人（1990）認為，自從達爾

文於 1871 年提出他的經典論文《人類的由來及性選擇》(*The Descent of Man and Selection in Relation to Sex*) 以來，擇偶偏好一直是進化生物學的一個重要議題。達爾文的性擇有兩個主軸：一個是異性間的選擇 (intersexual selection)，一個是同性別內的選擇 (intrasexual selection)。前者指的是對某些配偶的偏好。後者是指相同性別的成員為了爭奪與異性交配的機會而產生的競爭。

然而，對擇偶偏好有興趣的，並不只限於進化生物學。社會科學家和行為科學家同樣也研究擇偶偏好。最龐大的一項研究計畫，當屬 Buss 和 49 位來自三十三個國家的共同研究者 (1990) 的研究計畫了。他們調查了 37 個文化的擇偶特徵。雖然他們承認他們的樣本不具代表性，但他們仍然觀察到文化和性別對擇偶產生的一些明顯影響。

對中國人這樣一個愛面子的民族而言，找到好的配偶是非常重要的一件事情，因為不好的配偶會使人沒面子。許多人會非常關心身邊的單身親朋好友是否有交往中的男女朋友，以及打算何時結婚。

本研究算是試驗性的，因為樣本太小，不具代表性。然而，把研究結果與 Buss 等人 (1990) 及 Sprecher 等人 (1994) 的結果作比較後，仍能發現一些有意思的現象。希望本研究能發揮拋磚引玉的效果，引發更多研究者投入擇偶偏好的研究。擇偶偏好反映了文化價值觀，因為價值觀是指一種「會影響在既有行動方式、手段和辦法中做抉擇之傾向」(Kluckholm, 1951, p. 395) 的概念。

我除了讓兩千六百多位華人知識份子填寫一份問卷之外，還為了華人性格的研究計畫，訪問了大約兩百位中國大陸和台灣的

華人。由於時間有限，而我的問題數量又不少，因此我不得不將一般問題和特殊問題作區分。我每一次訪問都會問到一般問題，至於特殊問題則未每一次都問到。有關特殊問題的部份，我問我的受訪者，他們希望未來的配偶具備哪些條件或特徵，以及依他們的看法，一般人的擇偶條件或特徵為何。回答這種特殊問題的受訪者共有 29 位。其中有 7 男 11 女（大多是大學生）來自中國大陸，以及 5 男 6 女（大多是研究生）來自台灣。他們均未婚，年齡在 30 歲上下。

　　每一位受訪者依照自己的順序（配偶條件或特徵）作答，這代表了每一個答案的相對重要性——脫口而出的應該比後來才說的要來得重要。第一至第五個答案分別計以 5 分到 1 分（第一個答案應該是最重要的，給予 5 分；第五個也就是最後一個答案則給予 1 分），這可以稱為順序分數。再把這個順序分數乘以受訪者們提出此一條件或特徵的次數，可以得到每個條件或特徵的累積分數。因此，這個累積分數就可以代表選擇配偶時，每個條件或特徵的總價值或總重要性。有一個特殊的情況是「個性相投」這個配偶條件或特徵。有些受訪者可能不會直接以「個性相投」為條件，或是除了此一條件外，還會提到其他一些（例如，體貼、尊重太太）能使婚姻幸福美滿的性格特質。所以「個性相投」再加上它的特質的總數，才是「個性相投」這個配偶條件或特徵的總累積分數。假如受訪者不清楚一般人的擇偶偏好為何，也可以只說自己的答案。每個受訪者可以自由回答，答案數量不限。

　　雖然答案的數量不受限制，但大多受訪者說出的配偶條件或特徵都在五個以下。結果呈現於表 6.3 和 6.4。為了作一個比較，我們把 Buss 等人的華人（中國大陸和台灣）的項目排名順序呈

表 6.3　中國大陸和台灣未婚年輕男女偏好的配偶特徵

配偶特徵	排行順序 a				累積分數			
	中國大陸		台灣		中國大陸		台灣	
	男	女	男	女	男	女	男	女
1. 個性相投 b	1	1	1	1	72	53	61	35
2. 外貌好看	2	11	2	4	45	2	16	9
3. 個性好	3	3		5	11	22		8
4. 聰明有才華 c	4	2		6	7	38		6
5. 教育程度 d	5	7	3	10	6	8	10	2
6. 父母的社經地位 e	5	8	7		6	7	1	
7. 彼此相戀	6	10	4	7	5	5	5	5
8. 身高和體重	6	6		8	5	12		4
9. 能夠妥善照顧家務	7		6		4		3	
10. 禮儀和文化	8				3			
11. 企圖心	9	4			2	21		
12. 年齡 f	10	12	7	9	1	1	1	3
13. 健康			5	7			4	5
14. 性吸引力			5				4	
15. 職業		10	6	3		5	3	14
16. 經濟條件或賺錢能力				2				18
17. 儀態		5				13		
18. 個人之獨特性				7				5
19. 男子氣概		9				6		
被提及之項目總數	12	13	10	12				
累積分數之平均 g					24	18	22	19

註：a 排名順序是按照累積分數而得，分數越高，排名越前面。b 其特質請參照表 6.4。c 在此一特徵，女方不應勝過男方。d 女方的教育程度不應高過男方的教育程度。e 男方父母和女方父母的社經地位應該相當；女方的不應高過男方的。f 女方應略小於男方。g 平均分數等於總累積分數除以受訪者人數。

表 6.4 未婚華人男女重視個性相投的特質

男性重視的特質					
大陸		台灣		大陸和台灣 a	
特質	累積分數	特質	累積分數	特質	累積分數
善良	5	順從	5	溫柔體貼	20
忠貞	5	獨立	5	成熟（情感上和認知上）	17
誠實	5	情緒穩定	4	能平靜交談	13
善解人意	4	有共通的看法	3	體貼	12
賢妻良母	4			溫和	9
勤勞	3			有共同的興趣	6
包容	3			溫柔且安靜	5
開朗	3				
自主	2				
女性重視的特質					
大陸		台灣		大陸和台灣 b	
特質	累積分數	特質	累積分數	特質	累積分數
善良	8	能平靜交談	7	忠實而誠懇	22
有赤子之心	4	成熟（情感上和認知上）	3	自主	9
主動積極	3	有耐心	2	體貼	8
擅長社交	3	切合實際	1	情緒穩定	6
情感豐富	3			尊重太太	6
作風低調	2				
有幽默感	1				

註：a 這些特質是大陸和台灣男性均重視的特質。b 這些特質是大陸和台灣女性均重視的特質。

現在表 6.5。

表 6.5 Buss 等人的華人（大陸和台灣）男女受試者對特質的排

配偶特徵	大陸		台灣	
	男性	女性	男性	女性
1. 彼此吸引──愛	4	8	1	2
2. 可靠的個性	6	7	2	1
3. 情緒穩定和情感成熟	5	1	5	3
4. 性情討人喜歡	13	16	3	7
5. 教育程度和智力	8	4	6	5
6. 健康	1	3	4	6
7. 社交能力	12	9	14	13
8. 對家庭和子女的渴望	2	2	11	9
9. 儀容、整潔	7	10	9	12
10. 企圖心和上進心	10	5	10	4
11. 外貌好看	11	15	13	16
12. 受過類似的教育	15	12	12	8
13. 經濟前途看好	16	14	15	10
14. 廚藝佳、持家能力強	9	11	8	15
15. 社會地位佳	14	13	16	14
16. 相似的宗教背景	18	18	17	18
17. 貞潔（未曾有過性經驗）	3	6	7	11
18. 相似的政治背景	17	17	18	17

來源：Buss 等人（1990），p. 24。

本研究的結果顯示，個性相投是中國人最喜歡的配偶條件或特徵，大陸和台灣的男性與女性都把這個列在第一位。這也印證了老一輩的說法，即個性相投是婚姻美滿的關鍵因素。受訪者們說的「個性相投」包含了許多特質，請參見表6.4。有些特質和Buss等人（1990）提出的18項特徵的那個研究工具有相同或相通之處，包括了情感的穩定與成熟、性情討人喜歡和社交能力（見表6.5）。「賢妻良母」和「對家庭及子女的渴望」這兩項特質或許彼此有關連。除此之外，他們的「經濟前途看好」和我的「經濟條件或賺錢能力」很類似；他們的「貞潔」和「可靠的個性」可以對應至我的「個性好」；他們的「社會地位佳」和我的「職業」有關；而他們的「受過類似的教育」和「儀容、整潔」或許分別可以包含在我的「教育程度」和「禮儀和文化」之內。「相似的宗教背景」和「相似的政治背景」是他們18項特徵中排名末端的（第16名和第18名），我的受訪者並未提及。

Buss等人（1990）使用過的另一個研究工具有13個特徵，大致上和剛才提到的這個工具雷同，但多了兩項──「遺傳優良」和「有創意及藝術性」。這兩個項目分別可呼應我的「父母的社經地位」和「聰明有才華」。

中國傳統上的理想組合是「郎才女貌」。這個標準從我的研究結果獲得了證實，大陸華人女性把配偶的「聰明有才華」排在第二，台灣華人女性則把「經濟條件或賺錢能力」排在第二；大陸和台灣男性均把配偶的「外貌好看」排在第二。Sprecher等人（1994）曾經做過一項有關擇偶條件之性別差異的研究，我的這項結果和他的結果一致。我的結果也和Buss等人（1990）的研究結果一致，他們發現亞洲樣本的典型性別差異是，男性偏重女性

的外貌，而女性偏重男性的賺錢能力。然而，Buss 等人的華人（大陸和台灣）樣本很重視外貌，這有違亞洲人「不該以貌取人」的規範。

Buss 等人（1990）的研究和我個人的研究，均發現許多人把「彼此相愛」（或彼此吸引——愛）視為婚姻美滿的一項條件，台灣男性及女性尤其重視這項特質。我們雙方的大陸樣本和 Buss 家人的台灣樣本，幾乎都同樣重視「企圖心」（即他們的「企圖心和上進心」），不過我台灣樣本的男性及女性皆不注重這一項。另一方面，雙方研究的台灣樣本幾乎同樣重視「健康」（或健康狀況良好），但我的大陸樣本的男女雙方皆不重視此一特質，或視健康為理所當然。

海峽兩岸人民還有一項明顯的差異，就是我的台灣受試者，尤其是女性，比較不注重抽象或遙遠的特質（如企圖心），而較注重具體或立即的特質（如職業和經濟能力或賺錢能力），然而我大陸的受試者卻恰恰相反。另一個主要的差異是有關女性的擇偶偏好，大陸女性高度重視「聰明有才華」，這是一個相當抽象且傳統的擇偶條件；台灣女性則非常重視「經濟能力或賺錢能力」，這是一個比較具體且現代化的條件。這些差異顯然反映了這兩個華人社會的社會和經濟現況。但是 Buss 等人的研究並沒有發現到這些差異。

本試驗研究最有意思的一項發現是「個性相投」，從累積分數看來，我研究中兩岸受試者（尤其是男性受試者）最重視的就屬這一項條件了。Buss 等人（1990）的研究工具裡也包含了一些類似我「個性相投」特質的特徵（例如性情討人喜歡、社交能力、情緒穩定和情感成熟、善良體貼、活潑的性格、隨和）。大

陸和台灣女性分別將他們的「情緒穩定和情感成熟」擺在第一和第三，而兩岸的女性受試者都把「情緒穩定」視為是一個很重要的個性相投特質。在所有個性相投的特質當中，男性最在意的是未來妻子是否「溫柔」，而女性最在意的是未來夫婿是否「忠貞」。Buss 等人（1990）和 Sprecher 等人（1994）的研究均沒有發現這一點。

　　雖然我四組受訪者提到的（配偶條件或特徵）項目數量都差不多（10~13 項），不過某些項目特別常被提到。19 項條件中，有 5 項（個性相投、外貌好看、教育程度、彼此相愛和年齡）是四組華人皆重視的，四組中有三組重視的有 5 項（個性好、聰明有才華、父母的社經地位、身高體重和職業），其餘的 9 項條件則各受到兩組或一組的重視。累積分數反映了每個項目之間的相對重要性。累積分數的平均數顯示，比起女性受訪者而言，男性受訪者提到的條件數量較少，但每一項條件的份量較重，所以男性的平均數（大陸＝24，台灣＝22）比女性的平均數（大陸＝18，台灣＝19）來得高。從累積分數看來，男性對前兩名項目（個性相投和外貌好看）的重視程度（大陸＝72 和 45，台灣＝61 和 16），比女性對前兩名項目的重視程度（大陸＝53 和 2，台灣＝35 和 9）要高出許多，雖然在我的樣本中，女性人數比男性人數多。另一方面，大陸女性比男性更重視「個性好」（平均分數＝22）、「聰明有才華」（平均分數＝38），和「企圖心」（平均分數＝21）；台灣女性則比男性更重視「職業」（平均分數＝14）和「經濟能力或賺錢能力」（平均分數＝18）。

　　整體而言，本研究發現的擇偶偏好反映了華人文化價值觀，其中某些價值與性格特質（例如，教育程度、健康狀況、個性相

投之特質），和研究一至四的發現相同或相似。Buss 等人的配偶
特徵和我的配偶特徵有許多相似之處，不過我的研究結果似乎更
貼近事實，即使我的樣本並不大。Buss 等人也承認，他們的研
究工具「源自於美國」並且「背負著文化上的限制」（p. 11）。由
於我的配偶條件或特徵是直接由受訪者提出的，因此它們並不像
Buss 等人的研究那樣受限於工具本身。也正因如此，我的項目中
有一些（例如父母的社經地位、身高和體重、年齡、性吸引力、
儀態、個人之獨特性，和男子氣概）是他們項目中所沒有的。未
來的研究者可以使用具有更多項目的研究工具，並加大樣本數，
使之具有代表性。研究者可以透過開放式問題，來蒐集各種文化
及兩性可能的擇偶條件。

□總論

為了把研究一所發現的 69 項華人特質和其他價值（見表 6.6）
作比較，我嘗試把每位研究者相似或相同的價值歸納成表格。另
外四位研究者分別是 Bond（Chinese Culture Connection, 1987）、
Rokeach（1973）、Kahle（1983）和 Lasswell（Lasswell & Kaplan,
1965；Lasswell, Lerner, & Montgomery, 1976）。表 6.6 涵蓋了
Bond 的「華人價值觀調查表」（CVS, Chinese Value Survey）的
40 項價值、Rokeach 的「Rokeach 價值觀調查表」（RVS, Rokeach
Value Survey）的 36 項價值、Kahle 的「價值表」（LOV, List of
Values）的 9 項價值，以及 Lasswell 的 8 項國家發展與現代化之
基本價值。

從這一段的表 6.6 可以看到，呂氏價值有 14 項在三位西方研

表 6.6 五位研究者相同或部份相同之價值表的比較

呂氏的華人價值 a	Bond 的華人價值 a	Rokeach 的價值 b	Kahle 的價值	Lasswell 的價值
終極社會價值				
1 和諧	人際和諧	世界和平 *		
2 不攻擊	人際和諧、不競爭	世界和平 *		
3 受他人尊重	保住你的面子	社會認同 *	受到尊敬	尊敬
4 超越他人成就		有企圖心、希望有所成就 *	希望有所成就	
5 對社會有貢獻		自我尊重	自我尊重	
6 面子	保住你的面子	社會認同 *、自我尊重 *	受到尊敬、自我尊重	尊敬
7 民主		平等 *、自由 *	自我實現	幸福
終極個人價值				
8 安全				幸福
9 安全感		家庭安全感 *、國家安全感 *	安全感	幸福
10 名氣		社會認同 *		尊敬
11 財富	財富	舒適的生活 *		財富
12 高社經地位		社會認同 *		尊敬

13 事業上的突破		有企圖心、希望有所成就*	希望有所成就	
14 自給自足		自我尊重*、獨立	自我尊重	
15 中庸*	中庸、依循中間路線			
16 婚姻美滿		美滿*、成熟的愛*		幸福
17 不離婚*	保住你的面子			
工具社會價值				
18 謙虛*	謙卑			
19 不自以為是*	謙卑			
20 互利互惠	回報拜訪、人情或禮物		人情味濃	
21 孝道*	孝道			
22 報答父母養育之恩*	孝道			
23 服從		服從		
24 謙恭有禮	謙恭有禮	有禮貌		
25 慷慨*	謙恭有禮、保住你的面子			
26 開朗	善良（寬恕、同情）	寬恕		
27 容忍	容忍他人	心胸寬大		
28 自制	自我修養	自我控制		公正

29 遵守法規		自我控制	安全感	幸福
30 清廉	拒絕貪污	誠實、負責		公正
31 榮譽		社會認同 *	受到尊敬	尊敬
32 忠誠	對上級忠誠	關愛	人情味濃	情感
33 愛國心	愛國	關愛	歸屬感	情感
34 團結	與他人團結	家庭安全感 *、國家安全感 *	歸屬感	情感
35 正義感	正直感	勇敢		
36 誠懇	誠懇	誠實		公正
37 良心	善良（寬恕、同情）	內在的和諧 *		情感
38 利他		樂於助人		
39 真情	善良；回報拜訪、人情和禮物	寬恕	人情味濃	與他人情誼深厚
40 遵從長輩或上司 *	依照地位排關係之先後，並依循此次序			
41 偏好老么	善良（寬恕、同情）	關愛	人情味濃	情感
42 子女的成功	保住你的面子	希望有所成就 *	希望有所成就	尊敬
43 兄姊要忍讓弟妹	善良（寬恕、同情）	關愛	人情味濃	情感
44 重男輕女 *	遵循傳統			

45 當個賢妻良母	遵循傳統	關愛、負責	人情味濃	情感、公正
46 權威	善意的權威			權力
47 權力				權力
48 領導權				權力
49 人際管道	與他人團結		歸屬感	情感
工具個人價值				
50 健康	慾望少	內在的和諧 *	自我實現	幸福
51 自我保護	保住你的面子	自我尊重	安全感、自我尊重	尊敬
52 羞恥感	有羞恥感	自我尊重	自我尊重	尊敬
53 道德品行	自我修養	內在的和諧 *	自我實現	公正
54 教育	知識（教育）	智力	自我實現	教化、技術
55 知識	知識（教育）	智力、智慧 *	自我實現	教化
56 學位或文憑		希望有所成就 *	希望有所成就	尊敬
57 以科學或科技為職業		社會認同 *	受到尊敬	尊敬
58 在大城市裡工作		社會認同 *	受到尊敬	尊敬
59 物質財產	財富	舒適的生活 *		財富
60 與配偶門當戶對 *	遵循傳統			
61 有兒子和孫子 *	遵循傳統			

62 資歷 *	遵循傳統		
63 勤勞	勤勉（努力工作）		公正
64 節儉	節儉		公正
65 女人的美貌		美麗的世界 *	
66 男人的才華	知識（教育）	能幹	教化、技術
67 女人的安靜 *			
68 女人的溫柔		關愛	情感
69 男人的剛強 *	遵循習俗和社會風俗 * 性格的穩定性 * 清心寡慾 * 毅力（堅持）* 耐心 * 有恩報恩，以牙還牙 * 有文化優越感 * 適應力 * 謹慎（小心）*		公正

	值得信賴 對自己的生命角色滿足 保守*	誠實、負責 美滿*、內在的和諧*		公正
	是一個親密的朋友 女性的貞潔*	真正的友誼*	人情味濃	情感
		刺激的生活*	刺激	
		愉悅*	生活的趣味和享受	幸福
		救贖* 樂觀 整潔 富想像力 合乎邏輯		

註：a 呂氏和 Bond 有 * 標記的項目，在其他三位或四位西方研究者（Rokeach、Kahle、Lasswell）的價值中，沒有相似或相同的對應項目。b Rokeach 價值中以 * 標記的項目為終極價值，沒有 * 標記的則為工具價值。

究者（Rokeach、Kahle 和 Lasswell）的價值當中，沒有相對應的相似或相同價值。14 項價值中有 12 項與 Bond 的價值相似或相同。這 12 項價值可說是華人文化相當獨特的價值。Bond 的價值當中有 10 項是其他研究者所沒有的。這 10 項較為傳統的價值儘管受到 Bond 等人（Chinese Culture Connection, 1987）的重視，但可能大多已不再是一般華人關注的焦點，因為今日的華人已不

如四十年前那麼傳統了。

Lasswell 所有價值、 Kahle 大多價值（8 項中有 6 項）和 Rokeach 大多價值（36 項中有 29 項）都和呂氏價值相似或相同，這顯示西方人和華人有非常多相同的價值觀。 2 項 Kahle 價值（刺激、生活的趣味和享受）和 7 項 Rokeach 價值（刺激的生活、愉悅、救贖、樂觀、整潔、富想像力、合乎邏輯），在兩個華人價值表（Bond 和呂氏）中，都沒有任何相似或相同的對應項目。 Rokeach 的 7 項價值（Kahle 的「刺激」和「生活的趣味和享受」分別和 Rokeach 的「刺激的生活」和「愉悅」很相似）──其中前三項為終極價值，後四項為工具價值──可說是西方文化相當獨特的價值。然而，這並不表示華人會拒絕這 7 項西方價值。這只是意味著華人不認為它們像呂氏的 69 項華人價值那麼重要和普遍。

呂氏的 69 項華人價值當中，有 43 項和 Lasswell 的 8 項國家發展與現代化基本價值相通或有關連。這 43 項價值裡有 11 項和「尊敬」有關， 10 項和「情感」有關， 6 項和「公正」有關， 6 項和「幸福」有關， 3 項和「教化」有關， 3 項和「權力」有關， 2 項和「財富」有關， 2 項和「技術」有關。從這些數據看來，我們或許可以假定為了國家的發展和現代化，中國人最需要或渴望的是尊敬、情感、公正和幸福，其次是教化、權力、財富和技術。

我也訪問了 57 位（42 名男性和 15 名女性）橫跨各年齡層的台灣知識份子，訪問他們的問題和訪問大陸受訪者的相同。同時，我也請了 651 位（398 名男性和 253 名女性）各年齡層的台灣知識份子作同一份問卷（MTPI）。結果幾乎相同，除了(1)台灣

華人比大陸華人更重視安全感（家庭安全和國家安全）、民主、權力和財富；(2)台灣的年輕人不是那麼重視節儉；以及(3)台灣華人不像大陸華人那麼重視美滿的婚姻，因為台灣華人對異性交往的態度不像大陸華人那麼傳統（譬如說，台灣華人對重視貞潔的程度，和反對婚前性行為的程度，沒有大陸華人那麼強烈──見研究三表 6.2 的特質 14 和 34）。

　　一般來說，由於台灣在多元性、都市化、社會動態，和對現代大眾媒體的接觸等方面都超越中國大陸，而且這些都是促使個人主義的因素（Triandis et al, 1990），因此台灣多少比大陸更個人化、更不集體化。除了台灣，在香港和美國的華人社區也都能看到這樣的現象。華人縱使對團體活動再有興趣，多半也僅限於自己私人的團體。

　　Schwartz（1992）基於一份調查了 20 個國家的研究，提出 10 種普遍的價值類型。雖然我 69 項華人價值當中，有 14 項欠缺對應 Rokeach 價值（見表 6.6）不過我的華人價值全部都可以歸到 Schwartz 的 10 種普遍類型裡。我和他洽談時（Shalom Schwartz, personal communication, November 21, 1994），我把我的 69 項華人價值全部歸納成類（見表 6.7）。

　　我發現呂氏價值（見表 6.6）的第 32、44 和 20 號價值，分別可以歸在 Schwartz 的個人型、集體型和綜合型價值類型。有少數幾個呂氏價值可以同時歸納在多個類型。從表 6.7 的分類看來，假設每一項呂氏價值的份量皆相等，而且個人價值類型為求個人利益，而集體價值類型為求集體利益的話，那麼我們可以推論華人文化為 44/(32+44)即 58 ％的集體主義，和 32/(32+44)即 42 ％的個人主義。因此，華人文化的集體主義和個人主義比值約為

表 6.7 依照 Schwartz 的十種普遍價值類型歸納呂氏的華人價值

Schwartz 的價值類型	呂氏的華人價值，按照呂氏列表的編號
個人型（為求個人利益）	
權力：地位、聲望、權威、財富、對人力或物力的控制或支配	3、4、6、10、11、12、17、31、46、47、48、49、51、56、57、58、59、65、66、69
成就：個人的成功，以求社會認同	13、42、54、55、56、57、65、66
享樂主義：愉悅、感官享受	無
刺激：刺激、新鮮感和挑戰	無
自我導向：獨立的思想和行動	14、63、54、55
集體型（為求集體利益）	
慈善：關心周遭人的福祉	17、20、24、25、26、36、37、38、39、41、42、43、45、53、68
順應：克制某些行動或衝動	15、17、18、19、23、24、26、27、28、30、37、40、43、52、53、64
傳統：接受傳統習俗和想法	15、21、22、40、43、44、45、60、61、62、67、68、69
綜合型（兼顧個人及集體利益）	
安全感：安全、和諧；和自我、社會及人際關係的穩定	1、2、8、9、16、20、24、26、29、32、33、34、40、43、50、51
世界大同：關心所有人的福祉，並關心自然生態的環保	5、7、27、35

6：4，此比值會隨地域稍有差異。

我們可以從和 Schwartz 十種普遍價值類型有關的華人價值數量看到，華人價值比較突出的六種，包括權力（20 項價值）、安全感（16 項價值）、順應（16 項價值）、慈善（15 項價值）、傳統（13 項價值）和成就（8 項價值），較不突出的華人價值則有享樂主義（0 項價值）、刺激（0 項價值）、自我導向（4 項價值）和世界大同（4 項價值）。

我在第四章的研究三曾經說過，中國人是個權威導向的民族。此處的結果更加印證了這一點，權力是最突出的一項華人價值，因為它的特徵是「權威」和「對人力或物力的控制或支配」。另一個突出的價值類型「成就」也和權力息息相關，因為成就或個人的成功，都會提升自己的地位和聲望，並帶來權威。在華人社會裡，上司或較具權威的人比下屬或較無權威的人受人尊敬。

價值觀反映了性格。事實上，Rokeach 的工具價值，正是從一系列性格特質的詞彙（Braithwaite & Law, 1985）中挑選出來的。舉例來說，當某人以 Rokeach 的「有企圖心」為價值時，這反映了他的一、兩種性格特質：他要不本身就具有企圖心，要不就是他認為一個人應該有企圖心，或兩者皆是。即使是終極價值觀都能反映性格。假如某人以 Rokeach 的「舒適的生活」為終極價值，這表示要不他目前正享有舒適的生活，要不就是他期待過著舒適的生活。

價值觀和性格特質有時在語意上有重疊的部份。價值觀的功能，按 Rokeach 的說法（1973, p. 13）是，價值觀是用來**評估**自己和他人的標準。Borkenau（1990）也認為，與其說特質詞彙的

用途在於描述他人，不如說在於評估他人。 Borkenau（1990）認為，性格主要的五個因素（Big Five：外向、開朗、正直、情緒穩定，和智力—文化—開放）是用來描述個人或社會目標最重要的形容詞。從某個角度而言，這五要素既是五個基本特質也是五個基本價值觀。

研究二至研究六的結果都傾向於支持研究一的發現。譬如，研究一的「民主」價值，就受到研究二的支持，因為 21 組華人當中，沒有人認為自己是權威專制的（即民主的相反），這反映了民主的價值觀。「自律」是研究二發現的一項基本特質，它和研究一（見呂氏價值表）的「自制」很相似，而且可算是與 Lasswell 的「公正」相等的一項基本價值。

然而，價值觀和特質並不能劃上等號，雖然它們輝映著彼此，二者卻不可混為一談。自陳式報告和 MTPI 問卷的答覆內容，均有好幾種可能的詮釋方式。當某個人或某一族群，說自己具有一項如研究三表 6.2 那樣的突出特質時，有三種可能的詮釋方式：

1. 這個人或這個族群重視此一特質（也就是把它視為一種價值），而且具備此一特質。

2. 這個人或這個族群重視此一特質，但實際上並不具備它。

3. 這個人或這個族群具備此一特質，卻不重視它。

以下心得分別得自於以上三種詮釋方式：

1. 如研究三的表 6.2 所示，21 組受訪者全都認為自己是「誠懇」（即他們說自己具有此一特質），但我們從研究一和表 6.6

（見呂氏價值表）發現，「誠懇」也是一項工具社會價值。這兩項發現顯示，中國人不但重視而且具有這項特質。

2. 研究一和表 6.6（見呂氏價值表）都顯示「容忍」是一項價值，但在研究三只有 2 組人視「能包容不同意見」為自己的突出特質（見表 6.2），其他 19 組均否。這兩項發現顯示中國人重視「包容」，但它並不是大多人的突出特質。

3. 研究三的 21 個組別當中，大多人（15 組）認為「尊重他人」是自己的一項突出特質，但是「尊重他人」並未出現在研究一的呂氏價值當中（見表 6.6）。這兩項發現或許意味著大多中國人聲稱自己具有此一特質，但並不重視或真正力行它。這大概是因為中國人對於「受他人尊重」（這是研究一發現的一項終極社會價值）的重視和渴望，遠高於「尊重他人」。

透過研究四的企圖與期許，我們可以看到華人知識份子很上進而且很愛國。他們渴望受到他人尊重。有些年長的知識份子，甚至迫切希望能在退休之際或退休後，於事業上有所突破，以便享有更高的權威或社會權力。如果我們試著把研究四的企圖或期許，與研究一、二、三和六的相關結果作比較，我們會發現前者和後者非常一致。

在研究五（性格與價值觀的轉變），我們注意到性格某些層面或特質的轉變，會反映出價值觀的轉變。譬如說，中國的年輕人大多具有企圖心。有企圖心幾乎是世界各地年輕人的價值和／或特質。然而，「有企圖心」特質的突出程度，以及「有企圖心」價值的重視程度，均隨著年齡的增加而降低，尤其是在中年時期經歷過失敗或挫折之後。另一個例子就是自己可能因為開始重視

「外向」而變得外向，例如研究五個案 10 的男性助教。另一方面，價值觀的轉變也會促使性格轉變。譬如在台灣，由於社會不如從前來得和諧，民主化的過程也使犯罪率攀升，因此家庭安全（家人的安全）躍升成為最受重視的價值（The 21st Century Foundation, 1991）。所以人們（尤其是婦女及兒童）在出門前變得更加謹慎，以免遭遇不幸。

　　一生中的任何時候都可能產生價值或性格特質的轉變。然而，一般而言，25 歲之後就不會再作大幅度的變革了。變化可能歷經許多年、可能只是一小段時期，或甚至只在一夕之間（例如「一朝被蛇咬，十年怕草繩」）。轉變的原因有很多，就像研究五的那 17 個案例一樣，各有各的原委。原因有可能是個人的（例如，健康狀況）、人際的（例如，婚姻）、教育的（例如，課業壓力）、職業的（例如，工作經驗）、智力的（例如，改變認知）、政治的（例如，政治環境的轉變），諸如此類。

　　至於研究六的擇偶偏好，人們偏好的配偶特徵反映了中國大陸和台灣的文化價值觀，其中有一些價值（例如，教育、健康、職業、外貌好看、個性好）從研究一至四都能找到相呼應的部份。本章的這六項研究，全都直接或間接檢視了華人的價值觀和性格特質，並特別強調了這二者之間的關連性。我希望這一章有助於大家更瞭解中國人的價值和性格。這六項研究假如有任何缺陷或不足，都應該被視為是未來研究者可以努力解決的問題。舉例來說，研究六的樣本太小，而且限於未婚的大學生，未來的研究者可透過更具代表性的大樣本，來深入瞭解華人的擇偶偏好。

第七章
道德觀與人際關係

271

　　道德觀和人際關係是華人文化兩個很重要的特色。本章包括了兩項主要研究及一項次要研究。第一項主要研究（研究一）乃有關三個華人社會（中國大陸、台灣和香港）的道德判斷與道德發展，另一項主要研究（研究二）則是有關中國大陸的人際關係。次要研究（研究三）探討的是以上三個華人社會以及美國華人社區的支持關係。本章也將討論華人文化中這兩個特色之間的關連性。

　　當中國大陸、台灣和香港學者們，在談論和撰述正規教育的關鍵要素時，總是先談到德育，其次才是智育和體育。大陸有時候會把美育排在第四位，而香港和台灣則常常把群育和美育分別排在第四和第五位。 Wilson（1981, p. 1）說得好，他說：

> 傳統和現代中國學者都很清楚，中國人的言論或著述處處可見道德說教。與其他較不如此強調道德的文化相較之下，此一特徵的普遍程度就更加引人注目了。

　　Hsieh（1967）曾經說，中國哲學的主要議題全都集中在道德觀上面。儒家的精神不僅在於研習標準的為人處事方式和道德

觀，也在於找出一套理想的生活方式。

　　然而，儘管傳統和現代華人社會都熱中道德觀，有關華人道德觀的實證研究卻一直到最近才開始引起學者的注意。由於受到Kohlberg（1969, 1976, 1981, 1984）道德發展理論的啟發，香港、台灣和中國大陸相繼出現了一些關於道德觀的研究（Hau & Lew, 1989；Lei & Cheng, 1984；Ma, 1988a, 1988b；Walker & Moran, 1991）。這些研究主要是利用Kohlberg（1969）的「道德判斷訪問」（MJI, Moral Judgment Interview），或Rest（1975, 1976）的「定義議題測驗」（DIT, Defining Issues Test），來探討這三個華人社會的道德判斷。由於本章將以Kohlberg的理論為討論依據，故以下對他的理論稍作介紹（Bee & Mitchell, 1980；Ingersoll, 1989；Lefrancois, 1990）。

　　Kohlberg研究道德判斷時，設計了一些道德的「兩難情境」，以說故事的方式呈現給他的受試者，例如漢斯的故事（他的妻子因為生病快死了，附近有一位藥劑師發明了一種解藥，只有這種藥可以救活他太太，但是藥劑師開的價錢極高，漢斯沒有能力負擔。漢斯是否應該偷藥救妻子？為什麼？）。Kohlberg分析各年齡層受試者對此兩難情境的答案後，歸納出三個道德發展層次（道德成規前層次、道德循規層次，及道德自律層次），每個階段又各可分為兩個時期。道德發展層次共有六個時期，自道德成規前層次進展到道德自律層次。兒童的道德發展從道德成規前層次開始，逐漸往後面的層次發展，直至成年。然而，達到第五和第六時期的人很少。許多成人僅停留在第二、第三或第四時期，不再繼續發展。三個層次和六個時期分別描述如下：

層次一：道德成規前層次（preconventional level）

本層次的個體不會去思考自己行動的對或錯。個人主要以滿足自己的需求為行為動機。

時期 1：以懲罰和服從為導向。在本時期，道德判斷的動力是來自於避免懲罰或可能的不愉快後果。處於本時期的個體之所以服從權威角色或有權勢的人，並不是因為權威角色的所作所為是正確的，而是因為他們擁有更高的權威或權力（*物質權力或其他權力*）。只要某行為不會受到懲罰，時期 1 的道德觀幾乎都會認為此行為是對的。

時期 2：工具相對導向。處於此時期者，最大的動機在於滿足個人、社會或生理的需求或利益。當此人與他人互動時，他的道德判斷是建立在交易模式上（*這對我有什麼好處？*）。他偶爾也會想到別人的需求或利益，但前提是要能交換利益：「假如你幫我，我就幫你。」

層次二：道德循規層次（conventional level）

處於本層次的個體，其道德判斷已經從考慮行為的後果，晉升到考慮團體（*家庭、朋友、社會或國家*）的規範或期許。

時期 3：「乖男巧女」導向。此時期的人相信，好的行為就是討別人喜歡的任何事情。時期 3 的道德觀把目標放在與周遭人（*同儕、老師、老闆、家人等等*）維持良好關係。當一個好人就是有好的動機、對他人表示關心，並相信推己及人的金科玉律。

時期 4：法律和秩序導向。此時期的人認為，維護法律和維持社會秩序是一種正確的作法。這樣做的原因在於讓整個體制得以繼續發展，並避免制度的崩潰。他們相信制度代表著價值觀和

律法。他們認為個體都是整個制度下的一份子。

層次三：道德自律層次（postconventional level）

到了這個最高層的道德判斷層次，個體的道德觀主要繫於個人的權利和個人的行為準則。

時期 5：社會契約或民主法律導向。處在這個時期的人認為，法律也可能有偏頗之處，不過他們會在制度允許的範圍之內改變這些法律，而不是忽略它們或違反它們。他們不再視價值觀和法律為至高無上的定律；他們會憑相對的重要性來判斷是否合乎道德。然而，相對的規範應該受到遵守，因為它們是社會每個個體共同訂定的契約。

時期 6：全體人類道德原則導向。本時期的人認為，人們應該為自己的行為負責。他們依循的是自己選擇的道德原則，而且這些原則是普遍適用的。當法律和這些原則互相矛盾時，時期 6 的人會按照這些原則行事。這些人信守正義的普遍道德原則：即人人平等及對人性尊嚴的尊重。他們相信個體就是最終的單位，並應獲得尊重。

研究一　道德判斷與道德發展

本華人道德觀研究的主旨在於找出：(1)中國人共同的道德判斷階段；(2)教育程度高者和教育程度低者之間的道德觀假如有差異的話，會有哪些；(3)華人社會的高、中、低社會階級之間假如有差異的話，會有哪些；(4) 道德判斷（認知）和道德行為（行

動）之間的不一致程度如何；(5)個體道德發展受到家庭、學校和整個社會的相對影響如何。

本研究的資料來源為，我在中國大陸兩所大學、香港一所大學，及台灣一所大學任教時，修習發展心理學課程的學生，他們各代表了三個華人社會。其中一共有 106 名來自大陸兩所大學的三年級、四年級學生和研究生，77 名來自香港某大學的研究生，和 64 位來自台灣某大學的研究生。

詢問受試者的問題如下：(1)中國大陸（香港或台灣）人們最普遍的道德判斷階段為何？以實際的生活案例，把你曾經聽過或見過的例子描述一下。(2)教育程度高者（曾經受過高等教育的人）和教育程度低者（最多只受過九年教育的人）是否在道德判斷上有所不同？(3)假如高（例如高階政府官員）、中（例如學校教師）、低（例如勞工）社會階層的人，彼此之間的道德判斷有差異的話，會有哪些？(4)上述中國人面臨假設性情境（如 Kohlberg 的兩難情境）時的道德判斷，是否與他們現實生活中的道德行為一致？請依照道德判斷（即對假設性情境的判斷）與道德行為（透過他們真實生活中行動表現的動機或原因）之間不一致的程度或差距，把此一差距由大到小列成順序表。(5)以下哪一個因素對中國人的道德發展影響最大——家庭、學校或整體社會？

我把學生每五、六人分成一組討論，以組為單位回答以上的問題。大陸的兩所大學共有 18 組，香港的大學有 15 組，台灣的大學有 12 組。每一組有兩小時的時間討論上述的五個問題，和對如何作答達成共識。每一組均需就這些問題的討論結果，呈交一份書面報告。我再對大陸的 18 份報告、香港的 15 份報告，和台灣的 12 份報告加以分析，分析結果如下。

□最常見的時期

就第一個問題來看，儘管六個時期都大有人在，不過有些組別認為有某個時期特別常見，有些組別則認為有兩、三個時期同樣常見。如表 7.1 所示，大陸 18 組當中有 13 組（72.2％）認為，時期 4 是大陸社會最常見的道德判斷時期，其次是時期 3 和時期 2，分別有 6 組（33.3％）和 3 組（16.7％）認為它們是最常見的時期。然而，香港 15 組當中，大多（12 組，即 80％）認為時期 2 是香港社會最常見的道德判斷時期，其次是時期 3 和時期 4，分別有 9 組（60％）和 6 組（40％）這麼認為。在台灣，時期 2 和時期 3/4（從時期 3 到時期 4 的過渡期）均有 50％的組別認為它們是最常見的時期，其次有 16.7％的組別認為時期 3 和時期 4 是最常見的。假如我們把三個華人社會的所有組別合併一起看，時期 2 和時期 4 是同樣常見的時期（45 組當中有 46.7％認為這兩個時期是最常見的）。實際生活中的案例呈現於表 7.2。

表 7.1 三個華人社會的受試組所認為各時期為最常見的百分比率

時期	大陸 (n = 18)		香港 (n = 15)		台灣 (n = 12)		總和 (n = 45)	
	組別數	％	組別數	％	組別數	％	組別數	％
2	3	16.7	12	80	6	50	21	46.7
3	6	33.3	9	60	2	16.7	17	37.8
3/4	0	0	0	0	6	50	6	13.3
4	13	72.2	6	40	2	16.7	21	46.7

表 7.2 三個華人社會受試組觀察到的最常見道德判斷時期
之實際生活案例

時期	社會	行為	動機或原因
2	大陸	滿足個人需求	「大多人都是自私的。」
		利益交換	「假如你對我好，我就對你好。」
	香港	三思而後行	「看看這樣做對我有沒有好處。」
		交換禮物	有恩報恩，禮尚往來
	台灣	全國選舉時，以選票換鈔票	同時滿足候選人及選民的需求和利益
3	大陸	不喜歡與眾不同	避免顯得怪異或被他人以異樣眼光看待
		大事化小，小事化無	維持人際和諧
	香港	孝順父母，幫助手足	維持良好家庭關係
		等公車時安份排隊	符合他人的期望
	台灣	不論是好是壞，跟著別人做就對了	順從團體的規範
3/4	台灣	當一個好孩子、好學生、好公民	維持人際及社會和諧
4	大陸	贊成實施死刑	維持法律和秩序
		反對貪污和搶劫	維持法律和秩序
	香港	去合法的賽馬場賭博，而不去不合法的賭場	服從法律
		自 1997 年共產黨掌權之後，抵抗社會主義	維持目前的體制
	台灣	反對台獨	維持現狀
		支持逐步改革並反對革命	避免體制瓦解

□教育程度高者及教育程度較低者的道德判斷

三個華人社會的受試組對我們第二個問題的答覆如下。

大陸：

1. 教育程度高者（「高」）和教育程度較低者（「較低」）的差異並不明顯，因為二者的文化背景相同，社會環境也相同。

2. 「高」的典型（最常見的）時期是 4 或 4/5，而「較低」的典型時期是 3 或 2/3。

3. 「高」往時期 5 發展，「較低」則往時期 4 發展。

4. 比起「較低」而言，「高」較不受傳統價值觀的影響，思想也較現代化（例如，「高」比「較低」更相信自由、民主和平等）。

香港：

1. 「高」的典型時期是 3 或 4，「較低」的典型時期則是 2 或 3。

2. 「高」通常處於時期 3，但有能力發展至時期 6，「較低」通常處於時期 2，而且頂多只能到時期 4。

3. 「高」有較高的道德判斷，但道德行為卻未必如此。

4. 「高」的道德判斷不見得比「較低」的來得高層次。教育程度並不是影響道德判斷的唯一因素，文化價值觀對道德判斷的影響可能更深刻。舉例來說，老一輩教育程度較低者受到的儒家價值觀影響，因此比年輕世代受過較高等教育者的來得深刻，年輕人較受商業利益導向的影響；老一輩可能多處在時期 3，年輕

一輩則多處在時期2。

台灣：

1.「高」的道德判斷應該比「較低」的來得高層，但未必如此。

2.「高」的道德判斷通常比「較低」的來得高層。

3.「高」的道德判斷通常可達時期4，而「較低」的通常可以達到時期3。

4.「高」的典型時期是3/4，而「較低」的是2。

□三個社會階層的比較

受試組對第三個問題的答覆如下。

大陸：

1. 高社會階層（「高階」）的道德判斷從時期2至時期5不等。中社會階層（「中階」）大多在時期4。低社會階層（「低階」）通常在時期3或4。

2. 三個社會階層裡，教育程度較高者的道德判斷，通常比教育程度較低者的來得高層。

3. 除了教育程度之外，整個社會的道德風氣和經濟發展，對各社會階層的道德發展有重要影響。

香港：

1.「高階」教育程度高者的典型道德判斷時期為時期4，「中階」的是3或4，「低階」的是1或2（不過「低階」的教育

程度高者很少）。

2.「高階」教育程度較低者的典型道德判斷時期為時期 2，「中階」的是 2 或 3，「低階」的是 1 或 2。

3.三個社會階層教育程度高者的典型道德判斷時期分別為 5（「高階」）、4（「中階」）和 3（「低階」），而教育程度較低者的為 4（「高階」）、3（「中階」）和 2（「低階」）。

4.一般而言，「低階」的道德判斷處在時期 2 或 3，「中階」的處在時期 3 或 4，而「高階」的處在時期 4 或 5。

台灣：

1.「高階」教育程度高者的典型道德判斷時期為 5 或 5/6，「中階」的為 4 或 4/5，而「低階」的為 3 或 3/4。

2.「高階」教育程度較低者的典型道德判斷時期為 4 或 3/4，「中階」的為 3 或 3/4，而「低階」的為 2 或 1/2。

□道德判斷和道德行為之間的不一致性

大多受試組觀察到一個現象，就是人們判斷測驗情境（例如填答 MJI 或 DIT）時，所依據的道德判斷時期，往往比真實生活中實際行動時，所依據的道德判斷時期來得高層。當道德兩難情境為假設性情境（例如 Kohlberg 的虛構故事），或涉及兩難的是他人而不是自己的時候，進行道德判斷的人（尤其是私下作判斷時）依據的道德時期往往較高層。換句話說，一個人（尤其是高社會階層的知識份子）在作假設判斷時依據的時期，往往比實際行動中依據的時期來得高層。以下是對我們第四道問題的答覆。

這個問題雖然有點原始而間接，但它主要的目的是評量道德認知與道德行動之間的落差（Blasi, 1980）。

大陸：「高階」＞「中階」＞「低階」或「中階」＞「高階」＞「低階」

高社會階層（「高階」）或中社會階層（「中階」），在道德判斷（認知）和道德行為（行動）之間的差距，比「中階」或「高階」的來得大，而這兩者又比低社會階層（「低階」）的來得大。這是因為，比起「低階」而言，「高階」和「中階」的教育程度通常比較高，而且也比較在意自己的面子和地位，所以他們回答假設問題時依據的道德時期，往往比實際行動時依據的時期更高層。

香港：「高階」＞「中階」＞「低階」

「高階」和「中階」的教育程度通常比「低階」的來得高，而且在認知上也較成熟。因此前者作道德判斷時，比後者更有能力使用高層的道德時期。前者（尤其是「高階」的人）為了維護自己的形象，常常會在他人面前假裝展現出較高層的道德時期，但私底下卻退回到較低層的道德時期。另一方面，「低階」者的道德認知和道德行為較為一致，但兩者都處在相當低的道德時期。

「低階」的人比較直率，比起「高階」和「中階」的人而言，「低階」者的道德言行不論是在公開場合或在私底下均較為一致。他們比較不會去掩飾真正的自己。換句話說，不論社會階層或教育程度如何，中國人在私底下的行動都是依據類似的動機或理由。然而，在公開場合時，社會階層較高且／或教育程度較高的中國人，傾向於以較高層的道德時期作道德判斷。

台灣：「高階」＞「中階」＞「低階」

對台灣的詮釋可以參考對香港的詮釋。

□對道德發展最具影響力的因素

對於我們的第五項問題，受試組的回答如下。這是一個範圍很廣的問題。我們之所以提出這項問題，是因為這是三地華人在討論個體之性格發展時，經常談到的一個問題。

大陸：

1.影響力最大的是家庭，主要是父母。諺語也說：「有其父母，必有其子女。」

2.學校對個體道德發展的影響，和家庭的影響一樣的深遠。

3.社會（包括社經地位）的影響力也不亞於家庭和學校的影響力。

4.家庭是學齡前兒童最大的影響因素。開始上學後，學校就是最大的影響因素。開始上班或工作後，整體社會就成了最具影響力的因素。

香港：

1.各有各的影響；但影響力最大的是家庭，其次是學校。整體社會的影響力不如家庭和學校來得深刻。

2.對於知識份子而言，最大的影響力來自學校。對於教育程度較低的人，最大的影響力來自整體社會。對於教育程度高者和低者而言，家庭的影響也很深刻，但不如學校和社會的影響力那麼強烈。

3. 社會的影響力，尤其是大眾傳播媒體和社經地位的影響力，並不亞於家庭和學校的影響力。最近的一項調查顯示，小學生每天平均花三個小時看電視。

台灣：

1. 家庭的社經地位對孩子的道德發展有很深的影響，因為它會影響父母教養子女的方式，以及父母對待子女的態度，尤其是在童年的這段時期。然而，到了青少年時期，影響力最大的就是學校。

2. 家庭、學校和整體社會對道德發展的影響力不相上下，或許每種因素會在不同的人生階段產生不同的影響。個體通常最先受到家庭的影響，其次是學校，接著才是整體社會。

3. 影響的程度會隨著個體的社會階層和教育程度而有所不同。受過高等教育的「高階」和「中階」者，他們受家庭和學校的影響，比受社會的影響來得深刻，教育程度較低的「高階」和「中階」者則較易受家庭和社會的影響。一般而言，對華人道德發展影響最大的通常是家庭。

口討論

本研究以質化研究的形式，調查了三個華人社會的道德發展情形。之前未曾有過同時調查三個華人社會的研究。我得到的結果當中，有些是新發現，有些和其他研究者的發現相似或相異。本研究不以華人學生本身為受訪者，而是請他們就自己對三個華人社會的觀察和瞭解，提供一些資料，以進行比較分析。

雖然在華人社會六個時期的道德發展皆不乏其人，Kohlberg理論的跨文化普遍性也因此獲得印證，不過各華人社會的典型時期（即最常見的時期）卻不盡相同。中國大陸的典型時期是時期4，香港的是時期2，而台灣的是時期2和3/4。整體看來，這三個華人社會共有兩個典型時期，分別是2和4。這是相當合理的，因為時期2可能代表了教育程度較低者的道德時期，而時期4則代表知識份子的道德時期。大陸華人的教育程度大多不高，但是他們的道德時期多處在時期4，這和Walker和Moran（1990）的發現很類似，這二位都是以假設和真實道德兩難情境為評量方法。

台灣有兩個典型時期（2和3/4）──時期2大概代表了教育程度較低者的道德時期，時期3/4則是知識份子的道德時期，後者和Lei的研究結果（Lei, 1980；Lei & Cheng, 1984；cited in Snarey, 1985）一致。香港的典型時期是時期2，不過這和Grimley的香港典型時期（時期4）（Grimley, 1973, 1974；cited in Snarey, 1985）不同。不過在Grimley（1973, 1974）的跨文化道德判斷研究中，香港樣本太小了（n=12），不具代表性。

香港和台灣華人的典型道德時期，比大陸華人的來得低層，大概是因為大陸人生活在一個集體主義的社會裡，而香港和台灣人則居住在資本主義盛行的個人主義社會裡。這意味著教育不是影響道德發展的唯一因素，社會政治因素可能也具有同等的影響力。此外，由於這三個華人社會擁有共同的文化背景，它們都趨向時期3，亦即三地第二常見的時期。

從受試組對我們第二項問題的答覆，可以看出三個華人社會知識程度較高者的典型道德判斷時期為4（中國大陸）、3（香港）

和 3/4（台灣），而教育程度較低者的為 3（中國大陸）、2（香港）和 2（台灣）。所以就我們第一個問題的答覆看來，大陸華人的典型時期可視為大陸教育程度高者的典型時期，香港華人的典型時期可視為香港教育程度較低者的典型時期，而台灣的既可代表教育程度高者，亦可代表教育程度較低者，要看受試成員（大學生和研究生）在討論和作答時，心裡想的是哪一種。

在分析三個社會階層的道德判斷時，我們第三個問題的最佳答覆如下：就大陸華人而言（不考慮教育程度），「高階」（高社會階層）的道德判斷時期自 2 到 5 不等，「中階」（中社會階層）多在時期 4，而「低階」（低社會階層）通常在時期 3；香港知識程度高者的典型時期為 5（高階）、4（中階）、3（低階），而香港教育程度較低者的為 4（高階）、3（中階）、2（低階）；台灣教育程度高者的典型時期為 5（高階）、4（中階）、3/4（低階），台灣教育程度較低者的為 3/4（高階）、3/4（中階）、2（低階）。我們的研究結果和 Walker 和 Moran（1990）的結果一致，他們的道德領導者（相當於我們的「高階」）和知識份子（相當於我們的知識程度高者）的道德發展層次較高，他們的勞工（相當於我們的「低階」）和國中學生（相當於我們的教育程度較低者）的道德發展層次較低。

我們的第四個問題在於瞭解，三個社會階層在道德判斷和道德行為之間的不一致性或落差，三地受試組的答覆都是「高階」＞「中階」＞「低階」。由於「高階」和「中階」華人的教育程度通常比「低階」華人來得高，而且認知也較成熟，因此前者的道德判斷通常比後者的高層。社會階層越高的人，通常也越在意自己的面子和地位。這也是為什麼社會階層較高的人，尤其是

「高階」的人，傾向於以較高層的時期作道德判斷。但是依據的道德判斷時期越高，就越難達成自己理想。所以道德判斷與道德行為之間的差距，和人們社會階層之高低成正相關：社會階層越高，落差就越大。

　　一項由 Blasi（1980）審閱的研究指出，道德判斷和道德行為彼此沒有關連性，但其他的研究卻證實這二者在統計上確實有關連性。我們可以說，道德上的認知和行動之間的關連性，比我們想像中的「更不直接且更複雜」（Blasi, 1980, p. 9）。或許本研究的發現，有助於更深入瞭解道德判斷和道德行為之間的複雜關係。

　　Rest（1979）也提到，言語上的道德聲明和生活中的實際方式是一個「極度複雜」的議題（p. 169）。他（Rest, 1979, p. 169）說有兩個古老觀點，在這方面的立場是對立的。蘇格拉底認為意識型態和行為是密不可分的，但《新約聖經》的觀點卻相信「知道什麼是好的」和「選擇什麼是好的」是兩種非常不同的事情。《聖經》的福音書中處處可以看到一項訊息，就是精神意志力是堅決的，但肉體是脆弱的，有太多人言行不一。這至少可以部份說明，為什麼高社會階層和中社會階層的教育程度高者，他們的道德判斷和道德行動之間有落差存在。

　　對道德發展具有影響力的社會因素，包括了家庭、學校和整體社會。這些因素主要涉及父母、教師、同儕和個體的生活經驗（Gibbs & Schnell, 1985；Leahy, 1981；Lonky, Kaus, & Roodin, 1984；Rest & Thoma, 1985；Saltzstein, 1976；Wilson, 1981）。當然，影響道德發展的所有因素可說是不計其數，因此受試組對我們第五項問題的答案也是形形色色。影響力的大小和深度，大

致隨著個體從家庭、學校和整體社會吸收到的經驗而有所不同。決定道德發展之速率和方向的因素，主要有三：父母和老師的管教；家庭、學校和社會的道德風氣；以及在被家庭、學校和社會環境社會化的過程中，扮演某些角色的機會（Kohlberg, 1976；Piaget, 1932；Saltzstein, 1976）。然而，至於三種因素中哪一種對個體道德發展的影響最大，尚無實證。

研究二　人際關係

　　中國人非常在意人際關係。傳統上，總共有五種主要的人際關係：君臣、父子、夫妻、兄弟和朋友。儒家思想認為，這五種關係乃是建立在對彼此的道德義務上（Chan, 1963）。在現代的中國社會，這五種關係的本質依然存在，不過或有延伸、或有變更，並多容納了其他的人際關係。本章試圖描述中國大陸現今的人際關係。

　　受試者是第一章描述過的那 120 位大陸華人（年齡不等的男、女知識份子）。每逢有適當的機會，我就會問受試者，他們和父母、兄弟姊妹、老師、同學、朋友、同事、配偶、子女、學生及他人的關係如何。我也會問他們，他們周遭的人的人際關係如何。

　　我把受訪者對我問題的答覆進行內容分析，並加以分類。一共發現十種人際關係。其中有些比較明確（例如親子關係），有些則較一般性（例如世代間的關係）。以下為研究結果的細節。

□親子關係

1. 只生一個孩子的家庭裡，父母通常偏好兒子，在鄉下尤其如此。假如父母是知識份子，他們便也能接受女兒。假如只有孫女而沒有孫子，許多祖父母可能會不高興。

2. 異性之間的關係通常比同性之間的關係來得和諧。舉例來說，父子之間往往不如父女之間來得親暱。

3. 在有多個孩子的家庭中，第一個出生的孩子（尤其是女兒）往往是父母的得力助手，尤其對母親而言。不過，在鄉下的農莊，長子通常是父親的最佳助手。

4. 假如父母是學校老師，他通常待學生以寬，待子女以嚴。這大概是因為父母面對學生時比較自制。

5. 雖然大多父母都會保護和維護自己的子女，不過有些父母會在親戚好友面前，說一些貶抑自己子女的話（例如，「她任性得很」、「他很笨」、「她功課不好」），以表謙虛或責備子女。不過實施一胎化政策後，年輕父母大多非常寶貝和寵溺自己唯一的孩子。

6. 當父母其中一人過世而另一人再婚後，親子關係往往會惡化，因為子女感到自己和繼父或繼母很疏離。

7. 中年或老年世代的人比年輕世代的人更遵循孝道。譬如說，他們比較會照顧自己年邁的父母。

8. 父母一般認為女兒比兒子更嬌柔、需要更多照顧。因此他們通常較會限制女兒參加社交活動。

9. 子女常常覺得親近母親比親近父親容易。子女通常比較常

和母親溝通，和父親的溝通則較少。

10. 兒子大多很少和父親說話。假如彼此交談，通常很少超過十分鐘，除非有特殊或重大的事情。

11. 孩子在青少年和青年時期，最常遇到代溝的問題。因此孩子在成年之前，最常與父母產生態度或處事上的爭執。

12. 子女被訓練要服從父母，並（有意或無意地）依賴父母。父母支配著子女，從童年時期起，甚至一直到成年後，子女的大小決定幾乎都是由父母作主。

13. 都市年輕人的生活大多仍倚靠父母，因為收入不足，而且住所缺乏。許多人和父母一起居住，經濟上也仰賴父母。他們的結婚花費通常是從父母或親朋好友那兒先借來的。

14. 一般而言，當兒子或女兒結婚後，除非經濟上無法獨立，或父母親需要照顧，不然他們通常不會想和父母住在一起。

15. 在鄉下，我們偶爾會看到一、兩對年輕夫婦（通常是兒子和媳婦）和父母親住在一起。這在都市幾乎是不可能的事情，因為都市的居住空間不夠。

16. 在都市裡，房屋或居住空間不足，對年輕人是一個很嚴重的問題，但在鄉下卻沒有這種問題。雖然都市裡的年輕夫婦大多不希望和父母住在一起，但他們多半無法分配到房屋，所以不得不和父母住在一起。不過，住在鄉下的人多半可以住在自己建造的房屋裡，或住在祖厝裡。

17. 雖然我們常可見到已婚的兒子、媳婦及唯一的孩子，和退休的父母住在一起，不過在都市裡，一般是已婚兒子比較依賴父母，相較之下，在鄉下則是父母比較依賴已婚的兒子。有時候也有一些父母是和已婚的女兒、女婿和外孫住在一起。

18. 退休的知識份子、勞工、政府和黨派幹部（官員）的職位和薪水，通常都比他們就業子女的職位、薪水來得高。因此他們比較願意和有能力照顧自己長大成人的子女。相較之下，鄉下從事農務的父母由於沒有後續經濟來源，因此必須指望自己子女的照顧。

19. 結婚之後，兒子對父母的愛勢必不如以往，因為他也必須對妻子付出關愛。大多兒子在婚後會愛妻子比愛父母多一些。不過，婚後的女兒卻通常比婚後的兒子更細心照料父母的需求。

20. 今日的媳婦不像過去那麼尊敬自己的公婆。另一方面，今日父母會注意儘量不要冒犯到媳婦，以免破壞了兒子的婚姻。

21. 婆媳之間的爭執時有耳聞，兒子夾在兩人之間，很難兩邊討好。隨著兒子的注意力從母親轉移至妻子後，母親寧可不要和兒子住在一起，但必須住在附近。

22. 子女婚後大多不和父母住在一起。然而，理論上他們應該會隔一陣子就去探望父母，通常是週末或假日的時候。大多子女確實也是如此，他們會帶一些禮物給父母，並留下來陪父母吃晚餐。

□世代間的關係

1. 服從長輩（父母、師長和其他長者）是中國一項傳統美德。以往是由父母教導這項美德，不過正在今日的父母越來越少這麼教了。這項傳統依然存在，不過正在漸漸褪色中。教育程度高者比教育程度低者更常展現此一美德，老年人和中年人比年輕人更常服從長輩。

2. 老年人批評年輕人依然算是很正常的事情，但後者批評前者則是不尋常或不禮貌的事情。

3. 比起老年人和中年人而言，今日的年輕人較沒禮貌，也較不服從長輩。舉例來說，他們常在長輩的背後說是非，這在四十年前很少見。

4. 目前存在的世代間關係有兩種：一種是傳統而權威專制的關係，一種是現代化而民主的關係。在前一種關係裡，長輩扮演的是權威角色，對待晚輩像對待下屬一樣。在這種關係裡，兩代之間既沒有互相的尊重，也沒有理性的對話。長輩總是要求晚輩要絕對服從。在現代化而民主的世代間關係裡（這種關係越來越普遍），長輩把晚輩放在同等地位，並以朋友的姿態相對。權威專制式的關係通常存有很大的代溝，民主式的關係則不太有代溝。

5. 姻親的親子關係是一種重要的世代間關係。婆媳之間比較常產生衝突，岳父母和女婿之間比較少爭執。已婚子女（兒子或女兒）的性格扮演著很重要的角色，既可能潤滑姻親親子之間的關係，也可能使之惡化。

□師生關係

1. 一般而言，1957 年後的二十多年，由於一系列的政治口號所致，今日的學生不如 1957 年以前那麼尊敬、禮遇和服從老師。不過，自從毛澤東 1976 年死後，師生關係多少恢復了一些。

2. 大專院校的師生關係不如高中師生關係那麼親密。不過高中老師們最關心的還是學生的升學率。老師的地位或聲望取決於班上學生的升學率如何。

3. 為了避免和學生發生衝突，老師們通常把班上的風紀事宜交由學生幹部管理（例如班長或風紀股長）。這也可以幫助老師客觀評估學生，並訓練學生幹部的領導能力。

4. 從小學到大學，老師們大多都只關心成績好的學生，而忽略成績平平、成績不佳，或學習遲緩的學生。

5. 1976 年以前，當毛澤東還在世而經濟環境不佳時，清貧學生出人頭地的唯一辦法就是在課業上勝過同儕。

6. 班級導師通常比其他老師更能和學生建立親密情感，因為他必須為此班級的成功或失敗負責。

7. 某些大學的研究生直接去教授家上課，為求老師的方便。

8. 今日的大學生比 1949 年共產黨執政以前的大學生要來得年輕，人數也較多，但較不成熟。他們對老師較不尊敬也較不禮遇，尤其是對那些沒什麼「料」的平庸老師。不過，成績好的學生比較尊敬老師，成績差的學生比較不尊敬老師。

9. 為了不要給老師留下不良印象，學生們和老師交談時都非常謹慎，以免出錯。他們儘量避免與老師接觸，以免暴露自己的弱點。有時候（但不常有），有些（但不多）學生會親自登門拜訪老師，以討好或／且顯示對老師的尊敬。

10. 偶爾，有些大學講師真正關心學生的私人事務，而且自願提供諮詢。學生可以私下去這種老師的家中找他們，而不用事先預約。

11. 大學師生關係之所以淡薄，是因為：(1)大多老師下課後就直接回家，以避免在學生身上浪費時間；(2)大學的課程比中小學的課程更多元化，老師也更多元；(3)大學生不像中小學生那樣尊敬老師；(4)大學生的課外活動較多；(5)老師並不能決定未來的

就業機會；(6)大學教師之間的聲望競爭不如中學教師那麼激烈；(7)大學生比中小學生獨立；(8)除了課程和相關議題外，大學教師並不關心學生生活的其他層面。

12. 大學生和助教的接觸比和高階教授的接觸來得密切。教師的可親性或與學生的接觸頻率，與教師的位階成負相關。

□夫妻關係

1. 一般來說，夫與妻之間的關係越來越平等了。年輕世代的夫妻關係比中年世代的平等，中年世代的又比老年世代的平等。越來越平等的原因之一是，受過高等教育的人（尤其是男性）越來越多。教育改變了人們對兩性關係的認知，尤其是對配偶的認知。另一個原因是，女性也必須工作，因此夫妻雙方一般皆擁有相同的社經地位。教育和工作讓女性在知識上、經濟上和社會上的地位都更加提升。

2. 一般而言，假如夫妻雙方都受過高等教育，那麼夫妻關係是最平等的了。假如夫妻都沒有受過教育，那麼夫妻關係是最不平等的了。假如丈夫受過教育，而妻子沒有受過教育，那麼這種夫妻關係會比夫妻都沒受過教育的關係來得平等，但不如夫妻均受過教育的平等。很少有妻子的教育程度高過丈夫的。受過教育的丈夫通常比沒受過教育的丈夫更尊重妻子。

3. 受過教育的丈夫比沒受過教育的丈夫更願意幫忙做家事，也比沒受過教育的丈夫更體貼和包容太太。更重要的一項原因是，大多青年或中年妻子也必須工作，家事光靠一個人做不完，所以丈夫必須分擔家務。

4. 受過教育的丈夫和妻子，對於重大的事情，通常會先討論彼此的意見再作決定，並有各自的想法，小事情則會互相退讓。然而，教育程度較低的丈夫常主宰家中的大小決定，而且幾乎不和妻子討論任何事情。

5. 夫妻關係大致上都良好。大陸的離婚率大約只有 5 ％，比香港和台灣的離婚率都低很多。人們認為離婚既可恥又罪惡。人們（尤其是知識份子）會盡一切力量不要離婚。

6. 離婚率雖低，但在外來影響力的衝擊之下，現有升高的趨勢。導致離婚的主要原因包括婚姻不和諧及婚外情。年輕人在西方和其他文化的影響下，較不傾向於像老年人和中年人那樣把離婚當作恥辱。

7. 年輕夫妻的關係不很穩定，但年老夫妻的關係相當穩定。一般來說，婚姻的穩定度或和諧度會隨著年齡的增加而增加。

8. 夫妻之間總有意見不合的時候。假如當一方生氣時，另一半保持沈默的話，就可以避免爭執。比起教育程度較低者，知識份子因為比較有羞恥感或比較愛面子，所以爭執的時候比較能克制自己。

9. 在都市裡，青年和中年夫妻通常兩人都要上班。這對女性的權利及社會地位有正面效果。然而在鄉下，人們的教育程度大多不高，而且多在農場裡工作，女性的地位就比較低了。

10. 夫妻之間的平等程度會隨年齡（負相關）和教育程度（正相關）而異。教育程度高的年輕夫妻通常比教育程度低的老年夫妻更主張平等。

11. 丈夫依然是一家之主。一般而言，傳統的分工方式依然存在，仍然是男主外（例如應對外人）而女主內（例如照顧子女

和家務）。然而，分工情形已不再像從前那麼分明。

12. 許多夫妻（尤其是妻子）愛子女更勝過愛配偶。這有可能破壞夫妻關係，也可能無損於夫妻關係，要看夫妻雙方的性格如何，以及他們如何愛自己的子女。

13. 傳宗接代不再是婚姻的主要功能了。人們結婚是為了自己的幸福著想，而不是為了祖先。

14. 傳統上寡婦終身守寡是一種美德，但今日已不復存在。

□異性關係

1. 男女之間已經越來越平等了。教育程度高的男性通常比教育程度低的男性更能平等對待女性。不論教育程度如何，現今比男性更果決的女性比從前更多了，溫順服從的女性則越來越少。

2. 受到傳統「男女授受不親」觀念的影響，學生的異性友誼在小學被嘲笑，在中學被禁止，在大學不被鼓勵，主要的原因之一是會干擾課業。近年來，這樣的傳統不像過去那麼嚴格了。

3. 數年前，中學生或大學生約會是很少見的事情，雖然已經比從前更普遍了。即使到了大學，十個學生中頂多只有三、四個有約會的經驗，而且多半是三、四年級的學生。假如有機會和異性接觸，通常是課業或社團活動的時候。雖然已不再禁止，但是家長和老師多認為學生時期不該和異性交往，以免干擾課業。

4. 幾年以前，假如校園裡哪個男生和哪個女生走得很近，他人就開始傳八卦。假如兩人狀似親密，他人就會對他們兩人指指點點。就異性關係來說，大陸人比香港人和台灣人來得保守。

5. 不久以前，許多高中和大學學生雖然對異性產生興趣，卻

295

不願承認。許多人希望結交異性朋友,又怕違反團體規範。有些人因為害羞或缺乏自信心,而不敢接近異性。

6. 自從 1987 年以後,情況有了不小的改變,尤其是在大學校園。約會在大學裡變成一件平常的事情,雖然十對情侶中最後結婚的不到兩對。之所以有這樣的轉變,主要是因為外來文化的影響。

7. 在社會上,異性關係也變得比較開放和自由,大都市居民及富裕商人形成的新社會階層尤其如此。婚前性行為變得更常見了。不過,一般人大多仍無法接受婚前性行為。

8. 與某女子發生婚前性行為,往往表示必須娶她為妻。假如為當事人的男性不願意負起這樣的責任,他可能會遭受他人嚴厲的譴責。

9. 人們通常把異性之間的友誼和婚姻聯想在一起;許多人覺得若不是為了婚姻,和異性交往又有什麼意思。夫妻常常無法被派在同一個城市裡工作。這是為什麼有些大學生遲遲不敢交異性朋友,他們怕畢業後無法在同一個地區工作。

10. 一般都是由男生主動邀約女生。女生不該主動提出約會的要求。

11. 女生通常期望對象的訓練或才華比自己更強或更優越。她們也希望能和對象有共通的興趣。只要處得來,許多女性並不介意對方的訓練或才華比自己弱或差,她們擔心男性會因自卑而不敢與她們交往。

12. 傳統的概念認為,選擇對象時,男性在某些方面(通常是訓練或社經地位)應該比女性更優秀或至少同樣優秀。所以假如女性的教育程度或社經地位比男性高,他通常不會以她為交往

或結婚的對象。

13. 假如男性經常變換交往對象，人們會認為他不道德或不負責任。舉例來說，男性不該在短時間之內（例如一、兩個星期）和多位女性交往，或是和約會了好幾次（例如十次以上）的女性分手。因此，人們在決定是否要和異性交往時，會格外謹慎。

14. 父母常常告誡子女不要違反社會規範。譬如說，婚前性行為是不被允許的。假如孤男寡女獨處一室，必須把門窗都打開，以免惹人是非。父母們也瞭解到，今日的年輕人比較勇於做自己想做的事情。

□手足之間的關係

1. 手足之間的關係通常不錯。兄姊應該要忍讓和照顧弟妹，弟妹則應該要尊敬兄姊。

2. 假如兄姊已在工作而弟妹仍是學生，兄姊常常會拿一些零用錢給弟妹。

3. 一般來說，弟妹比較受兄姊的幫助和影響，反之較少見。兄姊常常代替父母引導和照顧弟妹。

4. 兄弟姊妹之間有時候也會像同儕和同事之間那樣地勾心鬥角。手足和諧如人際和諧一樣地受到重視。手足之間有互助互愛的道德義務。

5. 許多時候，異性手足之間的感情比同性手足之間的感情來得好，也就是說兄妹或姊弟之間的感情，比兄弟或姊妹之間的感情好。

□朋友之間的關係

1. 友誼仰賴需求（例如情緒需求、社會需求、性需求）和交互性（對彼此的需求和對彼此的依賴）。

2. 在學校建立的友誼通常比在工作場建立的友誼要持久。一般而言，每個人都有一個或數個在學校結交的好朋友，通常是青少年時期的朋友。

3. 相似性是發展友誼的一項重要因素。朋友總是有些類似的地方（例如年齡、興趣、住所、地位或教育程度）。

4. 教育程度低者的友誼通常比教育程度高者的友誼來得穩固，因為後者太驕傲而不願對同儕表達應有的尊重。有些教育程度低或沒受過教育的人，有時會組成幫派，當中的成員對彼此忠誠得近乎不理性，即使為對方失去性命也在所不惜。

5. 中年人的友誼往往不如青年人和老年人的來得穩固，因為中年人經歷過文化革命，這使得人與人之間互相猜忌，至今尚未完全恢復。即使是朋友之間，人們也不常坦承內心的想法，因為政治因素使人們互相猜疑。

6. 經濟援助是朋友間常見的一種互助方式。人們常常借錢給朋友而不計利息，或是幫朋友做事而不求報酬。然而，在資本主義的影響下，這種免費的善意有消退的趨勢。

□學生之間的關係

1. 同性學生之間的友誼通常起源於共同的需求、興趣、接觸

機會和契合的個性。

2. 同性學生之間的關係不如文化革命前那麼和諧。同鄉學生之間的組織比其他類型的組織更常見。

3. 同性學生可能會嫉妒成績好的同學，並把同學的好成績歸因於老師的寵愛或同學的巴結（例如討好老師、送禮物給老師、與老師拉攏關係，說自己和老師是同鄉）。

4. 不同班級的學生關係通常比相同班級的學生關係要佳。

5. 在小學和中學通常有高年級學生欺負低年級學生的現象，但到了大學則很少見。

6. 女生的心機比男生重，所以男生們在學校相處得比較好。女生在大學經歷到的人際摩擦比中小學時大，但比較不公開。

7. 自從 1977 年毛澤東過世、大學入學恢復聯考制度後，課業上的過度競爭一直對中小學學生的同儕關係很不利。到了大學，高年級學生為了進入研究所，競爭依然很激烈。

8. 成績好的學生不願意幫助成績差的學生，因為前者怕自己被後者超越。互相競爭的學生們在對手面前都很謙虛，但私底下卻很愛吹噓。

9. 雖然學生之間的關係大多為表面的，但是在學校建立的真友誼卻比畢業後建立的友誼更穩固持久。

10. 中學時期或青少年時期建立的友誼，通常比日後建立的友誼更持久。

□同事之間的關係

1. 人們常常說，1960 年代是人鬥人的年代，1970 年代是人

恨人的年代，1980 年代是人防人的年代。人們希望 1990 年代起，人們可以開始信任彼此。今日最好的處事方式就是安份守己，別管他人閒事。

2. 世代之間暗藏著衝突。譬如在較高等的學術單位裡，年輕同事（例如助教和講師）常常抱怨年長同事（副教授和教授）的薪水較高，但是教學負擔較輕，而且瞧不起他們。

3. 教授和副教授通常配有專屬的助理。假如助理不願配合且不願意學習，或不尊重師長，就容易產生世代間的衝突。大多助理只尊敬學有專長的師長。

4. 成功的同事（能力、階級或學術聲望較高）常常成為他人嫉妒的對象，而成就較低的同事則常成為他人輕視的對象。

5. 知識份子的知名度不僅取決於其專業成就，也關係著他們和其他同事相處的情形。

6. 人們覺得和上級相處比和同儕或下屬相處來得困難。所以人們較少和上司或老闆接觸。人際接觸的頻率和人與人之間的權力距離成負相關。

7. 文化革命之前，同事之間的關係比較好。從那之後，同僚之間變得較不誠懇，對彼此也較不信任了。

8. 老年同事常常對青年同事過度挑剔。他們幾乎無法忍受年輕同事任何的不順從。

9. 相當多同事會在背後批評他人。組織裡（例如大學的學系）常常會有小團體。

10. 中國大陸的職業競爭和人際衝突似乎沒有台灣和香港來得嚴重，因為大陸的升遷較重視年資而非實力。人們只須為升遷等待而無須努力。此外，升遷也不見得代表加薪。

11. 合作意願往往和利益多寡有關。假如某個工作有好處，同事們就比較配合，不然大家會互相推託該做的事情。

12. 雖然有些同事確實很友善也很幫忙，有些只是表面功夫，但勾心鬥角依然是同事之間常見的現象。

□上、下屬的關係

1. 自從文化革命以後，老闆和員工之間的關係變得比從前更平等了。然而，上下式的溝通依然比水平式的溝通來得常見，因為人們不習慣和上司平起平坐。人們和上級相處時，會非常注意自己的言行舉止，以免留下不好的印象。

2. 雖然政府以大眾的利益為由，鼓勵人民向上級提出建言，但很少人敢對上級表達自己真正的看法，以免冒犯他們。

3. 敢對老闆直言的年輕人比老年人和中年人來得多。然而，大多年輕人就和老年人和中年人一樣，都會謹言慎行以免冒犯老闆。

4. 偶爾可以看到有能力、有效率，而且勇敢的年輕人，他們敢在老闆未允許的情況下自己先做決定，或是在事成之後再向老闆報告。他們認為自己是在「對的」時間做「對的」事情。

5. 有時候老闆會讓親信或親朋好友擔任重要的職位，以方便管理自己的組織或單位。

□討論

中國文化認同也重視個體之間的相互依賴性（Markus &

Kitayama, 1991)。良好人際關係一向是中國教育的中心思想。中國經典《四書》說,帝舜以五種主要關係來教導人民,分別是:君臣、父子、夫婦、兄弟和朋友(Chan, 1963)。因此,幾世紀以來,中國的子女就被教導要當個好孩子,並和周遭人維持和諧的關係。即使到了今天,中國大陸、香港,乃至於台灣的老師和父母仍教導孩子要「乖」。按照 Kohlberg 的理論來看,這完全符合道德發展的時期3(乖男巧女導向),研究一也發現這是三個華人社會很常見的一個道德時期。

　　本研究發現的十種人際關係,及上述的五種主要關係,基本上是指與周遭親近之人的私人關係。上述五種主要關係當中,就有三種是家庭成員之間的關係(即父子、夫婦和兄弟)。顯然,中國人向來被教導要重視私人或個人的人際關係(即個體與親近之人的關係,尤其是家人之間的關係),而較不那麼重視外人或公眾的關係(即個體與個體之間的關係,或和陌生人的關係)。在這五種主要關係下,忠誠和孝順自然成為中心價值觀。 Walker 和 Moran(1991)關於中國大陸人民道德判斷的研究也顯示,大陸受試者記憶最深刻的現實生活兩難情境,大約有40%(52個裡佔了20個)是有關人際關係(涉及配偶、朋友、父母、鄰居、同事、老師)。不過這些私人的關係可以透過「仁」而公開化。「仁」是儒家思想的基石(Chan, 1963; Mei, 1967)。「仁」代表對一切事物的愛,如孟子所言:「仁者愛人」。然而,儒家的理想卻沒有落實在一般中國人的生活上,因為我們從前面的敘述可以看到,自私、不尊重、嫉妒、不信任和歧視都是常見的人際現象。

　　雖然中國人的道德判斷處在 Kohlberg 的時期3,並且強調與周遭親近之人維持良好的人際關係,但一般而言,他們的道德行

為停留在 Kohlberg 的時期 2。這是人與人之間的依附關係（例如，朋友之間、親戚之間和師生之間）最常見的情形。人與人之間的依附關係乃是建立在個人的需求或利益上。當需求或利益降低時，依附關係也隨之減弱。幾乎所有的人際關係都涉及個人需求。該需求可能是義務需求、經濟需求、職業需求、政治需求、宗教需求、知識需求、社會需求、情感需求或性需求。人們常常利用或甚至操弄人際關係，來滿足個人的需求或利益。

1990 年一份兩性關係調查發現，中國大陸的「性別文化」有一個值得注意的轉變（Shanghai Sex Sociology Study Center, 1992）。例如，有 78％的大學生能夠接受婚前性行為，而 58％可以容忍婚外性行為。這和數年前的中國大學生態度實在有很大的轉變。這種態度反映了他們對異性關係的道德判斷，從時期 3 或 4 轉變成時期 2，個人需求的滿足（此處為性及相關需求）變得比良好人際關係（時期 3 的道德觀）或法律和秩序（時期 4 的道德觀）更重要了。這個道德判斷的轉變也符合了目前的道德行為，因為有婚前性行為或婚外性行為的中國人越來越多了。

另一個中國人經常用到的相關字眼是「關係」。人們常靠拉攏關係或建立關係來達成自己的目的。「關係」通常涉及兩個部份。根據 Hwang 的資源分配理論（model of resource distribution）（Bond & Hwang, 1986；Hwang, 1987），任何涉及二者互動的關係都包括了兩個部份，分別是請願者（petitioner）和資源分派者（resource allocator）。其中一方可能掌握了對方所需要的某些資源，因此一方扮演了請願者的角色，而另一方則為資源分派者。兩方交換的資源可能包括了情感、面子、金錢、權力、財物、性、資訊、人情、地位，或某一方需要而另一方可提供的任何東

西。假如某一方不需要任何資源，或另一方無法提供任何資源，則兩方的聯繫往往鬆散薄弱，而且兩方的互動也會停滯不前。

　　Markus 和 Kitayama（1991）也認為，中國人的自我結構是相互依賴的。與他人的相互依賴性，意味著自我是相互依賴的。大多時候，只有在確定他人會繼續保持互動和相互支持的情況下，中國人才會作出回應及合作的行為。雖然有些中國人也會只基於利他、好感、照顧、愛、尊敬、同情或社會道義，而為他人做事情（例如還人情、捐贈、送禮、拜訪或邀他人共進晚餐），但中國人在大多情況下，和某人建立「關係」，多半都只是為了達到某個目標或滿足某個需求。

　　自戀者的人際關係主要特徵為剝削榨取（exploitativeness）（Raskin & Terry, 1988；Raskin & Shaw, 1988）。中國人是一個自戀的民族。他們仰賴「關係」或人際管道來達成目標或滿足需求。中國人的時期 2 大概是傳統中國社會「人治」（rule of man）的結果，而不是法治的結果。這比較是一種特例的道德觀（particularistic morality），而不是一種普遍適用的道德觀（universalistic ethic）（King, 1991）。現代中國人（尤其是知識份子）對此大嘆遺憾（Chu & Ju, 1990；King, 1991）。似乎只有當中國社會擺脫執法不嚴的惡習之後，大眾日常生活的道德觀才有可能提升至 Kohlberg 的時期 4，也就是以道德和秩序為導向的時期。道德的成熟度可能隨文化的不同而有不同的標準（Dien, 1982；Ma, 1988a），例如 Kohlberg 理論的第三層次（道德自律層次）定義的那樣。Kohlberg 四個時期的前三個對中國文化都相當適用，不過如研究一所示，他的時期 5 和 6 不太適用於中國文化。

研究三　支持關係

有些研究者（例如 Schaefer, Coyne, & Lazarus, 1982）曾經提出多種類型的社會支持，例如情緒支持（理解）和資訊支持（忠告），並制訂了一些測量工具，包括評估各種支持的量表。還有一些研究者（例如 Procidano & Heller, 1983）則設計了單向的測量工具。Sternberg 和 Grajek（1984）請了一群成人受試者回答一些有關親密關係的測量問題，並對他們的答覆內容進行因素分析。他們分析後，歸納出一項重大而普遍的因素，他們稱之為人際溝通、分享與支持。Argyle 和 Furnham（1983）研究了九種關係（夫妻、朋友、手足、父母、鄰居等等）的滿足原因和衝突原因。他們找到三種滿足的因素（工具獎賞、情緒支持和共同利益）和兩種衝突的因素（情緒衝突和批評）。

當成人或兒童在生活中遭遇壓力時，人際關係往往具有社會支持的功能。然而，對兒童和青少年社會支持的研究，不如對成人的研究來得多（Berndt & Perry, 1986）。本研究請成人華人回想自己青少年時期遭遇壓力事件時，身邊可依靠的支持關係如何。研究工具為一份問卷（MTPI），研究對象為四個地區（中國大陸、台灣、香港和美國）的華人樣本，包括 2640 名成人。問卷上的問題是，他們在青少年時期（12~19 歲），如果有私人問題或憂慮，通常會和誰討論。問題的用意在於瞭解，在這些華人受試者的青少年時期，哪些人際關係能夠提供他們需要的社會支持。

如第一章描述過的，受試者為 2640 位受過高等教育的成

人，分到來自四個不同地區的華人社會：中國大陸（662 名男性和 263 名女性）、台灣（398 名男性和 253 名女性）、香港（442 名男性和 345 名女性）和美國（178 名男性和 99 名女性）。有些受試者的資料沒有列入分析，因為其相關的資料不存在。

在問卷（見第一章）的第一部份，有一個問題是，受試者在青少年時期（12~19 歲），假如有私人問題或憂慮，通常會找誰討論：不找人討論、父親、母親、哥哥、姊姊、老師、同學、朋友或他人。受試者必須回想過去的情形，並從這九種情況當中挑選一種作答。假如他選擇的是「他人」，則必須註明是誰。

我們分析 MTPI 問卷的答覆時，先把受試者依性別和年齡（30 歲以下和 31 歲以上）分成 16 個組別（四個樣本各有四組）。由於各年齡組的答覆內容並無顯著差異，因此我們把受試者依性別和樣本分成 8 個組別，並計算他們各個答案出現的頻率，如表 7.3 所示。由於「他人」項目的頻率可忽略，因此未列在表中。

如表 7.3 所示，每一種關係在 8 個組別的排名都很類似。然而，在兩性之間、關係之間和樣本或族群之間依然有一些差異存在。一般來說，青少年時期不與他人談論私人問題的男性（28％）比女性（22.2％）多。就討論的對象而言，同學（通常是同班同學，也包括學校裡的朋友）為女性排名的第一位（29.4％），為男性排名的第二位（23.8％）。假如我們把同學和朋友（主要指校外的朋友）這兩種關係合併一起看，那麼同儕（主要指相同性別的同學和朋友）便是男性（36.8％）和女性（41.7％）在青少年時期最常提供社會支持的對象。

支持關係排行榜上，緊接在同儕之後的是母親，在兩性都居第三位。最不常提供支持關係的是老師，在兩性都排在最後一位

（第八位）。雖然兩性都不常和父親討論問題，不過青少年時期和父親討論問題的男性（9.4％）比女性（6.2％）多，和哥哥討論問題也是男性（4.3％）比女性（2.7％）多，和姊姊討論問題則是女性（8.6％）比男性（3.8％）多。另一方面，青少年時期和母親討論問題的女性（17.1％）比男性（14.8％）多，和同學討論也是女性（29.4％）比男性（23.8％）多，而和朋友討論問題的男女比例差不多（分別為13％和12.3％）。

　　四個族群之間有一些差異。我們發現香港是一個奇特的華人社會。它的奇特之處（和另外三個華人社會相較之下）包括：(1)青少年時期不向他人尋求社會支持的男性較多（38％）。(2)青少年時期向父母（父親加上母親）尋求支持的男性（13.6％）和女性（14.3％）均比較少。(3)有壓力時求助同儕的男性（40.5％）和女性（48.8％）均比較多。

　　另一個重要的差異出自台灣樣本。如表7.3所示，台灣不找任何人討論問題的男（20％）女（19％）比例是各組中最低，但男性向父母（父親加上母親共32.9％）尋求支持的比例是最高的。青少年時期向父母尋求支持，排名第二高的為大陸女性（父親加上母親共30.5％）。向同儕（同學加上朋友）尋求支持比例最高的兩組分別是香港女性（48.8％）和美國女性（45.1％）。

　　在其他的關係上，各組的差異並不大；有些很相似，例如就關係0（不找任何人）而言，大陸和美國男性分別為26.7％和26.3％，台灣和美國女性分別為19％和19.7％，大陸和香港女性分別為23.8％和23.9％；而就關係1（父親）而言，台灣和美國男性分別為10.8％和10.6％。各項相似點和相異點的意涵或意義，將在下一段詳加討論。

表 7.3 四地華人回憶自己青少年時期，遇到私人問題時最常與之討論的對象

人際關係／討論的對象		大陸		台灣		香港		美國		總和	
		男	女	男	女	男	女	男	女	男	女
0/不找人討論	n	169	57	74	45	154	72	42	15	439	186
	%	26.7	23.8	20	19	38	23.9	26.3	19.7	28	22.2
	排名	1	1	3	2	1	2	1	3	1	2
1/父親	n	75	19	40	21	16	10	17	3	148	53
	%	11.8	7.9	10.8	8.9	4	3.3	10.6	3.9	9.4	6.2
	排名	5	5	4	5	6	6	5	6	5	6
2/母親	n	85	54	82	45	39	33	27	14	233	146
	%	13.4	22.6	22.1	19	9.6	11	16.9	18.4	14.8	17.1
	排名	4	2	2	2	4	3	3	4	3	3
3/哥哥	n	24	5	19	8	18	8	6	2	67	23
	%	3.8	2.1	5.1	3.4	4.4	2.7	3.8	2.6	4.3	2.7
	排名	7	8	5	6	5	7	8	7	6	7

4/姊姊	n	26	14	16	25	9	28	8	6	59	73
	%	4.1	5.9	4.3	10.5	2.2	9.3	5	7.9	3.8	8.6
	排名	6	6	6	3	7	5	6	5	7	5
5/老師	n	26	6	7	3	5	3	7	1	45	13
	%	4.1	2.5	1.9	1.3	1.2	1	4.4	1.3	2.9	1.5
	排名	6	7	7	7	8	8	7	8	8	8
6/同學	n	142	49	93	68	111	115	28	19	374	251
	%	22.4	20.5	25.1	28.7	27.4	38.2	17.5	25	23.8	29.4
	排名	2	3	1	1	2	1	2	1	2	1
7/朋友	n	87	35	40	22	53	32	25	16	205	105
	%	13.7	14.6	10.8	9.3	13.1	10.6	15.6	21.1	13	12.3
	排名	3	4	4	4	3	4	4	2	4	4
總和	n	634	239	371	237	405	301	160	76	1570	853

□討論

本研究的發現之一，就是看到華人青少年最常尋求社會支持的對象是同儕。這項發現和「同儕互動（在青少年時期）似乎是最重要的」（Ingersoll, 1989, p. 25）說法一致。由於青少年大半的時間都和校內或校外的同儕處在一起（Larson, 1979, 1983），同儕自然成為他們訴說問題的對象。這項發現可能意味著青少年找同儕討論問題時，比找其他人更容易獲得滿足（例如情緒支持），也更不會遭遇衝突（例如批評）（Argyle & Furnham, 1983）。

由於本研究的同儕主要為校內和校外的朋友，因此上述的發現顯示坦露自我為友誼的一項重要特徵（Berndt, 1982）。向他人坦露內心的想法和情緒，也被視為是情緒支持關係的一項特徵（Kessler, Price, & Wortman, 1985）。關於華人道德觀的部份，這些發現也意味著青少年的道德判斷和道德行為，受同儕（尤其是朋友）的影響比受其他人的影響來得大很多。

就家庭關係來看，華人青少年多向母親尋求情緒支持，而較少向父親或手足尋求支持。然而，有些令人意外的是，向父親尋求支持的兒子比女兒多，向母親尋求支持的女兒也比兒子多。這項發現與心理分析學派的伊底帕斯情結（Oedipus complex）和戀父情結（Electra complex）理論不符。青少年時期向同性手足尋求支持的華人男性和女性，比向異性手足尋求支持的人來得多，這也是可理解的。

孩子待在學校的時間是那麼長（大約佔清醒時間的四分之一），而且華人小孩待在學校的時間又更長（台灣中學生每星期

在學校待上 40 個小時），但是會跟老師談論私人問題或困擾的華人青少年竟不到 3％，這一點實在很令人意外。原因之一可能是，華人老師大多看起來道貌岸然、權威專制，而且令人畏懼，所以學生們對他們敬而遠之。

大多華人青少年寧可把壓力和情感放在自己心底，這大概反映了他們（尤其是男性）的內向性格，也就是中國人的突出特質之一。整體來說，遇到壓力時不找任何人談論（關係 0）的男性（28％）比女性（22.2％）來得多。這項發現也顯示，華人社會相當欠缺人際互動，尤其是與不同年齡、性別、地位、權勢，和／或權力的人之間的互動。這對道德發展具有負面影響，因為人與人之間的溝通不足，會導致人們沒有充足的機會去扮演某些角色，可是角色扮演的機會又是道德發展所不可或缺的（Kohlberg, 1976）。由於「各種社會互動和溝通情境均涉及角色扮演」（Kohlberg, 1976, p. 49），所以不參與社會互動或人際溝通，肯定有損於個人的道德發展。

關於香港的奇特結果，意味著香港華人（尤其是男性）比其他三個華人社會的男性都來得獨立。他們比較獨立是因為他們遇到壓力時，比較不依賴父母的支持。他們要不就保持沈默，要不就去找同儕，較不會去找父母。這有部份原因是因為父母太忙，因為當時他們的父母大多是 1949 年左右從大陸逃到香港的難民，所以為了家計必須在那個困苦的年代（大約從 1949~1970 年）努力工作。英國政府的統治，或許也促使這個殖民地的華人更加獨立，所以香港人不像大陸人或台灣人那麼仰賴人際管道或關係。

我們的美國樣本可能太小了，不足以代表美國社會的所有華

人。那個樣本可能比較接近我們台灣或大陸的樣本，而比較不像香港的樣本，因為美國樣本主要是從台灣去美國留學的研究生。我們的台灣樣本和大陸及美國樣本比較相似，而比較不像香港樣本，台灣樣本似乎相當能代表台灣華人，因為台灣人受中國傳統文化的影響比較深，親子關係極為緊密。所以他們（尤其是男性）比較依附且比較依賴父母，從表7.3的數據即可看出。台灣樣本男性（20％）和女性（19％）在關係0（不找任何人討論）的百分比率均最低，而且台灣男性是關係1（父親10.8％）加上關係2（母親22.1％）百分比率最高（32.9％）的男性組。

其次，排名第二的是大陸女性，她們青少年時也比其他組別更依附且依賴父母（尤其是母親），她們關係1（7.9％）加上關係2（22.6％）的總和（30.5％）居第二位。從關係6和關係7的總和看來，香港女性（48.8％）和美國女性（46.1％）是四個樣本八組中最常與同儕互動的兩組。這或許表示她們的性格比較外向一些。以道德發展的觀點來看，這些結果可能意味著台灣男性和大陸女性，青少年時期比較容易受父母和同儕的影響，而其他組的華人男性和女性的道德發展，則比較容易受同儕的影響，至少在青少年時期是如此。

第八章
結論

　　我在第一章曾經說過，本書中的 21 項研究來自我十多年前在香港展開的研究計畫。這是首度以四地（中國大陸、台灣、香港和美國）華人為研究對象的研究計畫。透過文化脈絡來研究性格時，最好把量化（採用大樣本）和質化（採用個案）兩種研究取向都涵蓋在內（Westen, 1985）。研究者有必要以多種不同的方式進行研究。Campbell（1986）認為，多元研究方式的取向是必要的，因為傳統的實證主義往往會使整個研究僵化。本研究計畫採用的研究方式包括問卷調查、個案研究、傳記式訪談，和親身／自然觀察，透過各種不同方式蒐集來的資料，彼此可以補充不足之處。從前有關華人性格的研究大多使用問卷調查，並以高中生或大學生為研究對象（Yang, 1986, 1996）。本研究計畫採用了許多種方法，既有量化研究的部份，也有質化研究的部份，研究對象大多為 20 歲到 65 歲不等之受過高等教育的成人。透過教育程度高者的報告內容，也能一窺教育程度較低之華人的情形。我平常作的觀察，也幾乎涵蓋了各行各業的人。

　　對我的研究方法有一定的概念之後，接下來將簡述第二章至第七章的各項主要發現，我也會在這最末一章裡，討論各項研究

結果的意涵。

第一節　主要發現

☐教養模式與子女的性格

第二章探討了教養模式和子女性格之間的關係。我比較強調父母行為或子女教養方式對孩子的影響，但未強調親子互動的交互作用，因為單向模式（父母影響子女）比雙向模式（父母和子女彼此影響）更適用於華人家庭。第二章共介紹了三項研究。在研究一，中國大陸 159 位男性和女性知識份子提供的資料，印證了中國家庭確實符合單向模式。在研究二，訪問 109 位男性及女性知識份子而得的資料，讓我們更瞭解華人教養行為最常見的兩種特徵──「嚴」和「慈」。「嚴」指的是嚴格、控制、令人敬畏、懲罰和權威專制。「慈」指的是溫柔、關愛、可親、寬鬆和放任。本研究不像先前多數研究那樣，單視父親或母親為單獨的社會化者，反而把父母雙方一起視為「協同」教養子女的人，並歸納出七種協同教養模式：「父嚴母慈」、「父慈母嚴」、「父母均嚴」、「父母均慈」、「父母幾乎剛剛好」、「父親為主要社會化者」，和「母親為主要社會化者」。七種教養方式皆有個案作說明，以瞭解各種教養模式對子女性格可能產生的衝擊。

研究三的研究工具為一份問卷（MTPI），受試者為 2640 位來自中國大陸、台灣、香港和美國的華人知識份子。本研究的目的

在於進一步瞭解四種（「父嚴母慈」、「父慈母嚴」、「父母均
嚴」、「父母均慈」）協同教養模式下，父母的「嚴「慈」程度對
子女性格的影響如何。結果發現，「嚴」和父母的控制或管教、
權威專制、憤怒或壞脾氣有關，而「慈」和父母的愛、照顧、與
孩子的接觸和溝通，以及允許孩子獨立或自主有關。這份問卷調
查顯示，在華人家庭裡，「父嚴母慈」是最常見的協同教養模式
（49％的兒子和32％的女兒），「父慈母嚴」（14％的兒子和22
％的女兒）不如「父母均慈」（25％的兒子和33％的女兒）來得
常見，而「父母均嚴」（12％的兒子和13％的女兒）則是最少見
的教養模式。和四種協同教養模式有關的相關子女變項（子女的
年齡、性別、排行、兄弟姊妹人數、性格特質和童年生活環境）
也在此研究中一併討論。有一項重要的趨勢是，不論在大陸或在
台灣，傳統「父嚴母慈」家庭的數量都正在減少中，「父母均慈」
的家庭數量有增加的趨勢。這項趨勢反映了兩岸的父母（尤其是
父親）對子女（尤其是對女兒）均越來越溫柔和放任。如研究三
所示，台灣受試者對教養方式的知覺，和大陸受試者的較相似，
和香港的較不相似，而且台灣和大陸父母對待兒子和女兒的方
式，比香港的較不相同且更不平等。

由於大陸父母只准生一個孩子，而台灣父母多半只想生兩個
孩子，因此兩岸的家庭較容易成為「父母均慈」（過度放任或溺
愛的教養方式）的家庭，而不易成為「父母均嚴」（權威專制的
教養方式）的家庭。有些父親重男輕女（這是一項中國傳統），
有些父親則較疼女兒，二者都可能導致兒子或女兒蒙受過度放任
或權威專制的教養方式，對男孩或女孩的性格發展都是不利的。
同時，離婚率的增加也使許多孩子無法和雙親生活（或只和單親

生活，通常是和母親），或無法享有適當的教養，這對孩子的發展極度不利。

第二章的三項研究顯示，適度的「嚴」和「慈」對所有孩子的健全發展都是最理想的。假如父親不過度獨裁或不過度體罰孩子，那麼「父嚴母慈」的模式其實也是不錯的。一般而言，「父慈母嚴」比「父嚴母慈」更能促使孩子健全發展。適當（非過度）的「父母均慈」或「父母幾乎剛剛好」大概是促使孩子健全發展最理想的模式了。

□家庭和諧、教育和性格

第三章的研究一調查了一個很少人研究但是非常重要的變項──家庭和諧，它非常重要，因為它和教養方式及子女性格均有密切關連。本研究的研究工具（MTPI）和研究對象（2640 位年齡不等的四地華人男性和女性）和本書中其他研究的都一樣。研究發現，父母的發脾氣與說教和家庭和諧成負相關，而父母對子女的關愛、和子女交談、和子女討論，及讓子女容易親近，都和家庭和諧成正相關。就家庭和諧而言，父親的態度和行為比母親的態度和行為更具影響力。統計分析顯示，身為子女之成人受試者的九種性格因素、家庭和諧，以及三種教養因素（關懷、控制和放縱），這三項因素彼此有顯著關連性。舉例來說，成人子女的外向、自律及他人導向，與家庭和諧、父親關懷及母親關懷成正相關。神經質和父親的控制、母親的控制、父親的放縱及母親的放縱成正相關。權威專制及神經質，和家庭和諧、父親關懷及母親關懷成負相關。

　　研究二的資料提供者是大陸兩所大學 17 個討論小組的 95 名學生，我在這兩所大學擔任客座教授時，要求每一組呈交一份報告作為作業，各組的作業即為本研究的資料來源。學生們根據我指派的議題，在兩節課的時間（100 分鐘）討論華人的教育。我進行內容分析後，描繪出一幅相當完整的華人教育輪廓，和我在台灣及香港做過之類似研究的結果相當一致。三地華人社會目前主流的教育方式包括：(1)過度強調各式考試的學業成績，(2)考試導向的教學（教學以考試為導向），(3)忽略均衡人格的教育，(4)升大學的競爭激烈，(5)大學畢業標準寬鬆，(6)過度以演講的方式教學，(7)死背、填鴨式教學，(8)許多學校缺乏合格師資，以及(9)中小學歧視學習緩慢者和成績不佳者。

　　研究三是一項台灣教育改革的個案研究。資料來自參與式觀察。雖然各個教育層級皆有問題和障礙，但自國民政府於 1949 年遷台之後，就僅作過一次教育改革。本處的改革方案是「自願升學方案」，目的在於把目前的九年義務教育延長為十二年。這是一個很重要的變更措施，人們希望可以藉由它來消除高中聯考及大學聯考引起的高度競爭和焦慮。由於大多父母不太願意讓自己的子女就讀職業學校（被認為是次級的），或是就讀私立學校（被認為是品質不佳的），因此大家都搶著進公立高中，尤其是著名的公立高中。自學方案捨棄高中聯招，改讓國中生根據自己的「意願」（而非強迫）升學至高中或高職，升學的依據是學生在國中三年以來，各個科目、活動、操守和出席率的成績。由於自學方案一律平等對待各個學校、班級的每位學生，而且強調學生的均衡發展，因此絕不採行能力分班，且以五育（德、智、體、群、美）並重來評量學生的表現。

一般相信，自學方案比高中聯招更能降低青少年之間的競爭性，且更能促進青少年的健全發展。不幸的是，有一群有力而少數的人強烈反對此一改革方案，這些人主要是課業成績優秀學生（大多是 10~15 歲）的家長（大多是 40~45 歲的理科教授）。他們辯稱高中聯考對國中生而言，是一種比較公平的升學方式。結果導致自學方案被貶為試驗性的方案，無法在全國實施，只能在有限的地區嘗試。這次教育改革的失敗，不僅暴露出教育上的不公平，也顯示了華人社會缺乏社會正義，證據如下：(1)資優生的家長主宰了整個教改的過程，(2)反對教育改革的人（包括補習班老師）心中只想著自己的利益，(3)不喜歡高中聯考的學生的心聲未能受到重視，(4)學校裡只有資優生或成績佳的學生才能享有優勢資源，(5)人們誤把課業成績當成評量教育品質的唯一標準，(6)專業教育者（教育系教授和教育行政者）太過保守且太過自我保護，而不敢站出來替教育改革說話。

這個教育改革的個案研究，也反映了三種人際衝突——政治的（政治領袖之間的權力鬥爭）、哲學的（不同教育學派在理念上的爭議）以及社會的（不同利益團體之間的爭奪）——這些在華人社會都是常見的現象。一位有能力、受歡迎且有魄力的教育部長遭到撤換，顯示華人社會是一個權威導向的文化，訂定決策時並不會考慮到一般大眾的意願。這有違台灣的民主政治理念。

□四個華人族群的性格

第四章一共介紹了四項研究。它們探討的是中國大陸、台灣、香港和美國之華人的性格類型和特質。研究工具包括問卷調

查、傳記式訪談和參與式觀察。在以大陸華人為對象的研究一，一共歸納出十三種性格類型及各類型的組成特質。本研究也列舉了大陸三個世代（老、中、青）的性格特質。有關社會政治環境所造成的世代差異和性格差異，在此不再多言。一般大陸人和大陸知識份子的性格，主要是隨毛澤東和鄧小平塑造的政治環境而起伏不定。不過，老年世代和中年世代的思想、情感和行動，都比年輕世代的來得穩定。年輕人對於無法預測的政治情境和外在局勢比較敏感且反應比較強烈，也因此比較善變。

年長的領袖將權力轉移給年輕的領袖後，我推測大陸未來有兩種可能的發展。一種是新領袖會在權威的政府體制下，繼續倡導自由交易，以促進經濟成長。另一種是逐漸民主化，讓人民變得更自由，這多少受了台灣 1996 年 3 月總統直選的影響。由於遵循舊路線比探索新路線要簡單得多，因此前一種發展的可能性比較大，至少短期之內是如此。這也意味著兩岸若想和平統一，短期之內仍有不少困難需要克服。

研究二介紹了台灣華人的九種性格類型，及各類型的組成特質。研究三探討的是海外華人（香港和美國）及一般華人的性格。本研究發現中國大陸、台灣、香港和美國華人的特質類型，大多是相同的。六種最常見的類型是自我保護型、保守型、學者型（知識型）、激進型、自私型和管理型（商業型）。雖然很多大陸、台灣和香港的華人都很想移民美國，不過研究三列舉的這些個案顯示，大多美國華人仍感到自己無法完全融入美國。然而，由於祖國的局勢不穩定，所以這些身在異鄉的美國華人寧願待在美國，因為美國的生活和工作條件較佳，而且子女受的教育也比較人性化。至於一般華人，研究三發現了四種主要的性格特質，

分別是極度自戀、高成就動機、權威專制和內向。他們的次要特質包括有毅力、依賴、強勢、情緒化、有攻擊性、雙面個性、勢利眼和過度懲罰。

研究三的一項重要發現是華人通常是權威導向的。處在權威位置的人，馬上就被當成是一位權威。只要是擁有在職位、地位、權力、傳統、知識和／或財富上權勢或權威較高的人，通常就比沒有權勢或權威較低的人來得受人尊敬。因此，前者的社會權力比後者的來得高。華人社會至高無上的權威角色是最高階的政治領袖，例如中國古代的皇帝，或中國共產黨的毛澤東和鄧小平，或中國國民黨的蔣介石或李登輝。權威導向似乎是描述華人文化最恰當的形容詞，而描述華人性格最佳的用詞是以情境集中（Hsu, 1981）、社會導向（Yang, 1981）、傳統導向、內在導向或他人導向（Riesman, 1961），以及集體主義或個人主義（Triandis, McCusker, & Hui, 1990）。

□一生的性格發展

第五章包含了兩項研究。研究一簡述了 28 個香港個案（14名男性和 14 名女性），資料來源是研究生的個案報告。研究二仔細敘述了 6 個中國大陸個案，資料來源是傳記式訪談。這兩項研究是希望檢測 Erikson 提出之一生性格發展八階段的理論效度。研究一發現了一些性別差異。在階段四（6~12 歲），經驗到負向發展且感到自卑的男孩比女孩多，大概是因為父母和老師給予男孩的課業壓力較大。把身份認同問題暫擺一邊的女性比男性多；她們必須先解決親密議題（階段六的議題），才能解決身份認同

的議題（階段五的議題）。男孩和女孩在青少年時期（階段五）大多需要經歷一段緩衝期，以適應童年時期累積的身份認同要素。因此，許多男性和女性必須等到青少年時期之後，才能完全克服認同危機。有些男性和女性可以不透過婚姻就獲得親密感。這些發現意味著兩件事：第一，過度強調課業成績會有損於性格發展，尤其是對男孩。第二，關於認同危機方面，青少年需要特別的引導和諮商，並需特別注意他們的緩衝和親密議題。

研究一的 28 個案例只涵蓋了發展的前六個階段，因為每一位個案的年齡都在 40 歲以下。在研究二的 6 個中國大陸個案當中，有四位個案的年齡在 60 歲以上，並已處在 Erikson 的最末一個階段（階段 8）。這六個中國大陸個案展現出許多不同類型的性格發展。個案 1（一位 27 歲的女性）是一個先獲得親密感後才完成身份認同的案例。個案 2（一位 29 歲的男性）同時完成親密感和身份認同。個案 3（一位 91 歲的男性）即使已經遠遠超越了 Erikson 提出的年齡，依然享有很不錯的創發性。個案 4（一位 66 歲的男性）經歷了一段叛逆的身份認同過程，及一段遲來的親密感。個案 5（一位 64 歲的女性）完成了身份認同，但無親密感。個案 6（一位 66 歲的女性）非常艱鉅地完成了身份認同。雖然這兩項研究大致上都支持 Erikson 的性格發展理論，不過也發現了一些年齡和性別上的差異。或許需要對 Erikson 的理論作一點更新，或者是提出一些更具彈性的一生性格發展理論。

□ 價值觀和相關變項

第六章裡面一共有六項研究，都是關於中國人的價值觀和性

格。研究一透過 120 位中國大陸男性及女性知識份子蒐集來的訪問資料，經由內容分析歸納出 69 項文化價值。我再將這 69 項華人價值，按照 Schwartz（1992）提出的十種普遍價值類型分類，發現中國人最突出的價值類型是權力、安全感、順應、慈善、傳統和成就，而不那麼突出的價值類型包括享樂主義、刺激、自我導向和世界大同。權力是最突出的價值類型，這顯然和華人權威導向的文化和性格有關，因為權力的特徵是地位、聲望、權威、財富、對他人與資源的控制或支配（Schwartz, 1992）。價值觀反映著性格。對權力的重視，似乎和自戀的性格有密切相關。把權力擺在第一位，表示華人政治的權力鬥爭是不可避免的，這使得人們不得不以權威為導向，而真正的民主精神在華人社會也就很難落實。即使是台灣首次由人民直選的省長，在四千多年的中華文化包袱下，也就沒人敢保證選選舉過程絕對百分之百民主。

在研究二，使用的研究工具是一份本土問卷（MTPI），對此問卷的 122 項性格特質作因素分析後，共歸納出九種雙極式的性格因素或向度。這些因素或向度是內向—外向（E）、懶散—自律（D）、民主—權威專制（A）、支配—服從（S）、有冒險心—謹慎（C）、自我導向—他人導向（O）、依賴—獨立（I）、傳—現代化（M），和健康—神經質（N）。為了方便起見，我們以雙極右方那個形容詞和它的頭一個字母來代表一個因素或向度，例如「外向」（E）即代表「內向—外向」（E）。問卷的受試者一共有 2640 位華人，各來自中國大陸、台灣、香港和美國。就受試者對自己的觀察而言，樣本之間、兩性之間和各年齡層之間均有相似處和相異處。有一項重要的發現是，四個樣本中最年輕組（19~30 歲）的男性和女性，均沒有其他年長組來得自律、服從和他人導向，但

均比其他年長組來得現代化。這意味著未來世代的華人，將普遍沒有現代華人那麼傳統、保守、實際、合作、有良知、作風低調和自制，但將普遍比現代華人更開放、支配、叛逆和自我中心。

研究三的研究工具和對象與研究二相同，不過進行統計分析時，是依照問卷中122個特質項目所對照的122種性格特質（例如，負責、寬恕、默默工作）加以分析，而不是依照那九種性格類型或向度。結果找出了四個樣本兩性各年齡組別各自的突出特質（例如，實際、誠懇、反對婚前性行為）。研究四藉由研究一的120位中國大陸受試者的訪談資料，探討了中國人的企圖和期許。我們發現許多中國人的期許是，「中國的經濟和政治都將改善」、「以後人們不會再那麼自私」、「我將會事業成功」、「我將會有一個幸福美滿的家庭和一個好妻子。」

研究五的方法和對象都和研究四相同，研究的主題是性格和價值觀的轉變。研究四和研究五都有個案描述。研究五顯示，使得性格和價值觀轉變的原因，通常包括個人的（例如，健康狀況）、人際的（例如，婚姻）、教育的（例如，課業壓力）、職業的（例如，工作經驗）、心智的（例如，認知改變）和政治的（例如，政治環境的轉變）。研究六則訪問調查了中國大陸和台灣大學生的擇偶偏好。擇偶偏好和研究四的企圖與期許一樣，均能反映文化價值觀。有些偏好的配偶條件（例如，教育程度、健康、職業、外貌好看、個性好），從研究一至研究四都有跡可尋。第六章的這六項研究，全都間接或直接檢視了華人的價值觀和性格特質，而且特別強調這兩者之間的關係。由於性格描述的是人，而價值觀描述的是文化，所以第六章應該能讓讀者更深入認識中國民族和文化。

□道德觀和人際關係

　　在第七章裡，一共有三項關於道德觀和人際關係的研究。中國哲學（尤其是儒家哲學）和中國教育非常重視道德。不過在近年受到 Kohlberg 道德發展理論的影響以前，一直不曾有調查華人道德觀的實證研究。研究一主要是按照教育程度和社會階級，來探討成年華人的道德判斷和道德行為。資料來源包括 247 位來自中國大陸、台灣和香港的大學生。他們在各自就讀的大學裡，以小組討論的方式回答一些有關華人道德觀的問題。這些問題是我在他們學校開心理學課程時的指定作業。隨後我對這 45 個討論小組呈交的討論報告進行內容分析。結果顯示，三個華人社會最常見的道德判斷時期，分別是時期 3 和 4（中國大陸）、時期 2 和 3/4（台灣），以及時期 2 和 3（香港）。有兩個典型的道德判斷時期——時期 2 和 4，應該分別可以代表教育程度較低的華人，和教育程度較高的華人。我們也發現道德判斷（認知）和道德行為（行動）之間有一定的落差。一般而言，道德判斷的時期皆比道德行為的時期來得高，通常高社會階層者的這項落差比低社會階層者的來得大。雖然 Kohlberg 提出的六個道德判斷時期，前四個相當適用於中國人，不過對於後兩個時期（時期 5 和 6）我們則持保留態度。

　　在中國人的道德觀裡，人際關係非常重要。研究二以 120 位中國大陸各年齡層的男性及女性為受訪者，從他們的訪談資料歸納出十種人際關係。研究二也把這些受訪者經歷到和觀察到的這十種人際關係加以描述。這些關係包括親子、師生、夫妻、上司

和下屬、世代之間、異性之間、手足之間、朋友之間、學生之間和同事之間的關係。這十種現代關係就像中國古代的五種主要關係（君臣、父子、夫婦、兄弟、朋友）一樣，主要都是和自己人之間的私人關係。中國人的道德觀很強調這五種古代關係或那十種現代關係的人際和諧。這很符合 Kohlberg 時期 3 的道德觀。假如把研究一和研究二的結果合併考慮就會發現，不論年齡、性別和教育程度如何，大多中國人的道德判斷或道德行為，是介於時期 2 和時期 4 之間。

第七章的研究三的研究工具是 MTPI 裡的一道題目，內容是關於青少年時期（12~19 歲）的支持關係，受試者是 2640 位華人。本研究發現同儕（朋友和同學）是青少年時期最常提供社會支持的人（對男孩有 37 ％，對女孩有 42 ％），其次是母親（男孩 15 ％，女孩 17 ％）。青少年時期向父親尋求支持的男性受試者（9 ％）比女性受試者（6 ％）多。青少年最少向老師（男性 3 ％，女性 2 ％）尋求支持，老師排在其他六種關係的最後（排名從最高到最低依序是同學、母親、朋友、父親、姊姊和哥哥）。面對私人問題時，不找任何人討論的人（男性 28 ％，女性 22 ％），和找同學（男性 24 ％，女性 29 ％）討論的人差不多。

□中心主旨

我們從以上對研究結果的總結可以看到，本章涵蓋了本書多個不同的主題。然而，中心主旨依然是放在一般華人的性格或普遍的民族特性，其中又以受過高等教育的華人為重。這個主旨可以從華人文化的許多重要層面一窺究竟——包括家庭、學校、價

值觀、道德觀和人際關係。本書就是圍繞這個主旨撰寫而成的。在第二章我們看到親子互動的情形，也看到不同的教養風格對子女性格發展的影響有多麼深遠。第三章探討了家庭和諧、教養方式與子女性格發展之間的關連性。它也給中國大陸的教育現況作了一個特寫，並以個案研究的方式探討了台灣的教育改革。這些都反映著華人的性格。

第四章描繪了四地（中國大陸、台灣、香港和美國）華人的性格類型和特質。第五章透過兩個華人社會（香港和中國大陸）的一些個案，描述了一生的性格發展情形。第六章對華人的性格結構提出九種因素，也列舉了 69 項反映華人性格的價值觀，並討論了其他一些和華人性格及價值觀有關的主題。在第七章論述的是道德觀和人際關係反映的華人性格。雖然透過本章可以大略認識華人的特性，不過若欲詳細瞭解中華民族，還是細讀本書的每一個章節為宜。

第二節　進一步論述

本書的 21 項研究有很多引人深思之處，尤其是對於國際瞭解、文化意識型態、國家發展、社會變遷、子女教養和教育實務，以及未來關於性格和文化的研究。有些引伸意涵在上一段已經說明過了。我們從這 21 項研究的結果可以看到，許多發現和從前西方研究者（大多為美國研究者）的發現相當一致，這意味著中華民族和西方人（尤其是美國人）大同小異。我也曾經以學生、朋友、同事和研究者等身份，近距離觀察美國人將近四十

年。依我看來，華裔美國人類學家徐烺光（Hsu, 1981）似乎誇大了美國人和中國人之間的差異，因為他認為二者的差異是「種類上的問題」（a matter of kind）（p. 137），而我卻認為此差異是「程度上的問題」（a matter of degree）。舉例來說，華人社會的大多性格類型和特質（見第四章），在美國社會裡也存在，只不過就某些類型（例如保守型）的某些特質（例如權威專制）而言，華人的人數可能比美國人的人數來得多。假如美國人真如徐烺光（1981）描述的那樣不信任他人和缺乏心理安全感，那麼我觀察到的華人更是如此，雖然原因（例如，政治迫害、同儕競爭和嫉妒、在家不聽話或在學校成績不好而受到懲罰）不盡相同。

　　Markus 和 Kitayama（1991）提出之西方人和東方人在自我觀點上的差異，比較適用於美國人和日本人，而較不適用在中國人身上。日本人比中國人團結合作，而且沒有美國人那麼自戀（DeVos, 1985）。自戀是美國人和中國人的一項共通特質，不過就我的觀察，中國人比美國人更自戀。李登輝總統最近就發表了一些自戀的言論。他說：「台灣是一個小地方，但她有很多地方很偉大。我們正在打造一個大台灣。」中國民族主義的自戀程度，已經達到國家級的程度了。然而，在這層自戀的心態之下，中國人面對西方人（尤其是美國人）時，卻感到自卑和／或羨慕。

　　Riesman（1961）認為美國人是他人導向的。我會說，中國人也是。但中國人之所以他人導向，是因為他們比較權威導向而較不同儕導向，而美國人卻是比較同儕導向而較不權威導向。徐烺光（1981）認為，從美國和中國兒童身上，就能看出兩個民族的差異，因為美國父母給予子女的自由空間，比中國父母給子女的自由空間要大很多。我的詮釋是，就中國人而言，父母是子女

在權威導向的社會裡，最先遇到的權威角色，由於美國是個同儕導向的社會，因此父母對待子女就像對待同儕一樣。華人自童年時期就被教導要尊敬權威，對他們來說，尊敬權威就等於保障自身的安全（Pye, 1985）。

假如我們說美國文化的特徵是個人主義，而中國文化的特徵是集體主義，並不表示美國只有個人主義，而中國只有集體主義；這其實應該表示，美國文化比中國文化更個人化，且沒有中國文化那麼集體化。按 Markus 和 Kitayama（1991, p. 247）的說法，即使是在美國這樣一個高度個人化的社會裡，許多人仍不如文化意識型態宣稱的那麼獨立自主或自給自足。 Sampson（1989）提出的全球化概念和地球村的觀念，將迫使我們重新思考何謂文化差異。或許我們的發現不僅能幫助非中國人更瞭解中國人，也能幫助中國人和非中國人更看清楚彼此。

假如我們說所有中國人都如柏楊（1986）筆下的那麼醜陋，那當然是不對的。或許一般來說，女人沒有男人那麼醜陋。根據我們的研究，四個華人社會的女性都比男性更他人導向（見第四章的研究四）。華人女性如西方女性一樣（Brabeck, 1983），都對他人的需求既關心又敏感，這常被認為是她們「善良」的特質。中國人的醜陋似乎和財富、權威及權力有關，而這又間接和性別及教育程度有關。然而，不論性別或教育程度如何，在中國社會裡處處有好人。不過這些好人沒有被組織起來為大眾的福祉效力；他們的善良對整個社會的衝擊很小。有一個例外是台灣的證嚴法師，她創立了慈濟功德會，在台灣和海外有成千上萬的男女信徒。她在家鄉或在海外都能幫助有需要的人。

如前面在第四章（見研究三）提過的，華人知識份子有一項

潛在特質 —— 使命感。這項性格特質偶爾只在群體行為時展現。有一個歷史性的例子，就是 1919 年由學生和知識份子主導的五四運動，其主旨在於「以廣泛的現代化運動，建立一個新中國」（Chow, 1960, p. 1），它強調西方的科學和民主概念，並批評中國的傳統價值觀。近期的例子包括 1989 年 6 月 4 日爭取民主的北京天安門事件，以及 1997 年 5 月 4 日和 18 日在台北要求修法的兩次示威遊行。五四運動以及近年來在北京及台北舉行的示威遊行，都顯示了一般大眾（尤其是知識份子）對政府的不滿，及他們對知識、社會和／或政治改革的期望。他們也展現了華人似乎有些矛盾的性格，因為他們在權威導向的文化下，雖然從小被教導要尊敬並服從權威，但偶爾也會起身挑戰或反抗權威。

　　民族性格對國家發展扮演著舉足輕重的角色。民族性格或國家特性掌握著國家的命運。閱讀中國歷史時，我的心得是中國人強烈的成就動機、優越的才智，以及適度的自戀，再加上良好的社會政治條件（例如國內局勢和平，加上有力的政府政策），共同造就了這個世界上最悠久的文明之一，以及近年的香港、台灣和中國大陸的卓越經濟成長。台灣仿效西方的民主政治，於 1996 年 5 月 23 日舉行了中國史上第一次的元首全民直選。

　　另一方面，華人極度或病態的自戀性格（見第四章的研究三），以及他們對權力的過度重視（見第六章總論），均不利於統整和團結。這些因素再加上一些其他因素，似乎是幾世紀以來貪污、獨裁、權力鬥爭和內亂的主因。極度自戀和權力等這些最突出的負向價值觀（見第四章），似乎使得中國人雖然（平均）智商高於一般白種美國人（Herrnstein & Murray, 1994），卻在許多國力層面（例如，科學、教育、民主和國防）落後美國人一大

截。我的揣測可能缺乏實際證據支持，但至少為未來的研究提供了一些有用的假設。

雖然我不敢說透過華人的性格，就能完全解釋文化、社會或政治的所有現況，但顯然中國歷史上一些名人（從孔子到毛澤東，再到鄧小平）的性格和意識型態，確實對中國的文化、社會和／或政治產生相當大的衝擊（Kissinger, 1997；Nathan & Shi, 1996；Pye, 1985；Solomon, 1971）。我推測，個體之間的共同性格類型和特質，尤其是主流的類型（例如保守型）和特質（例如權威專制），可能會對國家的政治、經濟和社會發展產生直接的衝擊。我的推測和 Nathan 與 Shi（1993, 1996）的觀點一致，譬如，他們認為大陸華人（尤其是教育程度較低者）的保守心態，可能助長了共產黨政府的發展。保守是華人的一項普遍性格特質（見第四章的研究三）。

由於個體與情境之間的交互作用（Mischel, 1976）所致，情境或環境也會回過頭來影響個體。舉例來說，在民主化過程剛開始還未成熟前，比起美國、香港和中國大陸的華人而言，台灣有很多人顯得缺乏自律，選舉亂象四起，且犯罪率提升。在我對台灣的長期觀察之下，我把台灣的民主稱為早熟，因為台灣在文化上、心理上和教育上都還沒準備好。文化上，台灣這個華人社會依然是一個權威導向和權力導向的社會。心理上，台灣大多人的性格依然是以自我為中心，而且保守。教育上，台灣學校從未好好地教導國民，何謂符合真正民主精神的生活、體制或競爭。

值得注意的是，中國大陸極度自戀的心態延伸成為極端民族主義。中國的民族主義自對抗英國的鴉片戰爭（1840~1842 年）至對日抗戰（1937~1945 年）的這段期間，在本質上乃是屬於防

衛性的。自從共產黨在大陸掌權，而國民政府敗退至台灣後，它的本質逐漸演變成侵略性的。然而，台灣並不像大陸那樣具有侵略性的民族主義。普林斯頓大學的歷史系教授 Y. S. Yu（1996）認為，中華人民共和國的民族主義，和孫中山先生提出的三民主義中的民族主義不同。孫中山先生的民族主義在本質上是合作的，主張國內和國際的種族之間應互助合作（Shih, 1997）。民族主義雖然有些激進，但是性質主要在於強化自己而非侵略他人，不過，台灣有一些人把它用來主張台灣獨立。它的目的在於克服身份認同的危機，並在國際社群取得國家的地位。

　　儘管智力受遺傳的影響比受環境的影響來得大，但性格受環境的影響卻比受遺傳的影響來得大。文化在性格的發展上扮演著非常吃重的角色。透過我們的研究結果（見第二、三、五、六章）可以看到，教養方式、教育方式和價值觀全都對性格發展有很大的衝擊。雖然目前的社會有轉變的趨勢，不過主流的教養模式依然是「父嚴母慈」。十九世紀時，這種教養方式在西方社會也相當盛行，不過自從民主化之後就逐漸消退了。極端的「父嚴母慈」風格會造成子女變得非常自戀，尤其是兒子。已故的中國共產黨主席毛澤東就是一個明顯的例子，毛澤東非常自戀（Li, 1994）。他的父親非常「嚴」，而母親非常「慈」（Pye, 1976）。中國歷史上有很多皇帝的情形很像毛澤東這樣。今日的中國社會裡，像毛澤東這麼自戀的人也是大有人在。

　　西方學者（Herrnstein & Murray, 1994）提出的《鐘形曲線》（*The Bell Curve*）主張父母的智商對教養風格有很深的影響。至於華人父母，我手上並沒有可以印證這種說法的證據。然而，我卻觀察到華人勞工階級的父母（*而非中產階級的父母*），不論認

知能力、教育程度或社經地位如何，都比較在意子女是否尊敬自己。這和西方學者 Melvin Kohn（1959, cited in Herrnstein & Murray, 1994）以西方人為對象提出的理論相當符合。「父嚴母慈」和「父母均嚴」家庭裡的華人父母（尤其是父親）比較傾向於權威專制式地教養子女，而且容易衝動地體罰子女。

在華人社會裡，接受教育是提升地位、名望、權威和財富的手段之一。不過在學校評量成績的方式，主要是藉由各式大小考試，而且這些考試強調的是背誦和標準答案。創造力和多元思考是不被鼓勵的。即使台灣正逐漸步上民主之途，學校裡依然欠缺民主教育（例如和同儕討論公共或道德議題）。兩岸學生的升學考試都很激烈，學生們都想擠進著名的學校。在中國大陸、台灣和香港（見第三章的研究二和研究三），因誤用考試成績而造成的教育不公平性，比 Darling-Hammond（1994）探討的美國教育不公平性更為嚴重。

《時代雜誌》（*Times*, 1995/10/9）刊登了一篇文章，談到一般課程應加入情緒教育，以提升學生的情緒智商，也就是 EQ。EQ 的理論主張，一個人若想成功，他的 EQ 要比 IQ 更為重要（Goleman, 1995）。過去十多年來，我一直強調情緒教育對中國人非常重要（Lew, 1982）。中國人的 IQ 很高，但 EQ 相當低。我很希望廢除大學聯考制度（見第三章的研究三），它比美國的大學入學性向測驗（SAT）更有損學生的情緒智商。Stevenson 教授鼓勵美國人向中國教育學習，因為他的比較研究顯示，中國小學一年級、五年級，和高二學生的數學能力遠遠超過美國學生的能力（Stevenson & Stigler, 1992； Stevenson, Chen, & Lee, 1993）。不過他的研究樣本就像近年來比較各國學生之科學和數學能力的研究

一樣，是不相等的（Berliner, 1993 ； Bracey, 1992）。我恰持與Stevenson相反的意見，我和許多華人父母和老師一樣，認為美國教育有很多地方值得華人學習，因為美國教育雖非十全十美，卻比中國教育造就了更多人才（例如諾貝爾獎得主）。

中國人非常重視人際關係。中國人利用人際關係來滿足個人的需求或短期的自我利益。中國人大多不重視可能促成助人行為（因為促進他人福祉的行為，也可能有助於個人的長期福祉）的長期自我利益。政治和生意上的成功，主要取決於「關係」的靈活運用，尤其是和有權有勢者的關係，這經常涉及送禮和飯局，有時則牽涉到賄賂和性。因此華人的道德觀往往是工具相對導向的（見第六章）。雖然一般認為中國文化比較偏向集體主義而非個人主義，不過中國人關心的他人利益，往往只限於自己人或熟人的利益。個人主義的崛起，使得傳統儒家思想（尤其是孝道）有沒落的趨勢。儘管今日的中國人（尤其是男性）依然如前人一樣的依賴父母，他們卻不如前人一樣的孝順。結婚後仍願意和年邁父母同住並照顧父母的子女越來越少，因此核心家庭越來越多。在西方文化的影響下，有越來越多年輕人寧願同居，或婚後不生小孩。台灣的同性戀者也要求合法化。

華人的文化和性格均在轉變當中。財富日益成為華人最重視的價值，在傳統儒家思想下輕看錢財的知識份子，如今也越來越重視財富（見第四章和第六章）。由於近年來的經濟成長，在香港、台灣，甚至是在中國大陸都有這種現象。譬如，在台灣的立法委員和高階政府官員大多都是有錢人，在中國大陸的知識份子和軍人也開始為了賺錢而從事商業活動。

然而，文化中的某些元素（例如權威導向）和性格中的某些

特質（例如自戀）依然如昔。兩岸的政治領袖都自戀、權力導向，且權威導向。他們都認為自己是對的，而且都認為自己有權力或權威要求對方屈服。中華人民共和國的共產黨領袖宣稱台灣在他們的統治範圍內，其實他們從未統治過台灣。中華民國自從1911年起便已成立，起先是在大陸（1911~1949年），隨後遷至台灣（1949年至今日）。另一方面，中華民國的國民黨領袖要求中華人民共和國放棄他們的一黨專制，並以此做為兩岸統一的條件，因為台灣人民不願意在共產黨的執政下與大陸統一。 Nathan和Shi（1996）進行了全國性的調查後，發現對大多數中國大陸人民而言，民主並不是一種多元且參與式的制度，而只是一種良好政治體制的名稱，但是相對的，台灣的民主符合西方對民主的定義，只不過是在一個權威專制式的文化下實施。這種政治文化上的差異，使得兩岸不可能立即和平統一。

香港一直是一個自由而富裕的國際化都市。它的主權於1997年7月1日回歸中國大陸。有人可能會想，香港在結束了156年（1841~1997）的英國統治之後，不知未來的命運將是如何。假如在這塊「特別行政區」繼續實施法治，那麼我們可以說，這個華人社會應該會像殖民時期一樣，持續保持乾淨、清廉，並繼續繁榮下去。時間可以證明未來香港華人自己作主後，是否會和大陸華人有所不同，也可以考驗香港華人是否可以不受中國大陸政治上和商業上貪污和搞特權的污染。

雖然中國人依然認同家庭和教育的重要性，不過華人的教養和教育方式卻未能讓孩子如美國孩子那樣快樂、有創意和活潑。一般來說，華人家庭中的父親太權威專制，而母親太過度保護。學校的教育多充斥著填鴨、單向講課和考試。學生的學習並不是

透過實作或行動（Dewey, 1916）。學生多半是靠死記、背誦，或頂多是知道而已，而不注重學來的知識是否能夠實際運用到生活上。

由於家庭和學校是塑造個人性格和國家特性的兩個基本環境，所以或許可以說，我們在維繫傳統價值（例如家庭和諧和學業成就）的同時，也該改革那僵化、被動而權威專制式的教養和教育方式，以發展出更人性化的文化、更符合真正民主精神的國家特性，對內落實法律制度，對外與世界各國和平共存、互助合作。不過這要看政治最高領導人是否具備改革中國（包括大陸和台灣）所需要的遠見和利他心。

有一個問題一直困擾著想瞭解中國的人。這個問題是：為什麼像中國這樣一個歷史悠久、聰明、成就動機強烈，而且愛面子的國家，不如日本或美國來得先進、發達和團結呢？希望本書可以幫助讀者回答這個難題。

〈附錄一〉

多重特質性格問卷

　　多重特質性格問卷（MTPI）的用意在於研究性格，及性格和童年經驗可能的關連性。非常感謝您撥冗合作。

　　I. 請在以下空白處打勾（V），並填寫正確資料。

　　姓名（可不答）：＿＿＿＿＿＿，男性＿＿，女性＿＿，已婚＿＿，未婚＿＿，曾經結過婚＿＿，出生地：＿＿＿＿＿，目前居住處：＿＿＿＿＿＿，年齡＿＿＿，職業：＿＿＿＿，教育程度或最高學位：＿＿＿＿＿，研究領域：＿＿＿＿＿，宗教：＿＿＿＿，手足人數：＿＿個哥哥，＿＿個姊姊，＿＿個弟弟，＿＿個妹妹。

　　現在請回想您十二歲以前（除非有特別註明）的生活情形，並填答以下問題：

　　1. 我的家庭是兩代＿＿，三代＿＿，四代＿＿，五代＿＿同堂。

　　2. 我多半的時間都住在農莊＿＿，小鎮＿＿，都市＿＿。

　　3. 在我家裡，最具權威的人是我祖父＿＿，祖母＿＿，父親＿＿，母親＿＿，哥哥＿＿，姊姊＿＿，其他人（請註明）：＿＿＿＿。

4. 最愛我的人是（請註明）：＿＿＿＿＿。

5. 我最常接觸的人是（請註明）：＿＿＿＿＿。

6. 管教我最多的人是我父親＿＿＿＿，母親＿＿＿＿，其他人（請註明）：＿＿＿＿＿。

7. 我最畏懼的人是我父親＿＿＿＿，母親＿＿＿＿，其他人（請註明）：＿＿＿＿＿。

8. 我最喜歡的人是（請註明）：＿＿＿＿＿。

9. 青少年時期（12~19 歲），我從不／甚少和任何人討論我的問題或憂慮＿＿＿＿；我經常和以下人討論問題或憂慮：父親＿＿＿＿，母親＿＿＿＿，哥哥＿＿＿＿，姊姊＿＿＿＿，老師＿＿＿＿，同學＿＿＿＿，朋友＿＿＿＿，他人（請註明）：＿＿＿＿＿。

10. 我父母對待我的方式是：父嚴母慈＿＿＿＿，父慈母嚴＿＿＿＿，父母均慈＿＿＿＿，父母均嚴＿＿＿＿。

11. 我覺得我父親太嚴格＿＿＿＿，有些嚴格＿＿＿＿，太寬鬆＿＿＿＿，有些寬鬆＿＿＿＿，剛剛好＿＿＿＿。

12. 我覺得我母親太嚴格＿＿＿＿，有些嚴格＿＿＿＿，太寬鬆＿＿＿＿，有些寬鬆＿＿＿＿，剛剛好＿＿＿＿。

13. 我經常＿＿＿＿，有時＿＿＿＿，很少＿＿＿＿，從未＿＿＿＿見過我父親生氣。

14. 我經常＿＿＿＿，有時＿＿＿＿，很少＿＿＿＿，從未＿＿＿＿見過我母親生氣。

15. 我家裡的人際關係非常＿＿＿＿，相當＿＿＿＿和諧；有些＿＿＿＿，非常＿＿＿＿不和諧。

16. 我父母或照顧者的態度和教養風格是（請自下表中圈選各項適當的數字，例如１２３４）：１＝從不／很少，４＝很常／

多半如此。

	父親	母親	照顧者（註明：＿＿）
(1)過度保護我	1 2 3 4	1 2 3 4	1 2 3 4
(2)讓我有自主權	1 2 3 4	1 2 3 4	1 2 3 4
(3)太放任／溺愛我	1 2 3 4	1 2 3 4	1 2 3 4
(4)太限制／控制我	1 2 3 4	1 2 3 4	1 2 3 4
(5)愛我	1 2 3 4	1 2 3 4	1 2 3 4
(6)和我說話	1 2 3 4	1 2 3 4	1 2 3 4
(7)和我討論	1 2 3 4	1 2 3 4	1 2 3 4
(8)對我說教	1 2 3 4	1 2 3 4	1 2 3 4
(9)不喜歡我	1 2 3 4	1 2 3 4	1 2 3 4
(10)讓我敬畏	1 2 3 4	1 2 3 4	1 2 3 4
(11)容易親近	1 2 3 4	1 2 3 4	1 2 3 4

II. 以下6分量表的項目是隨機排列的，有些項目是相關或相似的。每個項目有兩極描述，代表著兩種相對的性格特質。每個項目均需有兩個答案：一個是關於您自己（對於自己的觀察），一個是關於您認識的一般華人知識份子（對於您常見的華人知識份子的觀察）。作答時請圈選一個適當的數字，如1 2 3 4 5 6。舉例來說，在項目1，1＝極內向，6＝極外向。

雙極描述	對自己的觀察	對他人的觀察
1. 內向—外向	1 2 3 4 5 6	1 2 3 4 5 6
2. 主觀—客觀	1 2 3 4 5 6	1 2 3 4 5 6
3. 健談—安靜	1 2 3 4 5 6	1 2 3 4 5 6
4. 大膽直言—談吐謹慎	1 2 3 4 5 6	1 2 3 4 5 6
5. 僵硬—有彈性	1 2 3 4 5 6	1 2 3 4 5 6
6. 虛偽—誠懇	1 2 3 4 5 6	1 2 3 4 5 6
7. 勇敢—害羞	1 2 3 4 5 6	1 2 3 4 5 6
8. 獨裁—民主	1 2 3 4 5 6	1 2 3 4 5 6
9. 樂觀—悲觀	1 2 3 4 5 6	1 2 3 4 5 6
10. 激進—保守	1 2 3 4 5 6	1 2 3 4 5 6
11. 言行拘謹—言行坦率	1 2 3 4 5 6	1 2 3 4 5 6
12. 積極—被動	1 2 3 4 5 6	1 2 3 4 5 6
13. 喜歡活躍的生活—喜歡平靜的生活	1 2 3 4 5 6	1 2 3 4 5 6
14. 慷慨—吝嗇	1 2 3 4 5 6	1 2 3 4 5 6
15. 衝動—冷靜	1 2 3 4 5 6	1 2 3 4 5 6
16. 有冒險心—謹慎	1 2 3 4 5 6	1 2 3 4 5 6
17. 坦白—保留	1 2 3 4 5 6	1 2 3 4 5 6
18. 勇於採取行動—不敢採取行動	1 2 3 4 5 6	1 2 3 4 5 6
19. 嚴格—寬鬆	1 2 3 4 5 6	1 2 3 4 5 6
20. 謙虛—自大	1 2 3 4 5 6	1 2 3 4 5 6
21. 偏好外國事物—偏好本土事物	1 2 3 4 5 6	1 2 3 4 5 6
22. 是一個重「言」的人—是一個重「行」的人	1 2 3 4 5 6	1 2 3 4 5 6
23. 批評—包容	1 2 3 4 5 6	1 2 3 4 5 6
24. 極端—溫和	1 2 3 4 5 6	1 2 3 4 5 6

25. 以人為導向―以事為導向	1 2 3 4 5 6	1 2 3 4 5 6
26. 重情感―重理性	1 2 3 4 5 6	1 2 3 4 5 6
27. 有耐心―沒耐心	1 2 3 4 5 6	1 2 3 4 5 6
28. 傳統―創新	1 2 3 4 5 6	1 2 3 4 5 6
29. 合群―孤立	1 2 3 4 5 6	1 2 3 4 5 6
30. 對錢財有興趣―對錢財沒興趣	1 2 3 4 5 6	1 2 3 4 5 6
31. 親切有禮―固執己見	1 2 3 4 5 6	1 2 3 4 5 6
32. 逗趣而幽默―嚴肅而不苟言笑	1 2 3 4 5 6	1 2 3 4 5 6
33. 可親―疏離	1 2 3 4 5 6	1 2 3 4 5 6
34. 有禮貌―不拘形式	1 2 3 4 5 6	1 2 3 4 5 6
35. 活力充沛―無精打采	1 2 3 4 5 6	1 2 3 4 5 6
36. 有原則―投機取巧	1 2 3 4 5 6	1 2 3 4 5 6
37. 成就需求低―成就需求高	1 2 3 4 5 6	1 2 3 4 5 6
38. 經常失眠―睡得好	1 2 3 4 5 6	1 2 3 4 5 6
39. 健康―神經質	1 2 3 4 5 6	1 2 3 4 5 6
40. 不切實際―切合實際	1 2 3 4 5 6	1 2 3 4 5 6
41. 依賴―獨立	1 2 3 4 5 6	1 2 3 4 5 6
42. 記性好―常忘記事情	1 2 3 4 5 6	1 2 3 4 5 6
43. 拙於言詞―口才好	1 2 3 4 5 6	1 2 3 4 5 6
44. 受歡迎―不受歡迎	1 2 3 4 5 6	1 2 3 4 5 6
45. 尊敬權威―挑戰權威	1 2 3 4 5 6	1 2 3 4 5 6
46. 順應群體―個人主義的	1 2 3 4 5 6	1 2 3 4 5 6
47. 脾氣不好―脾氣好	1 2 3 4 5 6	1 2 3 4 5 6
48. 嫉妒同事―幫助同事	1 2 3 4 5 6	1 2 3 4 5 6
49. 喜歡運動―不喜歡運動	1 2 3 4 5 6	1 2 3 4 5 6
假如您累了，請休息一下。非常感謝您耐心作答。		

50. 服從—叛逆	1 2 3 4 5 6	1 2 3 4 5 6
51. 負責任—不負責任	1 2 3 4 5 6	1 2 3 4 5 6
52. 很沒自信—很有自信	1 2 3 4 5 6	1 2 3 4 5 6
53. 謹慎保護自己—勇敢維護 正義	1 2 3 4 5 6	1 2 3 4 5 6
54. 擇善固執—人云亦云	1 2 3 4 5 6	1 2 3 4 5 6
55. 體貼他人—只顧自己	1 2 3 4 5 6	1 2 3 4 5 6
56. 鄙視他人—尊重他人	1 2 3 4 5 6	1 2 3 4 5 6
57. 有優越感—沒有優越感	1 2 3 4 5 6	1 2 3 4 5 6
58. 在乎面子—不在乎面子	1 2 3 4 5 6	1 2 3 4 5 6
59. 勢利眼—不勢利	1 2 3 4 5 6	1 2 3 4 5 6
60. 對權力有強烈慾望—對權 力沒有慾望	1 2 3 4 5 6	1 2 3 4 5 6
61. 有自卑感—沒有自卑感	1 2 3 4 5 6	1 2 3 4 5 6
62. 默默工作—光說不練	1 2 3 4 5 6	1 2 3 4 5 6
63. 經常自誇—從不自誇	1 2 3 4 5 6	1 2 3 4 5 6
64. 說話快速—說話緩慢	1 2 3 4 5 6	1 2 3 4 5 6
65. 專注工作—一心二用	1 2 3 4 5 6	1 2 3 4 5 6
66. 言行一致—言行不一致	1 2 3 4 5 6	1 2 3 4 5 6
67. 信任他人—懷疑他人	1 2 3 4 5 6	1 2 3 4 5 6
68. 想像力豐富—想像力不豐 富	1 2 3 4 5 6	1 2 3 4 5 6
69. 自我控制—容易受誘惑	1 2 3 4 5 6	1 2 3 4 5 6
70. 機伶而世故—單純而天真	1 2 3 4 5 6	1 2 3 4 5 6
71. 逃離現實—面對現實	1 2 3 4 5 6	1 2 3 4 5 6
72. 獨來獨往—跟隨群眾	1 2 3 4 5 6	1 2 3 4 5 6
73. 合作—競爭	1 2 3 4 5 6	1 2 3 4 5 6
74. 非常相信神祉的存在—不 相信有神祉存在	1 2 3 4 5 6	1 2 3 4 5 6

75. 朋友很多—朋友很少	1 2 3 4 5 6	1 2 3 4 5 6
76. 擔心落在他人之後—不想和他人競爭	1 2 3 4 5 6	1 2 3 4 5 6
77. 苛刻—寬恕	1 2 3 4 5 6	1 2 3 4 5 6
78. 炫耀賣弄—作風低調	1 2 3 4 5 6	1 2 3 4 5 6
79. 先考慮自己—先考慮團體	1 2 3 4 5 6	1 2 3 4 5 6
80. 對現狀滿意—致力於改革	1 2 3 4 5 6	1 2 3 4 5 6
81. 適應力強—適應力差	1 2 3 4 5 6	1 2 3 4 5 6
82. 沈默寡言—談笑自如	1 2 3 4 5 6	1 2 3 4 5 6
83. 身體健康—體弱多病	1 2 3 4 5 6	1 2 3 4 5 6
84. 理想崇高—沒有理想	1 2 3 4 5 6	1 2 3 4 5 6
85. 憂慮太多—毫無顧忌	1 2 3 4 5 6	1 2 3 4 5 6
86. 常放棄—絕不放棄	1 2 3 4 5 6	1 2 3 4 5 6
87. 重視童貞—主張自由戀愛	1 2 3 4 5 6	1 2 3 4 5 6
88. 非常相信命運—完全不相信命運	1 2 3 4 5 6	1 2 3 4 5 6
89. 對愛情忠貞—對愛情不忠貞	1 2 3 4 5 6	1 2 3 4 5 6
90. 特別偏好同鄉人—不特別偏好同鄉人	1 2 3 4 5 6	1 2 3 4 5 6
91. 支配—服從	1 2 3 4 5 6	1 2 3 4 5 6
92. 傾向於說教—傾向於傾聽	1 2 3 4 5 6	1 2 3 4 5 6
93. 具有領導能力—沒有領導能力	1 2 3 4 5 6	1 2 3 4 5 6
94. 有自知之明—沒有自知之明	1 2 3 4 5 6	1 2 3 4 5 6
95. 擅長社交—不擅長社交	1 2 3 4 5 6	1 2 3 4 5 6
96. 經常責怪他人—經常責怪自己	1 2 3 4 5 6	1 2 3 4 5 6

97. 焦慮而緊張—穩重	1 2 3 4 5 6	1 2 3 4 5 6
98. 猜測—實證	1 2 3 4 5 6	1 2 3 4 5 6
99. 有計畫—沒有計畫	1 2 3 4 5 6	1 2 3 4 5 6
100. 注重物質—注重精神	1 2 3 4 5 6	1 2 3 4 5 6
101. 願意被領導—不願意被領導	1 2 3 4 5 6	1 2 3 4 5 6
102. 情緒善變—情緒穩定	1 2 3 4 5 6	1 2 3 4 5 6
103. 勇於認錯—多為自己的錯誤辯解	1 2 3 4 5 6	1 2 3 4 5 6
104. 傾向於嘗試新事物—傾向於保持舊習慣	1 2 3 4 5 6	1 2 3 4 5 6
105. 對政治有興趣—對政治沒興趣	1 2 3 4 5 6	1 2 3 4 5 6
106. 渴望被讚美—自我滿足	1 2 3 4 5 6	1 2 3 4 5 6
107. 不敢表達自己的意見—勇於表達自己的意見	1 2 3 4 5 6	1 2 3 4 5 6
108. 經常擔心健康—從不擔心健康	1 2 3 4 5 6	1 2 3 4 5 6
109. 經常自我反省—從不自我反省	1 2 3 4 5 6	1 2 3 4 5 6
110. 容易接受新事物—不容易接受新事物	1 2 3 4 5 6	1 2 3 4 5 6
111. 主動與他人接觸—被動與他人接觸	1 2 3 4 5 6	1 2 3 4 5 6
112. 對異性有興趣—對異性沒興趣	1 2 3 4 5 6	1 2 3 4 5 6
113. 贊成婚前性行為—反對婚前性行為	1 2 3 4 5 6	1 2 3 4 5 6

114. 能包容不同的意見─不能包容不同意見	1 2 3 4 5 6	1 2 3 4 5 6
115. 高估自己─低估自己	1 2 3 4 5 6	1 2 3 4 5 6
116. 偏好團體活動─偏好個人活動	1 2 3 4 5 6	1 2 3 4 5 6
117. 容易感動落淚─從不感動落淚	1 2 3 4 5 6	1 2 3 4 5 6
118. 挫折時感到沮喪─不因挫折而慌亂	1 2 3 4 5 6	1 2 3 4 5 6
119. 主張嚴格地教養子女─主張放任地教養子女	1 2 3 4 5 6	1 2 3 4 5 6
120. 總是從自己的觀點看事情─經常從他人的觀點看事情	1 2 3 4 5 6	1 2 3 4 5 6
121. 和權威角色在一起時，感到不自在─和權威角色在一起時，一樣自在	1 2 3 4 5 6	1 2 3 4 5 6
122. 想做自己 3 倍能力才能達到的事情─只想做自己 1/3 能力即可完成的事情	1 2 3 4 5 6	1 2 3 4 5 6

345

III. 假如我們試著把受過高等教育的華人按照他們的性格類型分類，您會分成幾類型？請在以下空白處試著簡述各種類型。

完成作答日期：_____。非常感謝您的合作。

〈附錄二〉
關於 MTPI 的一些統計資料

A. 在統計上和九種性格因素相關的項目

性格因素	九個性格因素的兩極描述	和各個因素相關的項目（編號如 MTPI）
E	內向—外向	16 個項目：1, -3, 5, -7, -13, -29, -32, -33, 43, -44, -75, 82, -93, -95, 107, -111
D	懶散—自律	16 個項目：22, -34, -36, 37, 40, -51, -54, -62, -65, -66, -69, -87, -89, -94, -99, -109
A	民主—權威專制	14 個項目：-2, -8, 20, 31, -56, -57, -63, 67, -77, -92, -96, 103, 114, -120
S	支配—服從	10 個項目：-45, -46, -50, 72, -73, -86, 91, -101, -116, -119
C	有冒險心—謹慎	13 個項目：4, 10, -11, 12, 15, 16, 17, 18, 19, 23, 24, 64, -85
O	自我導向—他人導向	13 個項目：6, 21, 30, 48, 53, -55, 59, 60, 79, 100, 112, 113, 115
I	依賴—獨立	14 個項目：25, 26, 41, 52, 61, -70, 71, 74, 88, 90, 98, 102, 117, 118
M	傳統—現代化	12 個項目：28, 58, -68, -76, -78, 80, -84, -104, -105, -106, -110, -122
N	健康—神經質	14 個項目：9, 14, 27, 35, -38, 39, 42, -47, 49, 81, 83, -97, -108, -121

B. 九種性格類型的相關矩陣

	E	D	A	S	C	O	I	M	N
E	1.00	.19*	-.04	-.01	-.51*	.02	.25*	.50*	-.51*
D		1.00	-.45*	.11*	.02	.53*	.40*	.16*	-.42*
A			1.00	-.24*	-.24*	-.57*	-.30*	.14*	.28*
S				1.00	.28*	.12*	-.20*	-.24*	.03
C					1.00	.01	-.09*	-.46*	.16*
O						1.00	.27*	-.13*	-.21*
I							1.00	.21*	.53*
M								1.00	-.28*
N									1.00

註：*p< .001。我們的因素分析是斜交轉軸法而非正交轉軸法，以顯示因素之間的關係。

C. MTPI 九種性格類型的樣本項目及信度

性格因素		樣本項目		
		項目編號	兩極描述	因素負荷量
E	.87	111	主動與他人接觸──被動與他人接觸	-.48
D	.84	69	自我控制──容易受誘惑	-.50
A	.79	114	能包容不同的意見──不能包容不同意見	.58
S	.68	72	獨來獨往──跟隨群眾	.54
C	.80	18	勇於採取行動──不敢採取行動	.53
O	.77	48	嫉妒同事──幫助同事	.41
I	.74	25	人際導向──議題導向　　　.42	
M	.70	104	傾向於嘗試新事物──傾向於保持舊習慣	-.52
N	.76	38	經常失眠──睡得好　-.45	

〈附錄三〉
MTPI 九種性格因素（以 Cattell 的 16PFs 為標準）的效度係數

MTPI 的九種性格因素	Cattell 的 16 個性格因素															
	A	B	C	E	F	G	H	I	L	M	N	O	Q1	Q2	Q3	Q4
E	.35				.37	.65		.39				-.30		-.41		
D			.29				.47					.21			.43	-.23
A			-.25	.27											-.33	.24
S				-.32							.21	-.24				
C	-.26				-.41	-.37		-.26		-.22		.26				
O			.21	-.27			.22	-.27	.31				.31			
I			.39						-.34			-.43	.31		.31	-.48
M	.28				.36		.43		.42					-.24		
N			-.50									.53			-.28	.53

註：以上呈現的只有 p< .001 的相關係數。Cattell 的 16 個性格因素描述如下：A ＝保守—外向，B ＝愚笨—聰明，C ＝情緒化—穩定，E ＝謙虛—武斷，F ＝嚴肅—輕鬆，G ＝投機—有良知，H ＝害羞—愛冒險，I ＝意志堅定—意志薄弱，L ＝信任他人—懷疑他人，M ＝實際—夢幻，N ＝坦率—心機，O ＝平靜—憂慮，Q1 ＝保守—開放，Q2 ＝依賴團體—自給自足，Q3 ＝不自律—自制，Q4 ＝放鬆—緊張。

參考書目

Adams, G. R., & Jones, R. M. (1983). "Female adolescents identity development: Age comparisons and perceived child-rearing experience." *Developmental Psychology*, 19, pp. 249-256.

Allison, S.T., Messick, D. M., & Goethals, G. R. (1987). *On being better but not smarter than others: The Muhammad Ali effect.* Unpublished manuscript, University of California, Santa Barbara.

Allport, G. W., & Odbert, H. S. (1936). "Trait-names: A psycho-lexical study." *Psychological Monographs*, 47(1).

American Psychiatric Association. (1980). *Diagnostic and statistical manual of mental disorders* (3rd ed.). Washington DC: Author.

Argyle, M.,& Furnham, A. (1983). "Sources of satisfaction and conflict in long-term relationships." *Journal of Marriage and the Family*, 45, pp. 481-493.

Atkinson, J. W. (1977). "Motivation for achievement." In T. Blass(Ed.), *Personality variables in social behavior* (pp. 25-108). Hillsdale, NJ: Erlbaum.

Atkinson, P., Delamont, S., & Hammersley, M. (1988). "Qualitative research traditions: A British response to Jacob." *Review of Educational Research*, 58, pp. 231-250.

Baltes, P. B., & Schaie, W.K. (Eds.) (1973). *Life-span development psychology: Personality socialization.* New York: Academic Press.

Bateson, P. (1983). *Mate choice.* Cambridge: Cambridge University Press.

Baumrind, D. (1971). "Current patterns of parental authority." *Developmental Psychology Monographs*, 4 (1, Pt. 2).

Bee, H. L, & Mitchell, S. K. (1980). *The developing person: A life-span approach.* San Francisco: Harper & Row.

Beggan, J. K., Messick, D. M., & Allison, S. T. (1988). "Social values and egocentric bias: Two tests of the might over morality hypothesis." *Journal of Personality and Social Psychology*, 55, pp. 606-611.

Bell, R. (1968). "A reinterpretation of direction of effects in studies of socialization." *Psychological Review*, 75, pp. 81-95.

Benedict, R. (1946). *The chrysanthemum and the sword.* Boston: Houghton Mifflin.

Berliner, D. C. (1993). "International comparisons of student achievement: A false guide for reform." *National Forum*, LXXIII, Fall, pp. 25-29.

Berndt, T. J. (1982). "The features and effects of friendships in early adolescence." *Child Development*, 53, pp. 1447-1460.

Berndt, T. J., Cheung, P. C., Lau, S., Hau, K. T., & Lew, W. J. F. (1993). "Perceptions of parenting in mainland China, Taiwan, and Hong Kong: Sex differences and societal differences." *Developmental Psychology*, 29, pp. 156-164.

Berndt, T. J., & Perry, T. B. (1986). "Children's perceptions of friendships as supportive relationships." *Developmental Psychology*, 22, pp. 640-648.

Berry, J. W. (1969). "On cross-cultural comparability." *International Journal of Psychology*, 4, pp. 119-128.

Birren, J. E., & Hedlund, B. (1987). "Contributions of autobiography to developmental psychology." In N. Eisenberg (Ed.), *Contemporary topics in developmental psychology* (pp. 394-415). New York: Wiley.

Birren, J. E., Kinney, D. K., Schaie, K. W., & Woodruff, D. S. (1981). *Developmental psychology: A life-span approach.* Boston: Houghton Mifflin.

Blasi, A. (1980). "Bridging moral cognition and moral action: A critical review of the literature." *Psychological Bulletin*, 88, July, pp. 1-45.

Block, J. (1971). *Lives through time.* Berkeley, CA: Bankroft.

Block, J. H. (1984). *Sex role identity and ego development.* San Francisco: Jossey-Bass.

Bond, M. H. (1988). "Finding universal dimensions of individual variation in multicultural studies of values: The Rokeach and Chinese value surveys." *Journal of Personality and Social Psychology*, 55, pp. 1009-1015.

Bond, M. H. (1986). *The psychology of the Chinese people.* Hong Kong: Oxford University Press.

Bond, M. H., & Hwang, K. K. (1986). "The social psychology of Chinese people." In M. H. Bond(Ed.), *The psychology of the Chinese people* (pp. 213-266). Hong Kong: Oxford University Press.

Borkenau, P. (1990). "Traits as ideal-based and goal-derived social categories." *Journal of Personality and Social Psychology*, 58, pp. 381-396.

Brabeck, M. (1983). "Moral judgment: Theory and research on differences between males and females." *Developmental Review*, 3, pp. 274-291.

Bracey, G. W. (1992). "The second Bracey report on the condition of public education." *Phi Delta Kappan*, October, pp. 104-117.

Braithwaite, V. A., & Law, H. G. (1985). "Structure of human values: Testing the adequacy of the Rokeach Value Survey." *Journal of Personality and Social Psychology*, 49, pp. 250-263.

Brislin, R. W. (1980). "Translation and content analysis of oral and written materials." In H. C. Triandis & J. W. Berry (Eds.), *Handbook of cross-cultural psychology*, vol. 2, methodology (pp. 389-444). Boston: Allyn & Bacon.

Brody, L. R. (1985). "Gender differences in emotional development: A review of theories and research." *Journal of Personality*, 53, pp. 102-149.

Brunk, M. A., & Henggeler, S. W. (1984). "Child influences on adult controls: An experimental investigation." *Developmental Psychology*, 20, pp. 1074-1081.

Buss, D. M., & 49 coauthors(1990). "International preferences in selecting mates: A study of 37 cultures." *Journal of Cross-Cultural Psychology*,21, pp. 5-47.

Cairns, R. B. (1979). *Social development: The origins and plasticity of interchanges*. San Francisco: W. H. Freeman.

Campbell, D. T. (1986). "Science's social system of validity -enhancing collective belief change and the problems of the social sciences." In D. W. Fiske & R. A. Shweder (Eds.), *Metatheory in social science* (pp. 108-135). Chicago: University of Chicago Press.

Cattell, R. B. (1966). "The scree test for the number of factors." *Multivariate Behavioral Research*, 1(2), pp. 245-276.

Cattell, R. B., Eber, H. W., & Tatsuoka, M. M. (1970). *Handbook for the Sixteen Personality Factor Questionnaire*. Champaign, IL: Institute for Personality and Ability Testing.

Chan, W. T. (1963). *A source book in Chinese philosophy*. Princeton, NJ: Princeton University Press.

Chen, S. C. (1994). "Research trends in mainland Chinese comparative education." *Comparative Education Review*, 38, pp. 233-252.

Chen, T. H. E. (1981). *Chinese education since 1949: Academic and revolutionary models*. New York: Pergamon.

Cherry, F., & Byrne, D. (1977). "Authoritarianism." In T. Blass (Ed.), *Personality variables in social behavior*. Hillsdale, NJ: Lawrence Erlbaum.

Cheung, P. C., & Lau, S. (1985). "Self-esteem: Its relationship to the family and school social environments among Chinese adolescents." *Youth and Society*, 16, pp. 438-456.

Chinese Culture Connection (1987). "Chinese values and the search for culture-free dimensions of culture." *Journal of Cross-Cultural Psychology*, 18, pp. 143-164.

Chou, E. (1980). *Mao Tse-Tung: The man and the myth.* New York: Stein & Day.

Chow, T. T. (1960). *The May Fourth Movement: Intellectual revolution in modern China.* Stanford, CA: Stanford University Press.

Chu, G. C., & Ju, Y. (1990). *The great wall in ruins: Cultural change in China.* Honolulu: East-West Center.

Coates, S. (1974). "Sex differences in field dependence among preschool children." In R. Friedman, R. Reichert, & R. Vande Weile (Eds.), *Sex differences in behavior* (pp. 259-274). New York: Wiley.

Colby, A., Kohlberg, L., Gibbs, J., & Lieberman, M. (1983). "A longitudinal study of moral judgment." *Monographs of the Society of Research in Child Development*, 48 (1-2).

Conger, J. J. (1973). *Adolescence and youth: Psychological development in a changing world.* New York: Harper & Row.

Costa, P. T., Jr., & McCrae, R. R. (1988). "Personality in adulthood: A six-year longitudinal study of self-reports and spouse ratings on the NEO Personality Inventory." *Journal of Personality and Social Psychology*, 54, pp. 853-863.

Croll, E., Davin, D., & Kane, P. (Eds.) (1985). *China's one child family policy.* London: Macmillan.

Cronbach, L. J. (1970). *Essentials of psychological testing*, 3rd ed. New York: Harper & Row.

Cronbach, L. J. (1977). *Educational psychology*, 3rd ed. New York: Harcourt.

Daniels, D., & Plomin, R. (1985). "Differential experience of siblings in the same family." *Developmental Psychology*, 21, pp. 747-760.

Darling-Hammond, L. (1994). "Performance-based assessment and educational equity." *Harvard Educational Review*, 64, pp. 5-30.

Davin, D. (1990). "The early childhood education of the only child generation in urban areas of mainland China." In B. J. Lin &L. M. Fan (Eds.), *Education in Mainland China: Review and Evaluation* (pp. 315-336). Taipei, TW: Institute of International Relations, National Chengchi University.

DeVos, G. (1985). "Dimensions of the self in Japanese culture." In A. J. Marsella, G. DeVos, & F. L. K. Hsu(Eds.), *Culture and self: Asian and Western perspectives* (pp. 141-184). New York: Tavistock.

Dewey, J. (1916). *Democracy and education*. New York: Macmillan.

Dien, D. S. F. (1982). "A Chinese perspective on Kohlberg's theory of moral development." *Developmental Review*, 2, pp. 331-341.

Dishion, T. J., Patterson, G. R., Stoolmiller,M., & Skinner,M.L. (1991). "Family, school, and behavioral antecedents to early adolescent involvement with antisocial peers." *Developmental Psychology*, 27, pp. 172-180.

Erikson, E. H. (1963). *Childhood and society*, 2nd ed. New York: Norton.

Erikson, E. H. (1968). Identity: *Youth and crisis*. New York: Norton.

Erikson, E. H. (1974). *Dimensions of a new identity : The 1973 Jefferson lectures in the humanities*. New York: Norton.

Estrada, P., Arsenio, W. F., Hess, R. D., & Holloway, S. D. (1987). "Affective quality of the mother-child relationship: Longitudinal consequences for children's school-relevant cognitive functioning." *Developmental Psychology,* 23, pp. 210-215.

Evans, R. (1967). *Dialogue with Erik Erikson*. New York: Harper & Row.

Eysenck, H. J. (1967). *The biological basis of personality*. Springfield, IL: Charles C. Thomas.

Eysenck, H. J., & Eysenck, S. B. G. (1975). *Manual of the Eysenck Personality Questionnaire*. London: Hodder & Stoughton.

Fan, L. M. (1990). "Secondary education in mainland China." In B. J. Lin & L. M. Fan (Eds.), *Education in mainland China* (pp. 111-129). Taipei, TW: Institute of International Relations, National Chengchi University.

Fernandez, R. (1975). *The promise of sociology*. New York: Praeger.

Feshbach, S. & Weiner, B. (1982). *Personality*. Lexington, MA: Heath.

Finnis, J. M. (1990). "Authority." In J. Raz (Ed.), *Authority* (pp. 174-202). Oxford: Basil Blackwell.

Franz, C. E., & White, K.M. (1985). "Individuation and Attachment in personality development: Extending Erikson's theory." *Journal of Personality*, 53, pp. 226-256.

Friedman, R. B. (1990). "On the concept of authority in political philosophy." In J. Razz (Ed.), *Authority* (pp. 56-91). Oxford: Basil Blackwell.

Gage, N. L. (1978). *The scientific basis of the art of teaching*. New York: Teachers College Press, Columbia University.

Gibbs, J. C., & Schnell, S. V. (1985). "Moral development "versus" socialization." *American Psychologist*, 40, pp. 1071-1080.

Gilligan, C. (1977). "In a different voice: Women's conceptions of the self and of morality." *Harvard Educational Review*, 47, pp. 481-517.

Gilligan, C. (1979). "Woman's place in man's life cycle." *Harvard Educational Review*, 49, pp. 431-446.

Gilligan, C. (1982). *In a different voice*. Cambridge, MA: Harvard University Press.

Goldman, M., Cheek, T., & Hamvin, C. L. (Eds.) (1987). *China's intellectuals and the state: In search of a new relationship*. Cambridge, MA: Harvard University Press.

357

Goleman, D. (1995). *Emotional intelligence*. New York: Bantam Books.

Good, T. L., & Weinstein, R. S. (1986). "Schools make a difference." *American Psychologist*, October, pp. 1090-1097.

Goodlad, J. A. (1979). "Can our schools get better?" *Phi Delta Kappan*, 60, pp. 342-347.

Gough, H. G., & Heilbrun, A. B., Jr. (1965).*The Adjective Check List manual*. Palo Alto, CA: Consulting Psychologists Press.

Grieder, J. B. (1981). *Intellectuals and the state in modern China: A narrative history*. New York: Free Press.

Grimley, L. (1973). *A cross-cultural study of moral development*. Unpublished doctoral dissertation, Kent State University. Kent, OH.

Grimley, L. (1974). "Moral development in different nations." *School Psychology Digest*, 3, pp. 43-51.

Guo, S. (Ed.) (1989). *New China's education in the last forty years*. Fuchow: Fukien Education Press. (in Chinese)

Harding, H. (1993). "The concept of "Greater China": Themes, Variations and Reservations." *China Quarterly*, December, pp. 660-686.

Hau, K.T., & Lew, W. J. F. (1989). "Moral development of Chinese students in Hong Kong." *International Journal of Psychology*, 24, pp. 561-569.

Haviland, J. M. (1984). "Thinking and feeling in Woolf's writing: From Childhood to adulthood." In C. E. Izard,, J. Kagan, & R. B. Zajonc (Eds.), *Emotions, cognition, and behavior* (pp. 515-546). New York: Cambridge University Press.

Hayhoe, R. (1985). *Contemporary China's education*. London: Croom House.

Helson, R., Mitchell, V., & Hart, B. (1985). "Lives of women who became autonomous." *Journal of Personality*, 53, pp. 257- 285.

Herrmann, T., & Stapf, A. (1977). "Personality and culture: The family. In Cattell R. B., & Dreger, R. M. (Eds.), *Handbook of modern personality theory* (pp. 477-495.). New York: Wiley.

Herrnstein, R. J., & Murray, C. (1994). *The bell curve: Intelligence and class structure in American life*. New York: Free Press.

Ho, D. Y. F. (1976). "On the concept of face." *American Journal of Sociology*, 81, pp. 867-884.

Ho, D. Y. F.(1980). "Face and stereotyped notions about Chinese face behavior." *Philippine Journal of Psychology*, 13, pp. 20-33.

Ho, D. Y. F. (1981). "Traditional patterns of socialization in Chinese society." *Acta Psycholgica Taiwanica*, 23, pp. 81-95.

Ho, D. Y. F. (1986). "Chinese patterns of socialization: A critical review." In M. H. Bond (Ed.), *The psychology of the Chinese people* (pp. 1-37). Hong Kong: Oxford University Press.

Ho, D. Y. F. (1989). "Continuity and variation in Chinese patterns of socialization." *Journal of Marriage and the Family*, 51, pp. 149-163.

Ho, D. Y. F., & Kang, T.K. (1984). "Intergenerational comparisons of child-rearing attitudes and practices in Hong Kong." *Developmental Psychology*, 20, pp. 1004-1016.

Hoffman, L. W. (1991). "The influence of the family environment on personality: Accounting for sibling differences." *Psychological Bulletin*, 110, pp. 187-203.

Hofstede, G. (1980). *Culture's consequences: International differences in work-related values*. Newbury Park, CA: Sage.

Homer, P. M., & Kahle, L. R. (1988). "A structural equation test of the value-attitude-behavior hierarchy." *Journal of Personality and Social Psychology*, 54, pp. 638-646.

Hsieh, Y. W. (1967). "Filial piety and Chinese society." In C. A. Moore (Ed.), *The Chinese mind: Essentials of Chinese philosophy and culture* (pp. 167-187). Honolulu: East-West Center Press.

Hsu, F. L. K. (1981). *Americans and Chinese: Passage to differences*. Honolulu: University of Hawaii Press.

Hsu, F. L. K. (1985). "The Chinese family: Relations, Problems, and therapy." In W. S. Tseng & D. Y. H. Wu (Eds.), *Chinese culture and mental health* (pp. 95-112). San Diego, CA: Academic Press.

Huang, S. H. (1993). *VPP students in Taipei: Stress, coping behavior, mental and physical health, and class climate*. Unpublished Master's thesis, Graduate School of Education, National Chengchi University. Taipei, Taiwan. (in Chinese)

Hurlock, E. B. (1964). *Child development*, 4th ed. New York: McGraw-Hill.

Hurlock, E. B. (1967). *Adolescent development*, 3rd ed. New York: McGraw-Hill.

Hwang, K. K. (1987). "Face and favor: The Chinese power game." *American Journal of Sociology*, 92, pp. 944-974.

Ingersoll, G. M. (1989). *Adolescents*, 2nd ed. Englewood Cliffs, NJ: Prentice Hall.

Jacob, E. (1987). "Traditions of qualitative research : A review." *Review of Educational Research*, 57, pp. 1-50.

Jacob, E. (1988). "Clarifying qualitative research: A focus on traditions." *Educational Researcher*, 17, pp. 16-24.

Jiao, S. L., Ji, G. P., Jing, Q. C. (1986). "Comparative study of behavioral qualities of only children and sibling children." *Child Development*, 57, pp. 357-361.

Kagan, J. (1978). "The child in the family." In A. S. Rossi, J. Kagan & T. K. Hareven (Eds.), *The family* (pp. 33-56). New York: Norton.

Kahle, L. R. (Ed.). (1983). *Social values and social change: Adaptation to life in America*. New York: Praeger.

Kenny, D. A. (1975). "Cross-lagged panel correlation: A test for spuriousness." *Psychological Bulletin*, 82, 887-903.

Kessler, R. C., Price, R. H., & Wortman, C. B. (1985). "Social factors in psychopathology: Stress, social support, and coping processes." *Annual Review of Psychology*, 36, pp. 531-572.

King, A. Y. C. (1991). "Kuan-hsi and network building: A sociological interpretation." *Daedalus*, Spring, pp. 63-84.

Kissinger, H. A. (1997). "The philosopher and the pragmatist." *Newsweek*, March 3, pp. 28-33.

Kleiman, S. L., Handal, P. J., & Enos, D. (1989). "Relationship between perceived family climate and adolescent adjustment." *Journal of Clinical Child Psychology*, 18, pp. 351-359.

Kluckhohn, C. (1951). "Values and value orientations in the theory of action." In T. Parsons & E. S. Shilds (Eds.), *Toward a general theory of action* (pp. 388-433). Cambridge, MA: Harvard University Press.

Kohlberg, L. (1969). "Stage and sequence: The cognitive-developmental approach to socialization." In D. A. Goslin (Ed.), *Handbook of socialization theory and research* (pp. 347-480). Chicago: Rand McNally.

Kohlberg, L. (1976). "Moral stages and moralization: The cognitive-developmental approach." In T. Lickona (Ed.), *Moral development and behavior: Theory, research, and social issues* (pp. 31-53). New York: Holt.

Kohlberg, L. (1981). *Essays in moral development, vol. I, The philosophy of moral development.* New York: Harper & Row.

Kohlberg, L. (1984). *Essays in moral development, vol. II, The psychology of moral development.* New York: Harper & Row.

Kohn, M. L. (1959). "Social class and parental values." *American Journal of Sociology*, 64, pp. 337-351.

Kurdek, L. A., & Fine, M. A. (1993). "The relation between family structure and young adolescents' appraisals of family climate and parenting behavior." *Journal of Family Issues*, 14, pp. 279-290.

Lamb, M. E. (1978). *Social and personality development.* New York: Knopf.

Lamb, M. E. (1981). "Fathers and child development: An integrative overview." In M. E. Lamb (Ed.), *The role of the father in child development* (2nd ed., pp. 1-70). New York: Wiley.

Lamb, M. E., & Bornstein, M. H. (1986). *Development in infancy* (2nd ed.) New York: Random House.

Lamborn, S.D., Mounts, N. S., Steinberg, S., & Dornbusch, S. M. (1991). "Patterns of competence and adjustment among adolescents from authoritative, authoritarian, indulgent,and neglectful families." *Child Development*, 62, pp. 1049-1065.

Larson, R. W. (1979). *The significance of solitude in adolescents lives.* Unpublished doctoral dissertation, University of Chicago.

Larson, R. W. (1983). "Adolescents daily experience with family and friends: Contrasting opportunity systems." *Journal of Marriage and the Family*, 45, pp. 739-750.

Lasswell, H., & Kaplan, A. (1965). *Power and society.* New Haven, CT: Yale University Press.

Lasswell, H., Lerner, D., & Montgomery, J. D. (Eds). (1976). *Values and development: Appraising Asian experience.* Cambridge, MA: MIT Press.

Lau, S., & Cheung, P. C. (1987). "Relations between Chinese adolescents' perception of parental control and organization and their perception of parental warmth." *Developmental Psychology*, 23, pp. 726-729.

Lau, S., Lew, W. J. F., Hau, K. T., Cheung, P. C., & Berndt, T. J. (1990). "Relations among perceived parental control, warmth, indulgence, and family harmony of Chinese in mainland China." *Developmental Psychology*, 26, pp. 674-677.

La Voie, J. C. (1976). "Ego identity formation in middle adolescence." *Journal of Youth and Adolescence*, 5, pp. 371-385.

Leahy, R. L. (1981). "Parental practices and the development of moral judgment and self-image disparity during adolescence." *Developmental Psychology*, 17, pp. 580-594.

Lefrancois, G. R. (1990). *The lifespan*, 3rd ed. Belmont, CA: Wadsworth.

Lei, T. (1980). *An empirical study of Kohlberg's theory and scoring system of moral development in Chinese society.* Unpublished bachelor's thesis. National Taiwan University, Taipei.

Lei, T. (1981). *The development of moral, political, and legal reasoning in Chinese societies.* Unpublished master's thesis. University of Minnesota, Minneapolis.

Lei, T. (1984). "A longitudinal study of moral judgment development in Taiwan: An interim report." In *The Sixth Interrnational Symposium on Asian Studies* (pp. 235-255). Hong Kong: International Center for Asian Studies.

Lei, T., & Cheng, S. W. (1984). *An empirical study of Kohlberg's theory and scoring system of moral judgment in Chinese society.* Unpublished manuscript, Harvard University, Center for Moral Education, Cambridge, MA.

Levinson, D. J., Darrow, C. N., Klein, E. B., Levinson, M. H., & McKee, B. (1978). *The seasons of a man's life*. New York: Knopf.

Lew, W. J. F. (1982). *Developmental psychology and education: Development and education of the whole person.* 6th printing, 1995. Taipei, TW: Taiwan Commercial Press. (in Chinese)

Lew, W. J. F. (1994). *Education and society.* Taipei, TW: Yuan Liu Publications, Inc. (in Chinese)

Li, Z. S. (1994). *The private life of Chairman Mao.* New York: Random House.

Lightfoot, S. L. (1983). *The good high school: Portrait of character and culture.* New York: Basic Books.

Lin, B. J., & Fan, L. M. (Eds.) (1990). *Education in mainland China*. Taipei, TW: Institute of International Relations, National Chengchi University.

Lin, Y. T. (1939). *My Country and My People*, revised ed. London: Heinemann.

Liu, A. P. L. (1990). "Aspects of Beijing's crisis management:The Tiananmen Square demonstration." *Asian Survey*, XXX, May, pp. 505-521.

Liu, C. (Ed.) (1973). *The way of the teacher*. Taipei, TW: Chung-hua Book Co. (in Chinese)

Lo, L. N. K. (1991). "State patronage of intellectuals in Chinese higher education." *Comparative Education Review*, 35, pp. 690-720.

Lonky, E., Kaus, C. R., & Roodin, P. A. (1984). "Life experience and mode of coping: Relation to moral judgment in adulthood." *Developmental Psychology*, 20, pp. 1159-1167.

Lytton, H., & Romney, D. M. (1991). "Parents' differential socialization of boys and girls: A Meta-analysis." *Psychological Bulletin*, 109, pp. 267-296.

Ma, H. K. (1988a). "The Chinese perspectives on moral judgment development." *International Journal of Psychology*, 23, pp. 201-227.

Ma, H. K. (1988b). "Objective moral judgment in Hong Kong, mainland China, and England." *Journal of Cross-Cultural Psychology*, 19, pp. 78-95.

Maccoby, E.E., & Martin, J. A. (1983)." Socialization in the context of the family: Parent-child interaction." In P. H. Mussen(Ed.), *Handbook of child psychology* (4th ed.) : Vol. 4. *Socialization, personality, and social development* (pp. 1-101). New York: Wiley.

Marcia, J. E. (1980). "Identity in adolescence." In J. Adelson (Ed.), *Handbook of adolescent psychology* (pp. 159-187). Toronto: Wiley.

Markus, H. R., & Kitayama, S. (1991). "Culture and self: Implications for cognition, emotion, and motivation." *Psychological Review*, 98, pp. 224-253.

Maslow, A. H. (1968). *Toward a psychology of being*, 2nd. ed. New York: Van Nostrand.

Maxwell, J.A. (1992). "Understanding and validity in qualitative research." *Harvard Educational Review*, 62, pp. 279-300.

McAdams, D. P. (1992). "The five-factor model in personality: A critical appraisal." *Journal of Personality*, 60, pp. 329-361.

McAdams, D. A., & St. Aubin, E. D. (1992). "A theory of generativity and its assessment through self-report, behavioral acts, and narrative themes in autobiography." *Journal of Personality and Social Psychology*, 62, pp. 1003-1015.

McClelland, D. C. (1961). *The achieving society*. Princeton, NJ: Van Nostrand.

McClelland, D. C., Atkinson, J. W., Clark, R. A., & Lowell, E. L. (1953). *The achievement motive*. New York: Appleton.

McCrae, R. R., & Costa, P. T., Jr. (1987). "Validation of the five-factor model of personality across instruments and observers." *Journal of Personality and Social Psychology*, 52, pp. 81-90.

Mead, M. (1953). "National character." In A. L. Kroeber (Ed.), *Anthropology today* (pp. 642-667).Chicago: University of Chicago Press.

Mei, Y. P. (1967). "The basis of social, ethical, and spiritual values in Chinese philosophy." In C. A. Moore (Ed.), *The Chinese mind: Essentials of Chinese philosophy and culture* (pp. 149-166). Honolulu: East-West Center Press.

Mershon, B., & Gorsuch, R. L. (1988). "Number of factors in the personality sphere: Does increase in factors increase predictability of real-life criteria?" *Journal of Personality and Social Psychology*, 55, pp. 675-680.

Messick, D. M., Bloom, S., Boldizar, J. P., & Samuelson, C. D. (1985). "Why we are fairer than others." *Journal of Experimental Social Psychology*, 21, pp. 480-500.

Ministry of Education(1997). *The final report of the evaluation committee on the junior high school graduates' voluntary promotion plan*. Taipei: Ministry of Education (in Chinese).

Mink, I. T., & Nihira, K. (1986). "Family life-styles and child behaviors: A study of direction of effects." *Developmental Psychology*, 22, pp. 610-616.

Mischel, W. (1976). *Introduction to personality*, 2nd ed. New York: Holt.

Mohan, M., & Hull, R. E. (Eds.) (1975). *Teaching effectiveness: Its meaning, assessment, and improvement.* Englewood Cliffs, NJ: Educational Technology.

Morey, A. I., & Zhou, N. Z. (1990). "Higher education in mainland China: An overview." In B. J. Lin & L. M. Fan (Eds.), *Education in mainland China* (pp. 67-91). Taipei, TW: Institute of International Relations, National Chengchi University.

Myers, D. G., & Ridl, J. (1979). "Can we all be better than average?" *Psychology Today*, 13, pp. 89-92.

Nathan, A. J., & Shi, T. (1993). "Cultural requisites for democracy in China: Findings from a survey." *Daedalus*, 122(Spring), pp. 95-123.

Nathan, A. J., & Shi, T. (1996). "Left and right with Chinese characteristics: Issues and alignments in Deng Xiaoping's China." *World Politics*, 48(July), pp. 522-550.

Nicholls, J. G., Cheung, P. C., Lauer, J., & Patashnick, M. (1989). "Individual differences in academic motivation: Perceived ability, goals, beliefs, and values." *Learning and Individual Differences*, 1, pp. 63-84.

Noller, P., Law, H., & Comrey, A. L. (1987). "Cattell, Comrey, and Eysenck personality factors compared: More evidence for the five robust factors?" *Journal of Personality and Social Psychology*, 53, pp. 775-782.

Ochse, R., & Plug, C. (1986). "Cross-cultural investigation of the validity of Erikson's theory of personality development." *Journal of Personality and Social Psychology*, 50, pp. 1240-1252.

O'Connell, A. N. (1976). "The relationship between life style and identity synthesis and resynthesis in traditional, neo-traditional, and non-traditional women." *Journal of Personality*, 44, pp. 675-688.

Owen, S. V., Blount, H. P., & Moscow, H. (1981). *Educational Psychology: An introduction*. Boston: Little Brown.

Pervin, L. A. (1985). "Personality: Current controversies, issues, and directions." *Annual Review of Psychology*, 36, pp. 83-114.

Piaget, J. (1932). *The moral judgment of the child*. London: Kegan Paul.

Plomin, R., McClearn, G. E., Pedersen, N. L., Nesselroade, J. R., & Bergeman, C.S. (1988). "Genetic influence on childhood family environment perceived retrospectively from the last half of the life span." *Developmental Psychology*, 24, pp. 738-745.

Po-yang (pen name) (1986). *The ugly Chinese*, 8th printing. Taipei, TW: Lin Pai Press. (in Chinese)

Procidano, M. E., & Heller, K. (1983). "Measures of perceived social support from friends and from family: Three validation studies." *American Journal of Community Psychology*, 11, pp. 1-24.

Pulkkinen, L. (1996). "Female and male personality styles: A typological and developmental analysis." *Journal of Personality and Social Psychology*, 70, pp. 1288-1306.

Pye, L. W. (1976). *Mao Tse-tung: The man in the leader*. New York: Basic Books.

Pye, L. W. (1985). *Asian power and politics: The cultural dimensions of authority*. Cambridge, MA: Belknap Press of Harvard University Press.

Pye, L. W. (1988). *The mandarin and the cadre: China's political cultures*. Ann Arbor: Center for Chinese studies, The University of Michigan.

Pye, L. W. (1990). "Tiananmen and Chinese political culture." *Asian Survey*, XXX, April, pp. 331-347.

Raskin, R., & Shaw, R. (1988). "Narcissism and the use of personal pronouns." *Journal of Personality*, 56, pp. 393-405.

Raskin, R., & Terry, H. (1988). "A principal-components analysis of the Narcissistic Personality Inventory and further evidence of its construct validity." *Journal of Personality and Social Psychology*, 54, pp. 890-902.

Rest, J. (1975). "Longitudinal study of the Defining Issues Test: A strategy for analyzing developmental change." *Developmental Psychology*, 11, pp. 738-748.

Rest, J. R. (1976). "New approaches in the assessment of moral judgment." In T. Lickona (Ed.), *Moral development and behavior: Theory, research, and social issues* (pp. 198-218). New York: Holt.

Rest, J. R. (1979). *Development in judging moral issues*. Minneapolis: University of Minnesota Press.

Rest, J.R., & Thoma, S. J. (1985). "Relation of moral judgment development to formal education." *Developmental Psychology*, 21, pp. 709-714.

Riesman, D. (1961). *The lonely crowd* (abridged ed. with a 1969 preface). 33rd printing, 1978. New Haven, CT: Yale University Press.

Roberts, G. C., Block, J. H., & Block, J. (1984). "Continuity and change in parents' child-rearing practices." *Child Development*, 55, pp. 586-597.

Rokeach, M. (1973). *The nature of human values*. New York: Free Press.

Rowe, D. C. (1981). "Environmental and genetic influences on dimensions of perceived parenting: A twin study." *Developmental Psychology*, 17, pp. 203-208.

Rowe, D. C., & Plomin, R. (1981). "The importance of nonshared (E₁) environmental influences in behavioral development." *Developmental Psychology*, 17, pp. 517-531.

Saltzstein, H. D. (1976). "Social influence and moral development: A perspective on the role of parents and peers." In T. Lickona (Ed.), *Moral development and behavior: Theory, research, and social issues* (pp. 253-265). New York: Holt.

Sampson, E. E. (1989). "The challenge of social change for psychology: Globalization and psychology's theory of the person." *American Psychologist*, 44, pp. 914-921.

Sanford, N. (1982). "Social psychology: Its place in personology." *American Psychology*, 37, pp. 896-903.

Schaefer, C., Coyne, J.C., & Lazarus, R. S.(1982). "The health-related functions of social support." *Journal of Behavioral Medicine*, 4, pp. 381-406.

Schaefer, E. S. (1959). "A circumplex model for maternal behavior." *Journal of Abnormal and Social Psychology*, 59, pp. 226-235.

Schiedel, D. G., & Marcia, J. E. (1985). "Ego identity, intimacy, sex role orientation, and gender." *Developmental Psychology*, 21, pp. 149-160.

Schwarcz, V. (1986-87). "Behind a partially open door: Chinese intellectuals and the post-Mao reform process." *Pacific Affairs*, 59, pp. 577-604.

Schwartz, S. H. (1992). "Universals in the content and structure of values: Theoretical advances and empirical tests in 20 countries." In M. Zanna (Ed.), *Advances in experimental social psychology* (Vol. 25) (pp. 1-65). New York: Academic Press.

Shambaugh, D. (1993). Introduction: The emergence of "Greater China." *China Quarterly*, December, pp. 653-659.

Shanghai Sex-Sociology Study Center. (1992). "The problem of sex among today's Chinese--- nationwide survey of "sex culture." *Chinese Education: A Journal of translation*, 25, Spring, pp. 56-67.

Shih, C. H. (1997). *The impact of Sun Yat-sen's nationalism on China's modernization.* Taipei, TW: Chang Lao-shih Press.

369

Shulman, S., & Prechter, E. (1989). "Adolescent perception of family climate and adaptation to residential schooling." *Journal of Youth and Adolescence*, 18, pp. 439-449.

Siegel,I. (Ed.) (1985). *Parental belief systems: The psychological consequences for children*. Hillsdale, NJ: Erlbaum.

Simon, D. F., & Kau, M. Y. M. (Eds.) (1992). *Taiwan: Beyond the economic miracle*. Armonk, NY: Sharpe.

Sinha, D., & Kao, H.S. R. (Eds.) (1988). *Social values and development: Asian perspectives*. Newbury Park, CA: Sage.

Snarey, J. R. (1985). "Cross-cultural universality of social-moral development: A critical review of Kohlbergian research." *Psychological Bulletin*, 97, pp. 202-232.

Solomon, R. H. (1971). *Mao's revolution and the Chinese political culture*. Berkeley: University of California Press.

Song, W. Z. (1985). "A preliminary study of the character traits of the Chinese. In W. S. Tseng & D. Y. H. Wu (Eds.), *Chinese culture and mental health* (pp. 47-55). San Diego, CA: Academic Press.

Spranger, E. (1923). *Kultur und erziehung*. Leipzig: Quelle & Meyer.

Sprecher, S., Sullivan, Q., & Hatfield, W. (1994). "Mate selection preferences: Gender differences examined in a national sample." *Journal of Personality and Social Psychology*, 66, pp. 1074-1080.

Staub, E. (Ed.) (1980). *Personality: Basic aspects and current research*. Englewood Cliffs, NJ: Prentice-Hall.

Sternberg, R. J., & Grajek, S. (1984). "The nature of love." *Journal of Personality and Social Psychology*, 47, pp. 312-329.

Stevenson, H.W. (1992). "Learning from Asian schools." *Scientific American*, December, pp. 70-76.

Stevenson, H. W., Chen, C. S., & Lee, S. Y. (1993). "Mathematics achievement of Chinese, Japanese,and American children: Ten years later." *Science, 253*, January, pp. 53-58.

Stevenson, H. W., & Stigler, J. W. (1992). *The learning gap*. New York: Summit Books.

Stewart, A. J., & Lykes, M. B. (1985). "Conceptualizing gender in personality theory and research." *Journal of Personality*, 53, pp. 93-101.

Stigler, J. W., Lee, S.Y., & Stevenson, H. W. (1987). "Mathematics classroom in Japan, Taiwan, and the United States." *Child Development*, 58, pp. 1272-1285.

Sun, L. K. (1985). *The deep structure of Chinese culture*. Hong Kong: Ji Shien Press. (in Chinese)

Tien, H.M. (1989). *The great transition: Political and social change in the Republic of China*. Stanford, CA: Hoover Institution Press, Stanford University.

Tolson, T. F. J., & Wilson, M. N. (1990). "The impact of two- and three-generational black family structure on perceived family climate." *Child Development*, 61, pp. 416-428.

Triandis, H. C., McCusker, C., & Hui, C. H. (1990). "Multimethod probes of individualism and collectivism." *Journal of Personality and Social Psychology*, 59, pp. 1006-1020.

Tu, W. M. (1991). "Cultural China: The periphery as the center." *Daedalus*, Spring, pp. 1-32.

Twenty-first Century Foundation. (1991). *A value survey report*. Taipei, TW: Twenty-first Century Foundation. (in Chinese).

Veroff, J., Reuman, D., & Feld, S. (1984). "Motives in American men and women across the adult life span." *Developmental Psychology*, 20, pp. 1142-1158.

Walker, L.J., & Moran, T. J. (1991). "Moral reasoning in a Communist Chinese society." *Journal of Moral Education*, 20, pp. 139-155.

371

Walters, J., & Walters, L. H. (1980). "Parent-child relationships: A review, 1970-1979." *Journal of Marriage and the Family*, 42, pp. 807-822.

Wang, G. W. (1991). "Among non-Chinese." *Daedalus*, Spring, pp. 135-157.

Werner, P. D., & Pervin, L.A. (1986). "The content of personality inventory items." *Journal of Personality and Social Psychology*, 51, pp. 622-628.

Westen, D. (1985). *Self and society: Narcissism, collectivism, and the development of morals*. Cambridge: Cambridge University Press.

White, L. T., III. (1988). "Do open doors open minds? Reforms and intellectuals." Paper presented at the *Seventeenth Sino-American Conference on Mainland China, June 5-11, Institute of International Relations,* National Chengchi University, Taipei, Taiwan, the Republic of China.

Wilson, R. W. (1981). "Moral behavior in Chinese society: A theoretical perspective." In R. W. Wilson, S. L. Greenblatt, & A. A. Wilson (Eds.), *Moral behavior in Chinese society* (pp. 1-20). New York: Praeger.

Witkin, H. & Goodenough, D.(1977). "Field dependence and interpersonal behavior." *Psychological Bulletin*, 84, pp. 661-689.

Woolfolk, A. E., & Nicolich, L. M. (1980). *Educational psychology for teachers*. Englewood Cliffs, NJ: Prentice-Hall.

Yang, K. S. (1981). "Social orientation and individual modernity among Chinese students in Taiwan." *Journal of Social Psychology*, 113, pp. 159-170.

Yang, K.S. (1986). "Chinese personality and its change." In M. H. Bond (Ed.), *The psychology of the Chinese people* (pp. 106-170). Hong Kong: Oxford University Press.

Yang, K. S. (1996). "Psychological transformation of the Chinese people as a result of societal modernization." In M. H. Bond (Ed.), *The handbook of Chinese psychology* (pp. 479-498). Hong Kong: Oxford University Press.

Yang, K. S., & Bond, M. H. (1990). "Exploring implicit personality theories with indigenous or imported constructs: The Chinese case." *Journal of Personality and Social Psychology*, 58, pp. 1087-1095.

Yin, Q. P., & White, G. (1994). "The marketisation of Chinese higher education: A critical assessment." *Comparative Education*, 30, pp. 217-237.

York, K. L., & John, O. P. (1992). "The four faces of Eve: A typological analysis of women's personality at midlife." *Journal of Personality and Social Psychology*, 63, pp. 494-508.

Youniss, J., & Smollar, J. (1985). *Adolescent relations with mothers, fathers, and friends*. Chicago: University of Chicago Press.

Yu, Y. S. (1996). "Popular election under missiles: Democracy vs. nationalism." *China Times*, March 29, p. 11. (in Chinese)

Zavalloni, M. (1980). "Values." In H. C. Triandis & R. W. Brislin (Eds.), *Handbook of cross-cultural psychology*, Vol. 5, *Social psychology* (pp. 73-120). Boston: Allyn & Bacon.

Zuroff, D. C. (1986). "Was Gordon Allport a trait theorist?" *Journal of Personality and Social Psychology*, 51, pp. 993-1000.

✦ ✦ ✦

國家圖書館出版品預行編目（CIP）資料

華人性格研究／呂俊甫（William J. F. Lew）作；洪蘭、
梁若瑜譯. -- 二版. -- 臺北市：遠流, 2014.09
　　面；　公分. --（大學館；UR063）
　譯自：Understanding the Chinese personality: parenting,
schooling, values, morality, relations, and personality
　　ISBN 978-957-32-7476-6（平裝）

　1. 民族性 - 中國

535.72　　　　　　　　　　　　　　　103015392